사람들이 모두 일어서서 보내는 박수 소리가
베토벤에게는 들리지 않았지만 그 느낌은 고스란히 전해졌습니다.
베토벤의 눈에서 눈물이 떨어졌습니다.
귀가 들리지 않는 음악가 베토벤은 모든 사람들의 박수 소리를
가슴으로 하나씩 새기고 있었던 것입니다.

위대한 인물 44인 - 5쇄 판권

엮음 | 박혜원   **그림** | 조원주   **펴낸이** | 이재은   **펴낸곳** | 세상모든책
기획·편집 | 윤희선, 신은주, 한나래
디자인 | 이주영
마케팅 | 이주은, 양정길, 유정수, 김용우, 이은경
주소 | 서울시 마포구 서교동 444-16호 영진 빌딩
전화 | 02-338-2444   **팩스** | 02-338-0902
E-mail | everybk@hanmail.net   **Homepage** | www.ieverybook.com
출판등록 | 1997.11.18. 제10-1511호
초판 1쇄 발행 | 2004년 1월 15일   **개정판 5쇄 발행** | 2007년 5월 25일

Text Copyright ⓒ 세상모든책 2003
이 책에 실린 글과 그림을 무단으로 복사, 복제, 배포하는 것은 저작권자의 권리를 침해하는 것입니다.
ISBN 89-5560-098-4 73800

*잘못 만들어진 책은 바꾸어 드립니다.

논술교육 따라잡기 11

세상을 바꾼

위대한 인물 44인

세상모든책

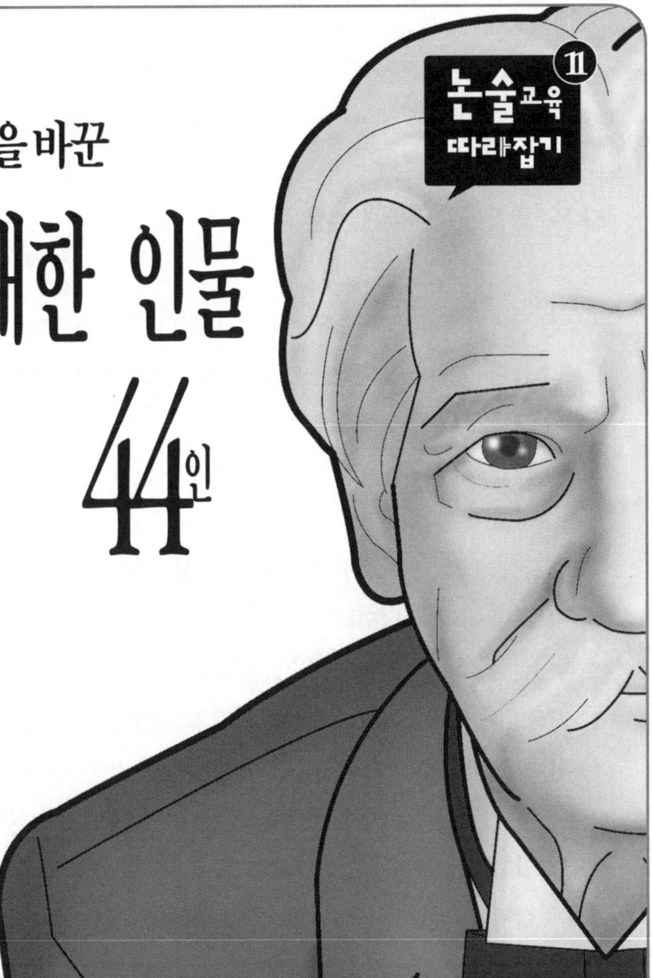

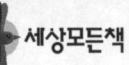

작은 꿈을 큰 나무로 키우세요!

세상을 살아가면서 마음 속에 새겨 둔 사람이 있는 어린이들은 장차 자라서 훌륭한 사람이 될 가능성이 있습니다. 그런 어린이들은 그 사람을 본받아 그렇게 되려고 노력할 테니까요.
그러나 그런 사람이 없는 어린이들은 목표가 없기 때문에 모든 일에 쉽게 포기하고 좌절하게 될지도 모릅니다.
어린이들에게 작은 꿈을 심어 주어 큰 나무로 자라게 하기 위해 《초등학생을 위한 큰인물 44인》을 엮었습니다.
이 속에는 정치에서 업적을 남긴 큰인물, 과학에서 업적을 남긴 큰인물, 예술에서 업적을 남긴 큰인물, 경제와 사업에서 업적을 남긴 큰인물, 희생과 봉사에서 업적을 남긴 큰인물 등 44인의 큰인물들이 있습니다. 그들의 주요 업적을 중점적으로 이야기를 재미있게 엮었습니다.
각 큰인물들의 이야기에는 큰인물들이 어렵고 힘들게 살아가는 이야기들이 있습니다. 그러나 여기에 있는 큰인물들은 그런 어렵고 힘든 일들을 겪으면서 쉽게 포기하지 않습니다. 끝까지 싸우고 슬기롭게 헤쳐 나갑니다. 어려운 사람들을 위해, 자신의 꿈을 이루기 위해 또 잃어버린 나라를 되찾기 위해 자신의 목숨을 바치기도 합니다. 어린이 여러분은 그 속에서 감동을 받을 것입니다.

어린이 여러분이 이 속에서 특히 감동을 받아 본받을 만한 큰인물이 있다면 그 큰인물의 위인전을 읽어 보세요. 그리고 자신의 가슴 속에 새겨 두어 힘들 때나 어려움에 처했을 때 슬기롭게 이길 수 있는 용기과 지혜를 배우기를 바랍니다.

2004년을 시작하며
박혜원

이야기의 순서

정치에서 업적을 남긴 위대한 인물

알렉산드로스 대왕 …………………………… 11
제갈량 ……………………………………………… 19
광개토 대왕 ……………………………………… 27
연개소문 ………………………………………… 35
장보고 …………………………………………… 43
세종 대왕 ………………………………………… 51
이순신 …………………………………………… 59
링컨 ……………………………………………… 67
간디 ……………………………………………… 75
김구 ……………………………………………… 85
한용운 …………………………………………… 93
김좌진 …………………………………………… 103
유관순 …………………………………………… 113
문익환 …………………………………………… 121

과학에서 업적을 남긴 위대한 인물

장영실 …………………………………………… 133
허준 ……………………………………………… 141
김정호 …………………………………………… 149
파브르 …………………………………………… 159
노벨 ……………………………………………… 167
마리 퀴리 ………………………………………… 175
아인슈타인 ……………………………………… 185
석주명 …………………………………………… 195
스티븐 호킹 ……………………………………… 203
다나카 고이치 …………………………………… 211

예술에서 업적을 남긴 위대한 인물

마르코 폴로	223
이황	231
신사임당	238
베토벤	249
톨스토이	257
장승업	265
주시경	273
나혜석	281
방정환	289
박수근	297
이태영	305
백남준	313
정 트리오	321
스티븐 스필버그	331

경제와 사업에서 업적을 남긴 위대한 인물

정주영	343
이건희	353
빌 게이츠	361

희생과 봉사에서 업적을 남긴 큰인물

슈바이처	375
헬렌 켈러	383
테레사	393

정치에서
업적을 남긴 위대한 인물

나라를 사랑하는 마음이 없으면 훌륭한 정치를 할 수 없습니다.
여기에 실린 큰인물들은 자신의 의지대로,
어떤 압박에도 굽힘 없이 나라를 사랑하는 마음 하나로
나라를 위해 목숨을 바치기까지 했습니다.
그들의 희생이 없었다면 우리 나라, 또 나라를 빼앗겼던 다른 나라 사람들이
지금 같은 자유로움을 만끽하고 있을까요?

알렉산드로스 대왕
제갈량
광개토 대왕
연개소문
장보고
세종 대왕
이순신
링컨
간디
김구
한용운
김좌진
유관순
문익환

알렉산드로스 대왕

알렉산드로스 대왕(BC 356년~BC 323년)

마케도니아의 왕이다. 필리포스 2세의 아들로,
그리스, 페르시아, 인도에 이르는 땅을 정복하고,
그 땅에 자신의 이름을 딴
'알렉산드리아' 란 도시를 70개나 건설했다.
그리스와 오리엔트 문화를 융합한
헬레니즘 문화를 이룩한 업적이 있다.

어느 화창한 날, 페르시아의 상인들이 마케도니아의 왕 필리포스 2세를 찾아왔습니다.

"폐하, 세계에 둘도 없는 훌륭한 말입니다. 이 말을 폐하께 바치겠습니다."

상인들이 가져온 말은 누가 봐도 탐이 날 만한 말이었습니다. 하지만 상인은 한 마디를 덧붙였습니다.

"하지만 말을 아주 잘 다룰 줄 아는 사람이 있어야 합니다. 말이 워낙 사나워서요."

그러자 유명한 장군 하나가 나서서 말을 길들이겠다고 했습니다. 그러나 그 장군은 말에 올라타지도 못했습니다. 말고삐를 잡자마자 말이 날뛰어, 땅으로 떨어졌기 때문입니다.

필리포스 2세는 이 모습을 보고 불같이 화를 냈습니다.

"내가 땅에서 구르는 모습을 보려고 했구나! 이 발칙한 것 같으니! 당장 저놈을 가두어라!"

그 때였습니다.

"제가 한번 말을 타 보겠습니다."

어린 알렉산드로스였습니다. 필리포스 2세는 귀여운 왕자가 다칠까 봐 걱정했지만, 한번 시험해 보기로 했습니다.

알렉산드로스는 말에 올라타더니, 재빨리 고삐를 잡았습니다. 말은 놀라서 앞발을 쳐들었습니다. 하지만 곧 진정하고 알렉산드로스가 이끄는 대로 광장을 돌았습니다.

"우와, 어린 왕자님이 정말 대단한걸."

"알렉산드로스 왕자님, 만세!"

필리포스 2세도 놀라기는 마찬가지였습니다.

필리포스 2세는 알렉산드로스가 말에서 내리자마자 달려가서 물어 보았습니다.

"아니, 그 사나운 말을 어떻게 길들인 것이냐?"

알렉산드로스는 환히 웃으며 말했습니다.

"아까 장군께서 말에 올라타셨을 때, 말은 자기 그림자를 보고 놀라 날뛰었던 겁니다. 저는 먼저 말고삐를 치켜 올려서 말이 자기 그림자를 못 보게 했을 뿐입니다."

"허허허허, 어린 왕자의 지혜가 놀랍도다. 이 말은 이제 너의 말이다."

왕은 크게 기뻐했습니다.

이렇듯 현명한 알렉산드로스는 어느 새 자라 스무 살이 되었습니다. 한창 패기 넘치는 나이에, 안타까운 일이 생겼습니다. 필리포스 2세가 암살을 당했던 것입니다. 그래서 아직 어린 나이였지만, 알렉산드로스는 마케도니아 왕국의 왕위를 잇게 되었습니다.

알렉산드로스 대왕이 동방 원정을 시작한 때부터 300년 동안을 헬레니즘 시대, 이 때의 문화를 헬레니즘 문화라고 합니다.

헬레니즘 문화란 아시아와 그리스의 서로 다른 문화가 섞여 독특한 하나의 문화로 만들어진 것입니다. 이 헬레니즘 문화를 이룩한 사람이 바로 알렉산드로스 대왕입니다. 알렉산드로스 대왕이 세계를 정복하면서, 다른 나라들과의 분쟁을 줄이고자 하나의 문화를 만들어 낸 것입니다.

알렉산드로스는 스무 살이라는 젊은 나이에 왕이 되어 서른세 살에 죽었습니다. 그러나 그 십여 년 사이에 지중해 연안의 유럽부터 중앙아시아, 아프리카 북부까지 방대한 땅을 정복했습니다.

하지만 알렉산드로스는 다른 정복자들처럼 잔인하고 맹목적이지 않았습니다.

알렉산드로스 대왕이 테베를 정복했을 때의 일이었습니다.
병사들은 승리의 기쁨에 들떠, 도시의 큰 저택으로 달려갔습니다. 그 곳에 있는 보물을 약탈하기 위해서였습니다. 이름난 그 저택에는 지체 높은 부인이 있었습니다. 병사들은 천천히 부인에게 다가갔습니다.

"다치기 싫으면, 어서 보물을 내놓으시오!"

부인은 손가락으로 우물을 가리켰습니다.

"보물은 우물 안에 있다! 어서 가자!"

병사들은 서둘러 우물로 달려갔습니다. 그런데 병사가 몸을 기울여 우물을 들여다보려는 순간, 부인이 그 병사를 밀어 빠뜨리려고 했습니다. 그러나 여자가 전쟁을 치른 힘센 병사를 이길 순 없었습니다.

부인과 아이들은 병사들에게 붙들려 알렉산드로스 앞으로 끌려갔습니다.

"폐하, 이 부인이 저희 병사들을 우물에 빠뜨려 죽이려고 했습니다. 처벌해 주십시오."

그 부인은 세계를 정복한 알렉산드로스 앞에서도 두려운 표정이 하나도 없었습니다.

"나는 필리포스 2세와 싸우다 전사하신 테아게네스 장군의 딸이다!"

알렉산드로스는 그 말을 듣고 병사들에게 명령했습니다.

"저 부인과 아이들을 풀어 주어라!"

"예?"

병사들과 신하들은 어리둥절해했습니다. 자신의 부하를 죽이려 했던 사람을 풀어 주라니, 이해가 되지 않았습니다.

오래 전부터 싸워 왔던 다리우스 3세의 어머니와 아내, 두 딸이 포로로 잡혀 왔을 때도 그랬습니다. 그들은 포로였지만,

좋은 대접을 받고 풀려났습니다.

"나는 포로들이나 다리우스 3세의 목숨을 위해 전쟁을 한 것이 아니다. 내가 바라는 것은 오직 세계를 다스리는 것 하나뿐이다."

다리우스 3세는 알렉산드로스를 괴롭혔던 페르시아의 왕이었습니다. 그 다리우스 3세는 믿고 있던 베수스라는 신하에게 죽음을 당했습니다. 베수스는 알렉산드로스 대왕에게 와서 말했습니다.

"제가 목숨을 걸고 다리우스 3세를 죽인 것은 모두 대왕님 때문입니다."

"자네는 왕의 신뢰를 받던 신하인데 왜 왕을 죽였는가?"

"나라를 망친 자는 죽어 마땅합니다. 저는 이제 평생 폐하께 충성을 다하겠습니다."

"여봐라, 당장 이자를 끌어 내, 목을 매달아라."

베수스는 당황스러워했습니다.

"폐하, 어찌하여 저를 이렇게 박대하십니까? 폐하의 원수를 처단하지 않았습니까?"

"사람이 사람을 배신하는 것만큼 나쁜 죄가 어디 있단 말이냐! 당장 나가거라!"

알렉산드로스는 베수스를 처단한 뒤, 다리우스 3세와 왕비의 장례를 극진히 치러 주었습니다.

알렉산드로스 대왕은 역사적으로 유서가 깊은 도시를 정복했을 때는 특별히 신경을 썼습니다.

"이 도시의 소중한 문화 유산을 파괴하는 자는 지위에 상관 없이 처단할 것이다!"

알렉산드로스가 세계를 정복하고 나서도 잔인해지지 않을 수 있었던 것은 모두 아리스토텔레스와 호메로스 덕분이었습니다. 세계적으로 유명한 철학자 아리스토텔레스는 알렉산드로스가 어렸을 때 그에게 철학과 국가론 등을 가르쳤습니다. 알렉산드로스도 그의 가르침을 성실하게 받아들였습니다.

또 알렉산드로스는 전쟁터에서도 호메로스의 《일리아드》를 베개 밑에 넣어 두고 읽을 정도로 좋아했다고 합니다.

알렉산드로스 대왕은 이렇듯 문무를 함께 갖추고 있는 대왕이었던 것입니다.

정복자의 역사

세계 역사에는 눈에 띄는 강력한 정복자들이 있다.

첫째로 마케도니아의 알렉산드로스 대왕을 들 수 있다. 알렉산드로스 대왕은 BC 330년 경, 그리스를 통일하고 페르시아를 정복한 뒤, 동쪽으로는 인도, 남쪽으로는 이집트까지 국토를 크게 확장시켰다. 그는 또한 '세계동포주의'를 내세우며 각 나라의 문화적 차이를 존중하려고 했다. 동서양의 문화 교류야말로 알렉산드로스의 최고 업적인 것이다.

그리고 몽골의 칭기즈칸이 있다. 칭기즈칸은 1204년 몽골을 통일한 뒤, 고려에서 중부 유럽, 이슬람 국가에 이르는 역사상 최대의 대제국을 건설했다. 말을 타고 다니며 무차별로 공격하는 동양인 정복자는 당시 서양 사람들에게 공포의 대상이었다. 척박하고 광활한 중국 땅을 교역의 요충지로 만든 것이 최대 업적이다.

또 나폴레옹은 '내 사전에 불가능이란 없다.'라는 말로 유명하다. 18세기 후반부터 19세기 초반까지의 유럽 역사는 곧 나폴레옹의 일생과 같다고 해도 과언이 아니다. 그러나 러시아 원정 실패 후, 비참한 최후를 맞았다. 한때는 프랑스 혁명의 정신을 전세계로 알리는 역할을 했으나, 곧 그 정신을 흐리게 되었다.

그리고 우리 나라의 광개토 대왕이 있다. 광개토 대왕은 지금의 요동 땅을 정벌하여, 우리 국토를 비약적으로 넓혀 나갔다. 광개토 대왕은 즉위와 동시에 '영락'이라는 연호를 사용했다. 이것은 우리 나라 최초의 연호로 고구려가 중국과 비교하여 손색 없는 독립 국가임을 만천하에 알린 것이다.

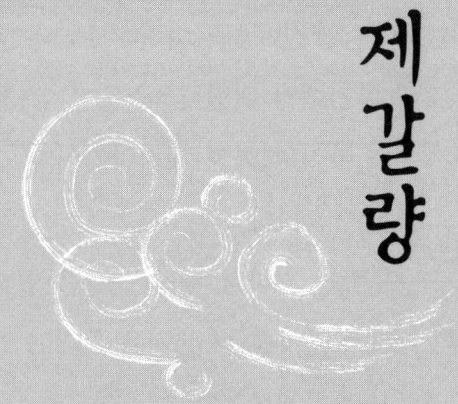

제갈량(181년~234년)

중국 촉나라의 전략가로, 제갈공명으로 더 알려져 있다.
삼고초려한 유비의 아래 들어가,
그 때부터 54세에 오장원에서 최후를 맞을 때까지
일세를 풍미한 대전략가다. 장수와 병사를 아우를 수 있는
통솔력과 인간적 매력을 갖추고 있었다고 전해진다.

제갈량은 '공명'이란 자로 더 유명한 인물입니다. 후한 시대 말기에서 위진 시대 초기, 54세의 나이로 오장원에서 최후를 마칠 때까지 대전략가이자 정치가로 널리 세상에 이름을 알렸습니다.

유비는 천하를 위해 큰일을 할 생각은 있었으나, 일이 잘 풀리지 않아 허송 세월을 보내고 있었습니다. 그 때 사마휘가 와서 유비에게 말했습니다.

"관우와 장비, 조운 같은 훌륭한 무장은 있지만, 이 군사들을 이끌 참모가 없군요. 장군은 와룡과 봉추 둘 중 하나만 얻어도 천하를 얻을 수 있습니다."

와룡은 제갈량을 이르는 말이고, 봉추는 방통입니다.

와룡은 누워 있는 용이란 뜻이고, 봉추는 봉황의 새끼란 뜻입니다.

유비는 제갈량이 사는 초가집으로 세 번이나 찾아갔습니다. 그 정성으로 스무 살이나 어린 제갈량을 자기 수하에 둘 수 있었습니다. 이를 두고 삼고초려(인재를 맞아들이기 위해서 여러 번 찾아가서 예를 다하는 일)라고 합니다.

제갈량과 유비의 사이가 점차 가까워지자, 장비와 관우가 이를 불평했습니다. 그러자 유비는 웃으면서 말했습니다.

"내가 공명을 만난 것은 물고기가 물을 만난 것과 같다."

여기서 수어지교라는 말이 생겨났습니다. 물과 물고기처럼 잠시도 떨어질 수 없는 사이를 말합니다.

이렇게 제갈량은 유비의 신임을 얻었습니다. 그는 적군과의 싸움에 앞서 언제나 그 지방 사람을 불러 산길이나 강물 깊이 등을 자세히 물은 다음 적과 싸울 때 이용하여 승리를 거두었습니다. 항상 깊이 생각하고 무겁게 움직였습니다. 잘한 것과 못 한 것을 분명히 가려서 상과 벌을 주고, 모든 일은 정직하고 성실하게 처리했습니다.

얼마 안 있어 위나라의 조조가 화북을 평정하고 80만 대군을 이끌고 쳐들어왔습니다. 유비와 오나라의 손권은 서로 손을 잡고 조조에 맞섰습니다.

너무나 큰 싸움이라 서로의 허점을 찾으며, 시간을 끌고 있었습니다.

이 때, 오나라의 주유는 제갈량을 시험해 보고자 했습니다.

"열흘 안에 화살 십만 개를 만들어 오시오."

그것은 거의 불가능한 일이었습니다. 그러나 제갈량은 배 스무 척을 빌렸습니다. 배 위에 짚을 잔뜩 쌓고, 몇 명의 군사를 태우고 강으로 나갔습니다. 그리고 군사들로 하여금 징과 북을 요란하게 치라고 시켰습니다.

강 건너편에 있던 조조의 군사들은 까무러칠 듯 놀랐습니다. 안개가 잔뜩 끼어 있어서 군사들이 얼마나 오고 있는지도 정확히 파악하지 못했습니다.

"적의 기습이다! 공격하라!"

조조의 군사는 일제히 화살을 퍼부었습니다. 하지만 배는 그저 유유히 지나갔습니다.

제갈량은 돌아온 배를 살펴보았습니다. 높은 짚단에 화살이 무수히 꽂혀 있었습니다. 제갈량이 그 화살을 모두 수거해 보니 십만 개가 넘었습니다.

주유는 그제야 제갈량과 함께 머리를 맞대고 일을 도모하게 되었습니다.

"아무래도 불로 공격하는 것이 가장 적합합니다."

"하지만 지금은 겨울이오. 바람이 우리 쪽으로 부니, 불을 사용한다는 것은 어렵소. 동남풍이 불어 준다면 정말 좋으련만."

제갈량은 잠자코 있다가 군사들을 데리고 산에 올랐습니다. 그리고 제단을 쌓고 기도를 하기 시작했습니다.

조조의 군사들은 오랜 선상 생활로 멀미에 시달리고 있었습니다. 그 때 방통이 조조에게 말했습니다.

"배를 모두 사슬로 엮어 하나의 큰 배를 만드십시오. 움직임이 없어서 멀미를 하지 않게 될 것입니다."

조조는 과연 좋은 생각이라며 방통의 말대로 했습니다. 하지만 방통은 이미 유비의 편이 된 후였습니다.

한밤중이 되었을 때, 오나라의 장수 황개는 열 척의 배를 이끌고 조조의 진으로 갔습니다. 배에는 흰 깃발이 펄럭였습니다. 항복한다는 뜻이었습니다. 조조는 조금도 의심하지 않았습니다. 그러나 그 열 척의 배에는 기름 묻은 볏짚이 잔뜩 실려 있었습니다.

황개의 배가 조조의 진영으로 바짝 다가섰을 때, 황개는 갑자기 배에 불을 질렀습니다. 불이 붙은 배는 조조의 배에 부딪치고, 빠르게 번지기 시작했습니다. 빨간 불길이 하늘에 닿을 듯 격렬하게 타올랐습니다.

그러나 사슬로 꽁꽁 묶어 놓은 배는 어디로도 도망칠 수가 없었습니다.

제갈량의 기도 탓인지, 마침 동남풍이 불기 시작했습니다. 조조의 군사들은 어찌하지 못하고 그대로 불에 타 죽거나 물에 빠져 죽었습니다. 이 때를 기다렸던 주유는 총공격을 펼쳐 적을 무찔렀습니다.

조조의 진영에서 솟아오른 불길이 남쪽 강가의 바위 절벽에 붉게 비쳤다 하여 이 전쟁을 '적벽 대전'이라고 합니다.

적벽 대전에서 참패한 조조는 다시 화북으로 후퇴했습니

다. 손권은 강남을 지배하게 되었고, 유비도 형주 서부에 세력을 얻었습니다. 천하가 크게 셋으로 나뉘어 힘을 겨루게 된 것입니다.

그러고 나서 십여 년이 지났습니다. 유비는 천하 통일의 원을 이루지 못하고 세상을 떠나게 되었습니다. 유비는 눈물을 흘리며 제갈량의 손을 잡았습니다.

"짐은 승상 덕분에 황제가 될 수 있었소. 아들 유선에게 황제의 자리를 잇게 하고 싶지만, 재주가 미약한 것 같소. 승상이 보기에 유선이 황제가 될 자격이 있다면 그를 충심으로 도와 주시오. 하지만 안 될 것 같으면 승상이 황제가 되어 내가 못 이룬 통일을 이뤄 주시오."

그리고 다시 아들들을 불렀습니다.

"내가 죽거든 승상을 친아버지처럼 받들고 모시거라."

유비가 죽은 후, 제갈량은 새로운 황제 유선을 도와 나랏일을 했습니다. 그리고 다시 오나라와 손을 잡고 위나라를 공격했지만, 역부족이었습니다.

234년, 오장원이란 곳에서 사마의가 이끄는 위나라 군사와 맞서고 있었습니다.

그러나 이 곳에서 제갈량 역시 병을 얻어 세상을 통일하겠다는 과업을 이루지 못하고 죽었습니다.

제갈량은 죽기 전에 유언을 남겼습니다.

"내가 죽거든 연에 등불을 달아 날리도록 하여라."

이 말을 끝으로 제갈량은 숨을 거두었습니다. 그 순간 하늘에서 붉은 별 하나가 떨어졌습니다. 사마의는 그것을 보고 제갈량이 죽은 것을 알게 되었습니다. 사마의는 제갈량의 지혜가 뛰어나다는 것을 알고, 공격을 머뭇거리고 있었습니다. 그런데 별이 떨어진 것을 보자 자신을 얻었던 것입니다.

"자, 이 때를 놓치지 말고 공격하자!"

그런데 그 때, 하늘로 환한 별이 떠오르는 것이었습니다. 또 몇십 명의 장군이 마차에 탄 제갈량을 호위하고 나타났습니다.

"제갈량이 아직 죽지 않았구나. 에이, 또 속았나 보다. 어서 후퇴하라!"

사마의는 서둘러 도망을 쳤습니다.

그러나 그것은 촉나라 군사들이 제갈량의 유언대로 연에 등불을 달아 날린 것이었습니다. 또 마차에 탄 제갈량은 나무로 만든 인형에 옷을 입힌 것이었습니다.

후세의 사람들은 이를 두고 '죽은 공명이 산 중달을 이긴다.'고 했습니다. 중달은 사마의의 호입니다. 이 말은 탁월한 지략을 갖춘 인재는 죽어서도 그 값을 한다는 뜻입니다.

만두의 유래

제갈량이 멀리 남만을 정벌하고 돌아오는 길이었다. 강을 건너려는데, 갑자기 심한 바람이 불어 건너기가 힘들었다. 이러지도 저러지도 못하여 난감해하고 있는데, 어떤 점쟁이가 와서 말했다.
"이 곳은 원래 귀신들이 많이 나오기로 유명합니다. 사람들이 강을 건너려고 하면, 으레 돌풍을 일으켜 사람들을 죽이거나 다치게 하지요."
그러자 제갈량이 물었다.
"그럼 어떻게 해야 이 바람을 잠재울 수 있단 말이오?"
점쟁이는 낮은 목소리로 은밀히 말했다.
"물의 신령에게 사람 머리 마흔아홉 개를 바쳐야 합니다."
제갈량은 깜짝 놀랐다.
'이미 남만을 정벌하느라 많은 사람을 죽였어. 이제 와서 또 사람을 죽일 순 없지.'
제갈량은 오랜 생각 끝에 하인들에게 명령했다.
"양고기와 돼지고기를 준비하라!"
하인들은 당장 달려가 양고기와 돼지고기를 준비했다. 제갈량은 그 고기를 섞은 뒤, 얇게 편 밀가루 반죽 속에 넣었다. 그리고 그것을 동글게 빚었다. 그것은 마치 사람의 머리와 같은 모양이었다. 이것이 만두의 처음이다.
제갈량은 사람의 머리 대신 만두로 제사를 지냈다. 그랬더니 거짓말처럼 바람이 잔잔해져서 갈 길을 재촉할 수 있었다.
만두를 한자로는 '蠻頭'라고 쓰는데, 이것은 '남만 사람의 머리'라는 뜻이다.

광개토 대왕

광개토 대왕(375년~413년)

고구려의 19대 왕으로, 우리의 영토를 비약적으로 넓혔다.
살아 있을 때는 영락 대왕이라 불렸으며
땅을 넓혔단 의미로 '광개토 대왕'이라 이름 붙였다.
우리 역사상 최초로 고유의 연호를 사용했고,
중국 지린성에 그의 업적이 기록된
광개토 대왕비가 남아 있다.

태자는 다른 날과 달리 아침 일찍 일어났습니다. 말을 타고 사냥터로 가기 위해서였습니다. 태자는 궁궐 안에 있는 병사들이나 시중을 드는 궁녀들 모르게 뒷문을 통하여 밖으로 나갔습니다.

산길을 달리던 태자는 깜짝 놀랐습니다. 호랑이의 커다란 눈과 마주쳤기 때문입니다. 호랑이는 딱 버티고 서서 계속 태자를 노려보고 있었습니다.

'겁먹지 말자.'

태자는 스스로를 다잡았습니다.

"으르르릉."

호랑이의 거친 울음소리에 태자는 꼼짝도 않고 호랑이의 눈을 노려보았습니다. 그러자 호랑이는 슬금슬금 뒷걸음질을 치며 달아났습니다.

"휴우, 고구려를 살리기 위해서는 이까짓 것을 두려워하면 안 되지."

늠름하고 용감하게 자란 태자는 열여덟 살 나이로 임금의 자리에 오르게 되었습니다. 이 태자가 바로 고구려 19대 임금인 광개토 대왕입니다.

광개토 대왕은 왕위에 오르자마자 중국의 연호(임금의 재위 연대에 붙이는 칭호)를 버리고 우리 독자의 연호를 사용하였습니다. 그것은 독립국으로 나라의 기틀을 바로잡겠다는 뜻이었습니다.

오랜 기간 난리를 겪은 고구려였기 때문에 광개토 대왕은 민심을 바로잡는 데에 온 힘을 기울였습니다.

또한 법률도 엄격하게 하여 부정부패를 없애려고 노력했습니다. 백성들이 의욕을 가지고 열심히 일을 하여 골고루 잘 살 수 있도록 만든 것입니다.

광개토 대왕은 백성들에게 국토의 중요성에 대해 강조했습니다. 국토가 없다면 백성들이 뿔뿔이 흩어진다고 생각했기 때문입니다. 국토가 안전하게 있으면 부강한 나라가 될 수 있다고 믿었습니다. 그래서 국토를 넓혀 가는 것을 강조했던 것입니다.

왕위에 오른 지 2년쯤 되어 광개토 대왕은 국토를 넓히기 위해 군사를 일으켰습니다.

"남으로 진격한다! 자, 남으로!"

광개토 대왕은 큰 소리로 명령을 내렸습니다.

"승리는 우리 것이다."

광개토 대왕의 확신에 찬 말을 듣고 군사들은 너도나도 앞질러 나갔습니다. 고구려 병사들의 기운은 하늘을 찌를 듯한데 백제의 군사들은 힘도 없어 보였습니다.

광개토 대왕는 첫 싸움에서 승리했습니다. 그리고 한 달 동안 고구려 국경 근처의 성을 모두 차지했습니다.

그뿐만 아니라 거란족과의 싸움에서도 고구려 군사들은 밀리지 않았습니다. 기운이 충천한 광개토 대왕과 고구려 군사들은 마침내 백제 요새의 하나인 관미성을 공격하기로 계획을 세웠습니다.

아무리 힘센 광개토 대왕의 군대였지만 관미성의 성주가 성문을 굳게 잠그고 있었기 때문에 공격이 쉽지 않았습니다.

관미성의 백제 군사들은 고구려군이 쳐들어올 때마다 화살을 쏘았으나 그것은 화살만 허비하는 셈이었습니다. 고구려군은 방패에 꽂힌 화살을 뽑아다가 다시 쓰는 지혜를 발휘했습니다.

결국 광개토 대왕의 군대는 승리를 거두었습니다. 광개토 대왕은 승리를 했어도 백제군에 대해서는 관대함을 베풀었습니다.

관미성으로 들어올 때 항복하는 백성들과 병사들에게는 피해가 가지 않도록 명령했습니다. 그것은 광개토 대왕이 펴고 있는 불교의 교리였던 것입니다.

그런데 그 때 백제의 왕은 그 소리를 듣고 몹시도 분노했습니다.

"뭣이라고? 관미성이 고구려군에게 함락되었다고? 백제에서도 가장 믿을 만하다는 수군과 육군이 지키고 있던 관미성이 함락되다니."

백제의 왕인 진사왕은 분노했지만, 결국 관미성을 탈환하지 못하고 죽고 말았습니다.

그 뒤를 이어 왕위에 오른 아신왕 역시 관미성을 탈환하기 위해 노력했습니다. 그러나 광개토 대왕의 군대는 백제의 어느 군대도 쉽게 물리쳤습니다.

광개토 대왕은 백제의 아신왕이 준 볼모와 예물, 그리고 한성 이북 지방을 고구려 땅으로 만들어 가지고 국내성으로 돌아왔습니다.

이렇게 하여 고구려는 백제로부터 탈취한 성이 모두 58성이었고, 촌락은 700촌이나 되었습니다.

"영락 대왕 마마 만세!"

"고구려 만세!"

백성들은 한 목소리로 광개토 대왕을 칭송했습니다.

백제를 차지한 광개토 대왕은 거기서 그치지 않았습니다. 더 많은 영토를 차지하기 위해 밤낮을 가리지 않고 고민을 했습니다.

"목단강 부근의 숙신족을 정벌해야겠다. 그들이 점점 세력을 키워 도발을 하면 죄 없는 백성들을 괴롭힐 것이다."

광개토 대왕은 약간의 군사를 보내어 숙신족을 정벌했습니다. 숙신족 역시 고구려의 상대가 될 수 없었습니다.

"그래, 대륙으로 진출하자. 그들이 언제 어느 때 우리를 공격할지 모른다. 우리의 영토를 넓히고 요새를 구축하여 그들의 공격을 막아야 한다."

광개토 대왕은 선왕에게 무릎을 꿇고 절을 올렸습니다.

"선왕이 이루고자 하는 것을 이루었습니다. 이 승리는 선왕들의 돌보심과 고구려 백성들의 지극한 충성심 때문입니다. 고구려가 앞으로 더욱더 부강한 나라가 될 수 있도록 힘을 주소서."

광개토 대왕의 눈에서는 눈물이 흐르고 있었습니다. 그것은 감격의 눈물이었습니다.

요동성을 다시 찾고 그 일대를 고구려 땅으로 만든 때가 광개토 대왕이 왕위에 오른 지 17년이 되던 해로, 서기 407년이었습니다.

북쪽의 모용희는 포기하지 않고 군사를 키워 고구려를 다시 침입해 왔습니다. 그러나 워낙 강한 고구려 군사들 앞에서는 꼼짝도 하지 못했습니다.

고구려 군사의 화살에 맞아 쓰러지는 오랑캐의 군사들이

많았습니다.

　적의 진지는 아수라장이 되었던 것입니다.

　수십만 대군은 거의 전멸되고, 살아서 도망간 사람은 얼마 되지 않았습니다.

　"만세, 고구려 만세!"

　"광개토 대왕 만세!"

　고구려 군사들의 만세 소리가 하늘을 찌를 듯했습니다.

　광개토 대왕은 죽음을 무릅쓰고 싸워 준 군사들에게 모든 공을 돌렸습니다.

　광개토 대왕은 동서남북으로 영토를 확장하여 한반도와 광활한 만주 대륙과 요동 땅의 지배자가 되었습니다.

　광개토 대왕은 거의 쉴 사이 없이 영토 확장에 일생을 바쳤던 것입니다.

광개토 대왕 때의 우리 나라 영토

광개토 대왕이 태어났을 때 고구려는 아주 안 좋은 상황이었다. 남쪽으로 백제 및 신라가 있었고, 서쪽으로 후연의 요동군, 현도군, 북쪽으로는 동부여가 있었다. 고구려는 사방에 적대국을 둔 나라였던 것이다.

이에 광개토 대왕은 주변을 정리할 필요성을 느끼게 되었다. 그래서 광개토 대왕은 다양한 전략과 전술을 이용해 땅을 넓혀 갔다. 그 대표적인 예가 광개토 대왕이 태자일 때 온조백제를 공격한 것이다. 그러나 곧 온조백제와 구태백제가 같은 세력임을 알고 공격을 중지하고 말았다. 전략을 근본적으로 바꾸어 외교적으로 승부를 걸고자 했던 것이다.

먼저 수군을 강화하였다. 이것으로 고구려는 백제보다 월등한 수군을 가지게 되어 금강하류 방면 상륙작전을 성공적으로 펼칠 수 있었다.

둘째로 외교적으로 백제를 고립시켰다. 이를 위하여 적대 관계에 있는 후연과 동맹 관계를 맺고, 동맹 관계에 있는 후연과 백제를 적대 관계로 만들었다. 또 신라와 고구려를 동맹 관계로 만들고, 백제와 신라를 적대 관계로 만들었다.

그리고 영토를 확보한 광개토 대왕은 각 정복국에 대한 통치 방법이 달랐다. 신라는 신라 체제를 그대로 인정해 주고 백제의 요서분국과 중국 동해안 분국의 백제 장군들과 전에 후연의 유주자사 진과 13명의 태수들은 종전의 직위와 직책을 그대로 인정해 주는 방식을 택했다.

광개토 대왕은 누구보다 뛰어난 전략과 전술로 가장 넓은 땅을 통치할 수 있었던 것이다.

연개소문

연개소문(603년~665년)

고구려 말기의 대막리지다.
자신을 제거하려는 계획을 알고,
먼저 왕을 죽이고 실권력자가 되었다.
네 차례에 걸친 당태종의 침입을 막아 냈는데,
이를 두고 단재 신채호 선생은 외세에 굴복하지 않고
고구려의 힘만으로 나라를 구한 영웅이라며 극찬했다.

살수 대첩에 패한 후, 내란으로 망한 수나라를 대신하여 당나라가 세워졌습니다.

임금이 바뀌자 당나라의 사신이 고구려에 왔습니다. 당시 고구려의 왕은 영류왕이었습니다.

당나라의 사신은 은근한 말로 속삭였습니다.

"당과 고구려는 친선 관계를 돈독히 해야 합니다."

영류왕은 수나라와 끊임없이 전쟁을 벌여서 당나라와는 친하게 지내려 했습니다. 그렇지만 당나라 사신의 태도에 문제가 있었습니다. 당나라와 고구려가 서로 동등하지 않고, 마치 고구려가 당나라의 지배를 받아야 한다는 투였습니다.

고구려 귀족들은 당나라를 섬겨야 한다고 주장했습니다.

"솔직히 전쟁이 지겹소!"

"그렇다면 고구려를 당나라의 속국이 되도록 내버려 두자는 겁니까?"

연개소문의 아버지 막리지(고구려의 최고 관직) 연태조는 귀족들의 태도에 분노했습니다.

연태조는 아들 연개소문을 앞혀 놓고 이렇게 말했습니다.

"개금아, 당나라를 믿으면 안 된단다. 저들은 우리 나라와 동등한 위치에서 사이좋게 지내자고 하는 게 아니거든."

'개금'은 연개소문의 어릴 적 이름이었습니다. 연개소문은 아버지의 말을 듣고 고개를 끄덕였습니다.

　연태조는 이렇듯 아들에게 민족적 자긍심과 주체성을 심어 주었습니다.

　연태조가 병으로 죽은 뒤, 연개소문은 아직 어린 나이였지만 아버지의 뒤를 이어 동부대인 겸 막리지가 되었습니다. 연개소문은 아버지의 말씀대로 나라를 위해 목숨을 바치기로 마음먹었습니다.

　연개소문은 영류왕에게 가서 건의했습니다.

　"폐하, 당나라와의 국경 지대에 천리장성을 쌓도록 허락해 주십시오."

　"당나라와 담을 쌓자고? 말도 안 되는 소리!"

　친당파의 귀족들은 대놓고 연개소문을 무시했습니다.

　"그러나 폐하, 고구려는 수나라를 물리친 강국입니다. 이런 고구려의 힘을 당나라에도 보여 주어야 합니다. 전쟁을 하자는 것이 아닙니다. 당나라의 침략 야욕을 꺾어 놓자는 것입니다."

　"당나라가 지금 당장 쳐들어오는 것도 아니지 않은가."

　"당나라가 쳐들어온 뒤에 성을 쌓는 것은 아무 소용이 없습니다. 미리 쌓아서 방어할 수 있도록 하는 것입니다."

　영류왕은 한동안 고민한 끝에 천리장성의 축조를 허락했습니다.

그러나 그 말을 전해 들은 당나라에서 사신을 보냈습니다. 연개소문은 왕을 대신하여 당 태종에게 답신을 썼습니다. 고구려는 당나라와 싸울 마음이 없다는 내용이었습니다.

당 태종은 그 서신을 읽은 뒤 조금 안심했지만, 아직 어린 연개소문의 존재를 눈여겨보게 되었습니다.

고구려는 당나라에게 호의적인 태도를 보였지만, 당나라는 항상 고구려를 경계했습니다.

어느 날은 사절단을 보내 군사적 요충지를 정탐했습니다. 연개소문은 이 사실을 눈치채고, 왕과 대신들에게 알렸지만 아무도 그의 말을 믿어 주지 않았습니다. 오히려 친당파의 대신들은 이것을 트집잡아 연개소문을 제거하려 했습니다.

"폐하, 연개소문을 저대로 놓아 두실 겁니까? 그는 항상 폐하의 말씀에 딴지를 걸고 있습니다. 또 우리와 잘 지내 보자는 당나라와 전쟁을 하자고 부추기고 있습니다. 이번 기회에 제거해 버리심이 좋을 줄 압니다."

영류왕은 고개를 끄덕였습니다.

이렇게 해서 연개소문을 죽이려는 계획이 진행되었습니다. 그러나 연개소문은 이미 그 계획을 알아채고 있었습니다. 곁에서 그를 따르던 사람들이 연개소문을 부추겼습니다.

"당하기 전에 먼저 치는 것이 옳습니다."

"맞습니다. 영류왕은 고구려의 기강을 바로 세우지 못하고, 친당에만 힘쓰고 있습니다. 지금 왕을 바꾸는 것이 나라를 위하는 일입니다."

연개소문은 눈을 지그시 감고 생각에 잠겼습니다. 그리고 한참 뒤, 고개를 끄덕였습니다. 반정이 시작된 것입니다.

연개소문은 잔치를 열고 영류왕과 대신들을 초대했습니다. 잔치가 한참 무르익었을 무렵, 연개소문을 따르는 군사들이 신호를 주고받았습니다. 군사들은 친당파의 대신들과 영류왕을 붙잡았습니다. 정말 순식간에 일어난 일이었습니다.

연개소문은 영류왕 이복동생의 아들인 보장 왕자를 새로운 왕으로 세웠습니다. 그리고 스스로 대막리지가 되었습니다.

평소에 고분고분히 자신의 말을 잘 들어주던 영류왕이 죽었다는 소식을 듣고, 당 태종은 전쟁의 빌미를 잡았습니다.

"나에게 충성하던 고구려 왕을 죽였다는 것은 나에 대한 도전이다!"

드디어 고구려를 차지하겠다는 야욕을 드러냈던 것입니다.

그러던 어느 날, 신라의 사신 김춘추가 고구려와 동맹을 맺기 위해 찾아왔습니다.

"신라는 번번이 약속을 깨고 우리를 실망시켰소. 그리고 이제 와서 동맹을 맺자니, 도리에 어긋난 일이 아닌가!"
연개소문은 김춘추를 감옥에 가둬 버렸습니다.

김춘추는 연개소문에게 거짓말을 한 뒤, 가까스로 도망을 쳤습니다.

고구려 연개소문이 신라를 괴롭힌다는 소문은 즉시 당 태종 귀에 들어갔습니다.

당시 고구려와 백제는 서로 동맹을 맺은 사이였고, 당나라와 신라도 동맹을 맺은 사이였습니다. 당 태종은 동맹국이 당하는 걸 그대로 보고 있을 수 없었습니다.

당 태종이 사신을 보내 항의했지만, 연개소문은 지나친 내정 간섭을 삼가라며, 오히려 호통을 쳤습니다.

이 일로 인해 전쟁이 일어났습니다. 당나라는 고구려와의 국경에 군대를 배치하고, 보급품을 옮기기 시작했습니다.

"건방진 것들! 이번에야말로 고구려 놈들의 버릇을 단단히 고쳐 주겠다."

당 태종은 이를 부득부득 갈았습니다. 그러고는 직접 고구려에 가서 전쟁을 일으켰습니다.

당나라 군사들의 수는 매우 많았습니다. 뿐만 아니라 억지로 끌려나온 북방 민족 사람들이 맨앞에 서서 화살받이를 하고 있었습니다. 죽여도 죽여도 끝이 없었습니다.

그러나 고구려군의 공격은 매우 조직적이었습니다. 한순간의 빈틈을 놓치지 않고 맹공격을 퍼부었습니다.

당 태종은 이 모습을 보고 깜짝 놀랐습니다. 그렇게 무시해 왔던 고구려를 직접 와서 보니, 결코 만만한 상대가 아니었던 것입니다.

"수나라가 왜 망했는지 알 것 같구나."

당 태종은 한숨을 쉬었습니다.

당나라 군대는 점점 지쳐 갔습니다. 그러나 고구려의 성은 무너질 줄 몰랐습니다.

결국 당나라 군대는 포기하고 돌아갔습니다.

그 후로도 당 태종은 다시 고구려를 침공했습니다. 647년에 2차 침공, 648년에 3차 침공을 했으나, 모두 실패하고 말았습니다.

당 태종은 649년 봄, 세상을 떠났습니다. 세상을 뜨기 전 이런 유언을 남겼다고 합니다.

"연개소문이 살아 있는 동안은 절대 고구려와 전쟁하려 하지 말라."

당 태종은 세상에 드문 영웅이자 지략가였습니다. 그런 당 태종을 물리친 장수인 연개소문이야말로 고구려의 위대한 영웅입니다.

구토지설

신라의 김춘추는 백제를 치기 위해 고구려의 보장왕에게 가서 도움을 구하기로 했다. 그러나 당시의 실권력자 연개소문은 그에게 마목현과 죽령 땅을 달라고 말했다.

김춘추가 이를 거절하자 연개소문은 김춘추를 감옥에 가둬 버렸다. 이를 본 고구려의 충신 선도해는 김춘추에게 이야기 하나를 들려주었다.

용왕의 딸이 병들었는데, 토끼의 간만이 병을 고칠 수 있다고 하였다. 거북은 육지로 가서 토끼를 꼬이고, 토끼는 용궁으로 가겠다고 약속했다. 바닷속에 들어간 거북이 사실을 고백하자, 토끼는 자신이 천지 신명의 후예이며, 자기 간은 잘 씻어서 햇볕에 내놓았다고 말했다. 그리고 자기에게는 간이 필요 없으니, 어서 가져다가 좋은 데 쓰라고 했다. 거북은 이 말을 믿고 다시 되돌아갔다. 육지에 다다르자, 토끼는 깡충 뛰어서 풀숲으로 달아나며 말했다.

"세상에 간 없이 살 수 있는 놈이 어디 있단 말이냐? 살기 위해 거짓말을 했을 뿐이다."

이 이야기를 거북과 토끼의 이야기, 즉 구토지설이라 한다. 김춘추는 이 이야기를 듣고, 바로 보장왕을 만나 땅을 돌려주겠다고 했다. 보장왕은 기뻐하며, 김춘추를 보내 주었다. 국경에는 김유신이 수많은 군사를 데리고 마중 나와 있었다. 김춘추는 국경을 넘자, 뒤돌아보고 이렇게 말했다.

"땅 문제는 내가 결정할 수 있는 게 아니다. 다만 살기 위해 거짓말을 했을 뿐이다."

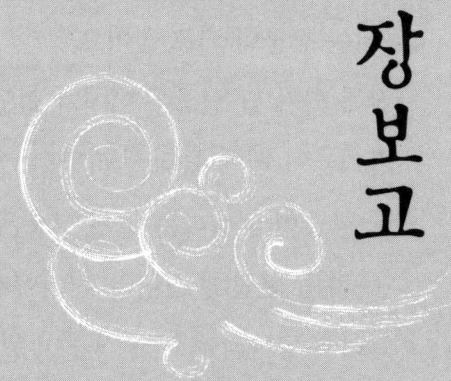

장보고

장보고(?~846년)

신라의 무장이다.
해적들이 신라인을 잡아가 인신매매하는 것을 보고,
이를 근절하기 위해 청해진을 설치했다.
해적을 소탕한 후에도 청해진은 계속 남아,
일본, 당나라와 무역에 중요한 역할을 했다.
장보고는 동북아시아의 해상 교통권과 무역권을 장악하여,
해상 상업 제국의 무역왕이라 불린다.

"저는 장군이 되고 싶어요."

잔뜩 화가 난 선장은 어이가 없었습니다.

아이들이 배에 몰래 올라탔던 것입니다. 그것도 엄청난 일인데 장군이 되겠다는 말에 선장은 웃음이 나왔습니다.

"우리는 천민 출신이라 신라에서는 장군이 될 수 없어요. 그래서 당나라에 가서 장군이 될 거예요."

선장은 궁복(장보고의 어릴 적 이름)의 말에 별로 대수롭지 않게 말했습니다.

"용기는 있지만 배가 닿으면 바로 신라로 보낼 것이다."

선장의 말에 궁복이 굳은 의지를 보이며 말했습니다.

"저는 이대로 신라로 돌아갈 수 없습니다."

선장은 궁복의 결연한 의지를 보고 허락해 주었습니다.

당나라에 도착한 궁복과 정연은 당나라말을 익히고 무술을 익히는 데 밤낮을 가리지 않았습니다.

그러던 어느 날, 궁복과 정연을 가르치는 할아버지가 말했습니다.

"더 이상 너희들에게 가르쳐 줄 것이 없구나. 이제 내 곁을 떠나 너희들의 꿈을 맘껏 펼치거라."

궁복과 정연이 무술 시합에 도전하자 그들의 무술을 따를 사람이 없었습니다. 그리고 곧 당나라의 군인이 되었습니다.

당나라의 군인이 된 지 몇 년이 지나자 장보고의 벼슬은 점점 높아졌습니다.
 날씨가 화창한 어느 날이었습니다.
 장보고와 정연은 말을 달려 푸른 바다가 보이는 곳까지 도달했습니다. 바람을 가르며 언덕을 막 넘어갈 때였습니다.
 "이 신라놈들아, 얼른 하지 못하겠어?"
 장보고와 정연은 '신라' 라는 말에 귀가 번쩍 뜨였습니다.
 그 곳에는 어린아이들이 힘겹게 돌을 나르고 있었습니다. 그 옆에는 우락부락하게 생긴 남자가 긴 채찍을 들고 아이들을 감시하고 있었습니다.
 "게으름부렸다가는 오늘 저녁은 굶는 줄 알아."
 아이들의 눈에는 눈물이 잔뜩 고여 있었습니다.
 장보고와 정연은 화가 났습니다.
 "신라놈이라뇨? 그게 무슨 말입니까?"
 사나이는 장보고의 말에 대뜸 소리만 질렀습니다.
 "남의 일에 상관 말고 가던 길이나 가쇼."
 그러다가 장보고가 높은 지위에 있다는 것을 알고는 얼른 얼굴 표정을 바꾸었습니다.
 "에구구, 장군님, 용서해 주십시오. 저들은 우리 주인이 돈을 주고 산 노예들인데 신라놈들입죠. 그런데 어찌나 게으

른지 일을 하지 않아 감시하고 있었읍죠. 장군님은 이런 일에 신경 쓰시지 말고 얼른 가세요. 자, 어서 가십시오."

장보고의 눈이 번쩍했습니다.

"사람들을 돈으로 사고 판다는 거요?"

"그렇습니다. 아마 신라 노예가 가장 많을걸요."

장보고는 기가 막혔습니다.

"얘들아, 이리 오너라."

정연이 신라말로 아이들을 불렀습니다.

눈에 눈물이 가득한 아이들의 눈이 동그래졌습니다.

"아저씨도 신라 사람인가요?"

"그래, 어찌 된 일이냐? 너희들이 왜 여기 와서 이런 일을 하고 있지?"

아이들은 침을 꼴깍 삼키며 말하기 시작했습니다.

"아저씨, 살려 주세요. 저희들은 바닷가에서 놀다가 해적들에게 잡혀 왔어요. 여기서는 매일 매를 맞으며 일을 해요. 제발 저희들을 고향으로 보내 주세요."

아이들을 보니 장보고는 발길이 떨어지지 않았습니다.

"이 아이들을 신라방으로 데리고 가자."

장보고의 말에 정연은 아이들을 말에 태웠습니다. 아이들을 감시하던 사나이는 장보고에게 매달렸습니다.

"장군님, 안 됩니다요. 저 애들은 저희들이 돈을 주고 사 온 것입니다요."

그러나 장보고는 사나이의 말을 들은 척도 하지 않고 아이들을 데리고 갔습니다. 그리고 아이들을 무사히 신라로 보내 주었습니다.

그 날 이후, 장보고는 해적들에게 끌려온 신라인들 생각에 잠을 잘 수가 없었습니다.

'해적들을 뿌리뽑아야 한다.'

당나라의 장군인 장보고가 신라로 돌아가면 천민이 될 수밖에 없었지만, 장보고는 고통받는 신라인을 위해 신라로 돌아갈 것을 결심했습니다.

'그래, 돌아가는 거야. 내 나라로 돌아가자. 벼슬보다 사람의 목숨이 더 중요해.'

신라로 돌아온 장보고는 왕을 뵙고는 그 동안의 일에 대해 말을 했습니다. 그 때 신라의 왕인 흥덕왕은 장보고를 보고 믿음이 생겼습니다.

"자네가 비록 천민이나 당나라의 벼슬을 포기하고 이 곳까지 온 것은 대단한 결심이었네. 자네에게 청해를 맡기겠네. 요즘 해적들이 자주 나타나 우리 나라 사람들을 괴롭히는 것 같은데 자네가 힘 좀 써 주게나."

흥덕왕의 말에 장보고는 머리를 조아리며 말했습니다.

"예, 당나라와 일본을 잇는 청해 땅에 진을 세워 해적을 꼭 없애도록 하겠습니다."

흥덕왕은 장보고에게 만 명의 군사를 주고 청해로 보냈습니다.

청해에 도착한 장보고는 섬 둘레에 성을 쌓고 높은 망루를 세웠습니다. 그리고 무기와 식량을 저장할 창고도 여러 개 지었습니다. 항상 해적의 위협으로부터 두려움에 떨던 마을 사람들은 모두 한시름 놓았습니다.

장보고는 곧 배를 만들기 시작했습니다. 그 배는 이전에 보지 못했던 배로 다른 배보다 훨씬 크고 빠르고 튼튼한 배였던 것입니다.

모든 준비가 되었던 어느 날이었습니다.

"왜구가 쳐들어왔다!"

왜구들이 몰려오고 있다는 소식은 순식간에 장보고의 귀에도 들어왔습니다.

"걱정 마라. 우리는 자신이 있다."

이미 장보고는 철저한 군사 훈련과 준비를 해 두었기 때문에 당당히 바다로 나갔습니다.

왜구들은 갑자기 많아진 배를 보고 깜짝 놀랐습니다.

불같이 화가 난 청해진 군사는 왜구들을 맞아 열심히 싸웠습니다.

왜구들은 잘 훈련된 군사들이 갑자기 많아진 것을 보고, 까무러칠 듯이 놀랐습니다. 예전의 신라군이 아니었던 것입니다. 얕보기만 했던 신라인들의 힘에 놀란 왜구들은 하나 둘 도망가기 바빴습니다. 그러나 장보고는 단 한 척의 배만 살려 주고 모두 쳐부수었습니다.

"한 척은 돌아가게 놔 둬라. 그들이 돌아가 우리의 힘을 알리게."

그 이후로도 왜구들은 이따금씩 쳐들어왔습니다. 그러나 장보고는 한 번도 싸움에 진 적이 없었습니다.

장보고는 밤낮을 가리지 않고 바다를 지켰습니다. 청해진의 배를 여러 곳에 보내어 약탈을 하는 왜구들을 감시하고, 고기를 잡는 신라의 어부들을 지켜 주었습니다.

그러자 신라의 바다에서 왜구들의 그림자는 찾을 수 없게 되었습니다. 왜구들은 청해진의 깃발만 봐도 겁을 먹고 도망을 갔습니다.

'드디어 나의 꿈이 이루어졌구나. 이제 바랄 것이 없어.'

장보고는 하늘을 쳐다보며 긴 숨을 들이쉬었습니다.

견당매물사

당나라의 신라방(통일 신라 시대에 중국 연안 지대에 있었던, 신라의 상인들과 유학생들의 집단 거주지)은 신라인이 스스로 통치를 하였다. 이들 중에는 연안 운송업과 상업에 종사하는 사람, 아라비아, 페르시아 상인과 교역하는 사람, 당과 일본을 오가며 국제 무역에 종사하는 사람들이 많았다. 장보고는 이들의 지원을 받아 국제 무역을 활발하게 전개하였다.

이렇게 활동하는 과정에서 해적이 신라인을 잡아 노예로 매매하는 것을 목격하고, 귀국하여 흥덕왕에게 요청하여 828년에 해상 교통의 관문인 완도에 청해진을 설치하고 대사라는 특수직에 임명되었던 것이다.

장보고는 당 및 일본과의 무역으로 경제 기반을 만들어 놓아 커다란 해상 세력을 형성하였다. 당시는 780년 10월부터 사무역을 하지 못하게 했기 때문에 장보고는 당에 견당매물사를 보내 무역선인 교관선을 이끌게 하였다. 사무역이 아닌 무역의 형식은 한 국가의 최고 통치자가 무역 상대국의 통치자와 예물을 교환하는 방식을 띤 공무역과 이를 위하여 파견된 사신이 몸에 지니고 가는 협대 무역의 길밖에 없기 때문에, 교관선 파견은 이례적인 것이었다. 따라서 이는 신라의 공무역이 장보고의 사무역에 의존한 것이라고 할 수 있다. 왕이 아닌 장보고가 자신의 이름으로 사신을 보낼 수 없음에도 불구하고 견당매물사, 회역사(일본에 보낸 사절)를 보낸 것은, 그의 무역 활동이 순수하게 사적인 것이 아니라 국가 간의 공식적인 것임을 알 수 있다.

세종 대왕

세종 대왕(1397년~1450년)

조선 제4대 왕이다.
집현전 학자들과 '훈민정음'을 창제한 것이
최고의 업적이다. 그 외에도 장영실을 통하여
측우기, 해시계, 물시계 등 과학 기구를 발명하도록 했다.
백성들을 위해 수준 높은 민족 문화를 일으켰으며,
국토의 확장에도 힘썼다.

세종은 백성들이 어떻게 살고 있으며 어떤 어려움이 있는지 직접 알아보는 것을 좋아했습니다. 그래서 밤마다 신하 몇 명을 데리고 궁궐을 나와 백성들이 사는 집들을 기웃거렸습니다.
　어느 초가집에 이르렀습니다.
　"그러면 아이는 꼼짝없이 야단을 맞았겠네요?"
　아이의 또랑또랑한 말소리가 들리자 세종은 호기심에 귀를 기울였습니다.
　"그래, 그게 다 아이가 글자를 읽지 못하기 때문이란다."
　세종은 고개를 갸웃거렸습니다.
　"우리 나라에는 글자가 없단다. 다 중국에서 건너온 한자를 쓰지. 이 할미는 한자의 종류가 많아 제대로 배우지 못했어. 넌 열심히 공부를 해야 한다."
　할머니의 말을 뒤로 하고 궁궐로 돌아온 세종 대왕은 골똘히 생각했습니다.
　'백성들에게는 한자를 대신할 쉬운 글자가 필요해.'
　우리는 우리말을 가지고 있었지만 우리말을 적을 글자가 없어서 한자를 빌어다 쓰고 있었습니다. 그런데 초가의 할머니 말처럼 한자는 어렵고 복잡해서 선비들만 배울 수 있었습니다.

'그래, 집현전 학자들과 의논을 해야겠군.'

집현전 학자들이 모두 모이자 세종은 마음 속에 있는 말을 꺼냈습니다.

"다른 나라에는 글자가 있는데 우리 나라만 글자가 없소. 우리도 글자가 있다면 어리석은 백성들이 자신의 뜻을 쉽게 나타낼 수 있지 않겠소?"

그 말에 집현전 학자들은 고개를 끄덕였습니다.

"예, 소신들도 그렇게 생각하옵니다. 신라의 설총이 '이두'를 만들었던 것처럼 우리 글자를 만들어 보겠습니다."

세종은 크게 기뻐하며 다시 당부했습니다.

"설총이 만든 '이두'는 한문을 빌어서 썼기 때문에 어려워 잘 쓰이지 않았소. 그러니 그것보다는 쉬워야겠소."

집현전 학자 중 한 사람이 고개를 끄덕이며 말했습니다.

"그렇다면 어떤 글자가 되어야 할까, 그 내용을 먼저 정해야겠습니다."

그 말에 세종도 기뻐하며 말했습니다.

"그렇소. 먼저 글자는 배우기 쉽고, 쓰기 편하며 어떤 말이라도 다 적을 수 있어야 하오."

그래서 세종의 명령으로 궁궐 안에 '정음청'이 세워지고 새로운 글자에 대한 연구가 시작되었습니다.

그 곳에서 정인지, 신숙주, 성삼문, 박팽년, 최항, 이개 등 여러 학자들이 우리 글자를 만들기 위해 노력했습니다.

그러나 중국을 대국으로 섬기던 사람들은 비웃었습니다. 집현전에 직접 찾아와 쓸데없는 짓을 한다고 충고하기도 했습니다.

"정말, 우리가 괜한 짓을 하고 있는 게 아닐까?"

집현전 학자들도 마음이 흔들렸습니다. 그러자 세종은 집현전 학자들을 달래며 용기를 주었습니다.

"지금 우리가 하는 일은 우리를 위해서가 아니오. 백성들을 위해서요. 백성들이 우리 글자가 없기 때문에 아주 큰 어려움을 겪고 있소. 우리 조금 더 힘냅시다."

집현전 학자들은 세종의 굳은 의지에 마음을 다스리며 연구했습니다.

세종은 밥을 먹을 때도, 잠자리에 들어서도, 궁궐 안을 거닐 때도 온통 글자를 만들 생각뿐이었습니다.

아주 작은 것도 자세히 관찰하며 관심을 기울였습니다.

어느 날이었습니다.

세종과 집현전 학자들이 연구에 몰두할 때였습니다.

글자와 소리 연구로 유명한 명나라 학자 황찬이 요동에서 귀양을 산다는 소식이 전해졌습니다.

세종은 성삼문을 불러 당부했습니다.
"황찬은 새 글자를 만드는 데 큰 도움을 줄 것이오."
그 말에 성삼문은 천오백 리나 되는 요동을 열세 번이나 다녀오며 연구를 계속했습니다. 성삼문이 그러는 동안 세종도 밤낮으로 연구를 계속했습니다.
그러던 어느 날, 세종은 눈병에 걸리고 말았습니다. 신하들이 모두 걱정하자 세종이 근엄한 목소리로 말했습니다.
"난 괜찮소. 설령 내 눈이 먼다고 해도 우리 백성들을 위해 우리 글자가 만들어진다면 좋겠소. 백성들의 눈이 뜨일 테니까 말이오."
"마마, 마마의 건강이 좋아야 백성의 눈도 뜨일 것입니다. 먼저 몸을 생각하시옵소서."
신하들과 왕비의 청에 못 이겨, 세종은 눈병을 고치기 위해 청주로 떠났습니다. 그 곳에 가면서도 세종은 연구하던 책들을 모두 가지고 갔습니다.
이렇게 열심히 연구한 결과, 마침내 우리 입 모양을 본뜬 글자가 만들어졌습니다.
세종은 하늘과 땅과 그 사이에 살고 있는 사람을 바탕으로 글자의 모양을 생각했습니다. 하늘은 둥글고 끝이 없이 아득하여 원을 생각하다가 둥근 점의 모양을 정하고(·), 땅은 넓고 길어서 가로로 긋는 선을 생각하고(ㅡ), 사람은 다른 동물과 달라 바르게 서서 움직이니 세로로 된 선(ㅣ)을 생각하게 되었습니다. 'ㆍ'와 'ㅡ'를 합치면 'ㅗ'가 되고, 'ㅣ'와 'ㆍ'를 합치면 'ㅏ'가 됩니다. 이렇게 하늘, 땅, 사람을 본떠 홀소리 열한 자를 만들었습니다.

닿소리는 우리가 말소리를 낼 때 쓰는 입술, 혀, 입 안, 목구멍 등의 모양을 본떴습니다. 두 입술을 다물고 입 안에 바람을 가득 담은 모양(ㅁ), 혀의 끝이 잇몸에 닿는 모양(ㄴ), 혀가 입천장에 닿는 모양(ㅅ), 혀의 뿌리가 어금니 옆에서 꺾이는 모양(ㄱ), 목구멍이 둥근 모양(ㅇ) 등 열일곱 자를 만들었습니다.

이렇게 완성된 글자는 몇 년 동안 궁궐 안에서 사용하면서 시험했습니다.

"이건 아주 훌륭한 글자이옵니다. 우리 사람의 목구멍에서 나오는 발음들이 고스란히 실린 글자로 백성들이 쉽게 배우고 편하게 쓸 수 있을 것입니다."

집현전 학자의 말에 세종은 흐뭇하게 웃었습니다.

3년 동안의 시험을 한 후, 세종은 이 글을 '훈민정음'이라 이름지었습니다. 그리고 1446년 세상에 알렸습니다.

그러나 세상에 나간 '훈민정음'은 많은 어려움을 겪었습니다. 세종의 뜻을 모르는 양반들은 한문만이 옛 성인들의 가르침을 바로 배울 수 있다고 생각해서 '훈민정음'을 '언문'이라고 하며 낮게 보았습니다.

"언문은 상놈이나 쓰는 말이다."

"언문은 아침에 뒷간에 가서 하는 글이야."

양반들은 모이기만 하면 훈민정음에 대한 이야기뿐이었습니다.

여러 양반들의 이런 반대에도 세종은 뜻을 굽히지 않았습니다.

"참 어리석은 사람들이다. 우리가 쓰는 글자와 입으로 하는 말이 달라 이것을 한 가지로 같게 하려는 것인데, 이를 모르고 있다니."

세종은 뜻을 굽히지 않고 오직 백성을 사랑하는 마음으로 모든 반대를 물리쳤습니다.

한글날

매년 10월 9일은 한글날이다. 한글날은 말 그대로 한글을 기념하는 날이다.

세종 대왕이 한글을 만들고 퍼뜨린 것을 감사하고, 한글의 바른 사용을 장려하는 날인 것이다.

처음 한글날이 생긴 것은 일제 강점기 때였다.

일본인들은 우리 나라를 식민지로 만들고 지배를 쉽게 하기 위해 한글 사용을 금지했다. 그렇게 하면 우리의 정신을 흐려 놓을 수 있다고 생각했던 것이다.

이에 분노한 한글 학자들이 발벗고 나서서 한글의 우수성과 민족의 주체성을 잊지 말자고 한글날을 정했다.

처음에는 한글날 이름이 "가갸날"이었고, 날짜도 11월 4일이었다.

1990년 기념일이 되었다가 2005년 말 한글날을 다시 국경일로 승격되었다.

북한의 한글날은 1월 15일이다.

남한은 훈민정음을 반포한 날을 한글날로 정하고, 북한은 한글을 완성한 날을 한글날로 정했기 때문에 같은 한글날이지만 날짜가 서로 다른 것이다.

한글은 우리 나라 사람만이 누릴 수 있는 문화적 혜택이다.

요즘 인터넷의 확산과 보급으로 엉망이 된 한글을 바로 쓰고 정확하게 사용하려는 마음가짐이 중요하다

이순신

이순신(1545년~1598년)

조선 시대의 장군이다.
거북선을 만들어서 임진왜란을 승리로 이끌었다.
옥포 해전, 한산도 대첩, 명량 해전 등은
그의 지휘력과 통솔력을 한눈에 보여 준 유명한 전투였다.
전쟁 중에 기록한 《난중일기》는
후세에 중요한 역사 자료가 되었다.

"도대체 우리 군사들은 뭘 하고 있었단 말이오?"

경상 우수영에는 싸움배만 백여 척이고, 화약이며 무기도 충분했습니다. 수군도 만 명이나 되었습니다.

"구원병을 청하러 왔습니다."

원균 밑에 있는 이영남이 달려와 다급한 목소리로 말했습니다.

"원 수사는 어디서 왜적과 싸우고 계시느냐?"

"예, 왜적이 새카맣게 밀려오자 원 수사께서는 노량으로 물러나셨습니다. 그래서 군사들은 흩어지고 말았습니다."

원균이 겁을 먹고 도망갔다는 소식에 이순신은 기가 막혔습니다. 경상 우수영이 무너지면 전라 좌수영이 위태로울 것이 불을 보듯 뻔했기 때문입니다.

4월 29일 새벽, 좌수영 소속의 배들이 속속 모여들었습니다. 집 모양의 전투함인 판옥선이 24척, 돌격선이 15척, 무기와 군량미를 실어 나르는 짐배가 46척이었습니다.

"모든 전함에 무기와 탄약을 싣도록 해라."

이순신의 명령에 군사들은 일제히 배에 무기와 탄약을 실었습니다.

그 날 밤, 자정이 넘자 이순신은 참모들을 거느리고 전투에 나섰습니다. 여수 앞바다는 출동을 준비하는 배들이 밝힌 불로 대낮처럼 밝았습니다.

횃불 신호가 오르자 모든 배들이 북을 울리고 징을 치면서 닻을 올렸습니다.

왜적들은 갑자기 들이닥친 조선 수군의 힘에 놀라 허둥댔습니다. 왜군 대장은 큰 소리로 명령을 내렸습니다.

"조선 수군은 헛개비다. 겁먹지 말고 공격하라."

왜군은 바다에서나 육지에서나 한 번도 이겨 보지 못한 조선군을 무시했습니다. 화살과 대포를 쏘는 조선 함대는 최신식 무기인 조총을 쏘아 대는 왜군 함대에 맞서서 싸웠습니다.

"자, 공격! 우리는 잘 할 수 있다. 앞으로 공격!"

이순신 장군의 힘찬 명령에 조선 수군은 앞으로 앞으로 나아갔습니다.

옥포 앞바다는 온통 자욱한 연기와 불에 휩싸였습니다. 커다란 산을 무너뜨리는 듯한 포성, 귀가 터질 듯이 요란한 조총 소리와 사람들의 고함 소리, 비명 소리가 진동했습니다.

얼마쯤 지나자 왜군들은 조선 수군의 막강한 힘 앞에 슬금슬금 뒷걸음질치고 있었습니다.

"우리가 이겼다! 조선 수군 만세!"

여기저기서 만세 소리가 울렸습니다.

옥포에서의 첫 승리였던 것입니다.

그리고 얼마 후, 경상 우수사에게서 연락이 왔습니다.

"이 장군, 도와 주시오. 왜군의 배가 사천으로 쳐들어와 노량에서 피하는 중입니다."

원균의 연락을 받은 이순신은 답답하기만 했습니다.

"원 수사는 싸웠다 하면 달아나기에 바쁘니, 이게 어떻게 된 일이오?"

이순신은 곧 거북선을 앞세우고 경상도로 향했습니다. 거북선이 노량 앞바다에 이르자 원균이 서둘러 달려왔습니다. 원균과 사천으로 나간 이순신은 깜짝 놀랐습니다.

"수도 없이 많은 왜군이 버티고 있군."

그런데 이순신 함대가 나타나자 왜군들은 서둘러 배에 올라탔습니다. 우리 수군이 공격을 하려고 하자 이순신이 소리쳤습니다.

"그만두어라. 곧 어두워질 것이다. 왜군은 산에 있기 때문에 우리가 당해 낼 수 있다. 그리고 이 곳은 수심이 얕아 거북선이 들어갈 수 없다. 그러면 우리가 싸우는 데에 불리해진다."

조선 수군은 멈칫거렸습니다. 그러자 사기가 솟은 왜적은 공격을 퍼부었습니다.

이순신은 조용히 생각하다가 함대를 이끌고 바다의 한복판으로 나갔습니다.

"봐라, 조선 수군이 도망간다. 공격하라."

왜군 대장의 소리가 들렸습니다. 왜군은 조선 수군이 달아나는 줄 알고 쫓아왔던 것입니다.

그 때였습니다.

"둥, 둥, 둥, 둥, 둥!"

북 소리가 크게 울렸습니다.

멈칫거리던 거북선이 휙 돌아섰습니다.

"자, 돌격!"

거북선은 일제히 포탄과 화살을 퍼부었습니다.

순식간이었습니다. 왜군의 배가 불타고 부서져 물에 가라앉았습니다. 그러나 조선군은 단지 몇 사람만 부상을 입었을 뿐이었습니다. 이순신도 어깨에 총을 맞았습니다.

부하들은 이순신이 총에 맞은 것을 걱정했습니다.

"나는 괜찮다. 칼로 총알을 빼내고 고약을 붙이면 된다."

이순신은 아픔을 참아 내며 총알을 뽑아 내고 밤을 보냈습니다.

그리고 며칠 후였습니다.

이순신의 상처가 다 아물지도 않은 상태였습니다.

"당포에 왜군이 나타났습니다."

병사의 보고에 이순신은 함대를 몰고 나갔습니다.

왜군은 조총을 쏘아 대기 시작했습니다.

그러나 거북선은 끄떡없었습니다.

"저 괴물은 뭐야? 꿈쩍 안 하네."

왜군은 거북선의 위력에 겁을 먹고 있었습니다.

바로 그 때였습니다.

거북선의 용머리에서 천자포가 날아갔습니다. 왜군의 대장이 타고 있던 배가 정통으로 맞았습니다. 그 배는 그 자리에서 물 속으로 가라앉았습니다.

"왜군 대장이 죽었다. 자, 힘을 내자!"

왜군 대장이 죽었다는 소리에 우리 수군의 사기는 충천했습니다. 수군이 달려들자 바다는 온통 불바다였습니다.

승리를 거둔 우리 수군은 또 만세를 부르며 기세가 등등했습니다.

전쟁이 있을 때마다 거북선을 이끈 이순신이 승리를 거두었습니다. 이 소식은 왜군에게도 퍼져 이순신과 거북선을 두려워하게 되었습니다.

그러나 원균의 모함으로 이순신은 감옥에 갇히기도 했습니다. 억울하기 짝이 없었지만, 어찌할 도리가 없었습니다.

이 때 왜군은 장비를 정비하고 비장한 각오로 다시 한 번 쳐들어왔습니다.

　백의종군으로 출정한 이순신은 노량 바다로 나아갔습니다. 백의종군이란 벼슬도 없이 전쟁에 참여한다는 뜻입니다.

　"둥, 둥, 둥, 둥."

　한밤중의 고요함이 깨졌습니다.

　그 동안 재정비된 거북선은 전보다 더 튼튼해졌습니다. 거북선은 왜군 깊숙이 들어가 대포와 불화살을 쏘아 댔습니다. 왜군은 허둥지둥 도망치기 바빴습니다.

　"자, 공격! 독 안에 든 쥐다. 자, 돌격하라."

　조선 수군의 승리가 눈앞에 보이는 듯했습니다.

　그런데 그 때 그만 이순신 장군은 가슴에 왜군이 쏜 총알을 맞고 말았습니다.

　"아버님!"

　아들과 조카가 달려왔지만 이순신은 손을 내저었습니다.

　"난 괜찮다. 내가 죽었다는 말을 하지 말고 북을 계속 쳐라. 아직 전쟁은 끝나지 않았다."

　이순신의 아들과 조카는 눈물을 흘리면서 북을 계속 쳐 댔습니다.

　"둥, 둥, 둥, 둥."

난중일기

《난중일기》는 충무공 이순신이 임진왜란이 일어났을 때부터 전쟁이 끝난 7년여 동안 쓴 일기다. 임진왜란이 일어나던 해(1592년)부터 끝나던 해(1598년)까지의 일을 간결, 명료하게 기록하고 있는 대단히 중요한 전쟁 중의 일기인 것이다.

총 7권으로 일기와 서간첩 및 임진장초와 함께 국보 제76호로 지정되었다.

《난중일기》는 임진왜란 7년 동안의 상황을 가장 구체적으로 알려 주는 일기다. 전란 전반을 살피는 사료로서의 가치와 나라가 위험에 처했을 때 구해 낸 영웅의 인간상을 연구할 수 있는 자료로서의 가치를 동시에 가지고 있어서 아주 중요하다.

또한 생사를 걸고 싸우던 당시의 기록으로서 그 생생함이 더욱 돋보이며, 단순한 전쟁사 이상의 가치가 있다고 할 수 있다.

그리고 그 당시의 정치, 경제, 사회, 군사 등 여러 부문, 특히 수군의 연구에 도움을 준다.

또 충무공의 꾸밈없는 충성심, 효성, 의리와 신의를 보여 주는 글이라는 점에서 후세인들에게 큰 귀감이 되고 있다.

마지막으로 무인의 글답게 간결하고도 진실성이 넘치는 문장과 함께 그 인품을 짐작케 하는 웅혼한 필치는 예술품으로서도 인정받는 뛰어난 작품이라고 할 수 있다.

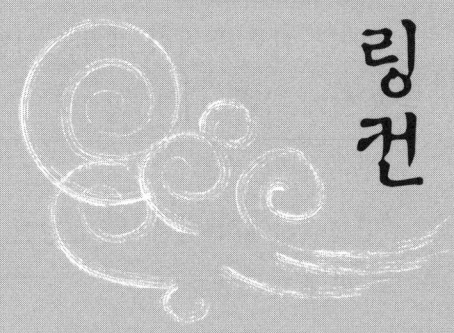

링컨(1809년~1865년)

미국의 제16대 대통령이다.
대통령이 되자마자 남북 전쟁을 치러야 했지만,
뜻을 굽히지 않고 노예 해방을 선포했다.
1863년 11월, 게티즈버그에서 있었던
'국민의, 국민에 의한, 국민을 위한 정부' 연설은
민주주의 국가에 모범이 되었다.
연극 관람 중, 남부인이 쏜 총에 맞아 사망하였다.

링컨은 친구와 거리 구경을 나갔다가 사람들이 모여 있는 곳을 보게 되었습니다.

"무슨 일일까?"

"아프리카에서 방금 온 건강한 흑인 노예입니다. 값도 아주 싸게 드리겠습니다."

시장에서 노예를 팔고 있었던 것입니다. 장사꾼은 막대기로 흑인 노예의 몸 이곳 저곳을 찔러 댔습니다.

두 손과 두 발이 밧줄로 꽁꽁 묶인 흑인의 눈은 두려움에 떨고 있었습니다.

그 모습을 본 링컨은 충격을 받았습니다.

"500달러, 더 내실 분 없으십니까?"

돈을 더 내겠다는 사람이 없자, 최고가를 부른 콧수염이 긴 어떤 사람이 흑인 노예를 끌고 갔습니다.

'같은 사람인데 어떻게 저렇게 할 수가 있지? 사람들의 위 아래를 누가 정해 놓은 것일까?'

링컨은 가슴 속에서 울컥 분노가 치밀어올랐습니다. 뺨에는 눈물이 흐르고 있었습니다.

'이건 있을 수 없는 일이야. 흑인은 우리와 피부색만 다를 뿐이야.'

링컨은 고개를 끄덕이며 다짐을 했습니다.

그리고 세월이 흘렀습니다.
"링컨 대통령 만세!"
1860년 11월, 미국의 제16대 대통령이 뽑혔습니다.
많은 사람들이 기쁨의 만세를 불렀습니다. 특히, 흑인 노예들에게는 참으로 감격스러운 날이었습니다.
그러나 남부 지방의 사람들은 노예 제도를 없애려는 링컨 대통령을 싫어했습니다.
"공장에서 물건이나 만드는 놈들이 흑인 노예의 필요성을 알기나 해?"
"맞아, 맞아. 내가 비싼 돈을 내고 산 노예를 풀어 주라니, 이거 완전 도둑 아냐!"
남부 사람들의 불평은 날이 갈수록 심해졌습니다.
농사를 많이 짓는 남부 지방에서는 많은 노동력을 흑인 노예로 채우고 있었기 때문입니다.
대통령 취임식이 3개월이나 남았는데, 남부와 북부의 혼란은 계속되었습니다.
'전쟁을 해서는 안 돼. 싸우지 않고 나라를 통일할 방법이 없을까? 노예들에게 자유를 주고 싶다.'
링컨은 밤마다 잠을 못 자며 고민했습니다.
"우리는 따로 독립을 하자."

링컨에게 반대하는 남부 사람들은 자신들의 독립을 요구했습니다. 미국이 남과 북으로 나뉘게 된 것입니다.

링컨은 안타까웠습니다.

'전쟁을 해서는 안 돼. 노예도 해방시키고, 나라의 통일도 유지할 수 있는 방법이 없을까?'

그러나 남부 사람들은 이런 링컨의 마음을 몰라주었습니다. 무조건 자기네 뜻대로 밀고 나가려 했습니다.

링컨에게 남부 사람들이 보낸 협박 편지도 날아왔습니다.

'끝까지 노예 편을 든다면 가만두지 않겠다. 목숨이 아깝거든 이쯤에서 손을 떼고 물러나라.'

링컨을 암살하기 위해 남부의 사람이 숨어들었다는 소문도 있었습니다.

그러나 링컨은 온갖 협박과 위험에도 굴하지 않았습니다.

링컨은 노예를 해방하고 자유와 평화가 있는 나라를 만들겠다는 굳은 신념이 있었기 때문입니다.

링컨은 많은 사람들에게 자신의 생각을 알리기 위하여 여러 곳을 다니며 연설을 했습니다.

"여러분, 우리는 둘로 갈라지는 것을 막아야 합니다. 우리는 모두 평등합니다. 모든 인간에게 자유롭게 살 권리가 있습니다."

링컨의 가슴에서 우러나오는 호소에 사람들은 감동을 받았습니다.

마침내 3월 4일, 링컨의 대통령 취임식이 국회 의사당에서 거행되었습니다.

"우리는 하나로 단결해야 합니다. 우리 모두 사랑으로 뭉쳐서 위대한 나라를 만듭시다."

짧지만 강한 의지를 보인 링컨의 연설은 모든 사람들의 가슴 속을 파고들었습니다.

대통령이 된 링컨은 밤낮을 가리지 않고 집무실에서 일을 했습니다.

그러나 링컨이 대통령으로 취임한 지 40일 만에 남북 전쟁이 일어나고 말았습니다.

"아니, 이럴 수가!"

링컨의 노력이 헛수고로 돌아가고 말았던 것입니다.

처음의 싸움에서 링컨을 지지하는 북부군은 남부에 지고 말았습니다.

남부군은 쉴새없이 북부로 밀고 들어왔고 유능한 장군이 없던 북부는 싸움마다 패했습니다.

링컨은 전쟁이 시작된 후 잠을 잘 수가 없었습니다.

그 날 밤도 꼬박 새운 링컨은 집무실에 새벽까지 있었습니다. 링컨은 노예가 해방될 수 있는 선언문을 만들고 있었던 것입니다.

그리고 남북 전쟁이 한창 일어나던 때, 링컨은 모든 장관들을 모아 발표했습니다.

"나는 미국의 대통령으로서, 이 나라의 모든 노예가 해방되었음을 널리 선포하오."

장관들은 아직 그런 시기가 아니라고 말했지만, 링컨은 자신의 뜻을 굽히지 않았습니다.

1863년 1월 1일, 모든 노예는 자유의 몸이 된 것입니다.

"만세! 이제 우리는 자유다!"

흑인들은 모두 나와 얼싸안으며 기뻐했습니다. 그리고 진심으로 링컨 대통령에게 감사해했습니다.

남북 전쟁은 2년 동안 계속되었습니다.

그 중 게티즈버그의 싸움은 북부군과 남부군의 진격과 후퇴가 반복되는 아주 치열한 싸움이었습니다.

그러나 결국은 북부군의 승리로 돌아갔습니다. 남부군이 항복을 했기 때문입니다.

몇 달이 지난 어느 날, 링컨은 게티즈버그에서 연설을 했습니다.

"우리는 미국이라는 나라를 하느님의 보호 아래 새로 출발하여야 합니다. 그리하여 국민의, 국민에 의한, 국민을 위한 정치가 영원히 지구상에서 사라지지 않도록 힘써야 합니다."
이 짧은 연설은 민주주의를 사랑하는 모든 나라에 큰 감명을 주었습니다.

게티스버그 연설

"지금으로부터 87년 전 우리의 선조들은 이 대륙에서 자유 속에 잉태되고 만인은 모두 평등하게 창조되었다는 명제 아래 새로운 나라를 탄생시켰습니다. 우리는 지금 거대한 내전에 휩싸여 있고 우리 선조들이 세운 나라가 과연 이 지상에 오랫동안 존재할 수 있는지 없는지를 시험받고 있습니다.

오늘 우리가 모인 이 자리는 남군과 북군 사이에 큰 싸움이 벌어졌던 곳입니다. 우리는 이 나라를 살리기 위해 목숨을 바친 사람들에게 마지막 안식처가 될 수 있도록 그 싸움터를 헌납하고자 여기에 와 있습니다.

우리의 이 행위는 너무도 마땅한 것입니다.

그러나 이 땅을 신성하게 하는 사람은 우리가 아닙니다. 여기에서 목숨 바쳐 싸웠던 그 용감한 사람들, 전사자 혹은 생존자들이 이미 이곳을 신성한 땅으로 만들었기 때문입니다. 세계는 오늘 우리가 여기 모여 무슨 말을 했는가를 오래 기억하지도 않겠지만, 그 용감한 사람들이 여기서 수행한 일은 결코 잊지 않을 것입니다.

우리는 그 명예롭게 죽어 간 이들로부터 더 큰 헌신의 힘을 얻어 그들이 마지막 신명을 다 바쳐 지키고자 한 큰 뜻에 우리 자신을 봉헌하고, 그들이 헛되이 죽어 가지 않았다는 것을 굳게굳게 다짐합니다. 신의 가호 아래 이 나라는 새로운 자유의 탄생을 보게 될 것이며, 국민의, 국민에 의한, 국민을 위한 정부는 이 지상에서 결코 사라지지 않을 것입니다.**"**

간디(1869년~1948년)

인도의 민족 운동가이며, 인도 건국의 아버지로 불린다.
위대한 영혼 마하트마 간디는
비폭력 · 불복종 · 비협력 운동으로
인도 사람의 지위와 인간적 권리를 보호하고자 노력했다.
국산품 애용을 부르짖으며 손수 돌린 물레는
그가 유일하게 남긴 유산이었다.

인도에는 옛날부터 카스트라는 제도가 있었습니다. 사람을 네 등급으로 나누어 그 신분에 맞는 대우를 받는 제도입니다. 사제인 브라만, 무사인 크샤트리아, 서민층인 바이샤, 노예인 수드라, 이렇게 네 신분이 있었습니다.

그리고 또 하나의 계급 불가촉민이 있었습니다. 불가촉민은 이 네 신분에 끼지도 못하는 천민으로서, 손을 대도 안 될 더러운 인간 취급을 받았습니다.

바이샤 계급으로 태어난 간디는 열여덟 살 때 런던으로 떠나 법률 공부를 했습니다. 그리고 일을 하기 위해 1893년 남아프리카 공화국으로 갔습니다.

남아프리카 공화국에서 인도인이나 흑인들은 많은 차별을 받았습니다. 백인과 함께 기차도 탈 수 없고, 돈이 있어도 마차에 탈 수 없었습니다.

간디는 남아프리카 공화국에 사는 인도인의 지위를 높이기 위해 노력했습니다.

이 때, 간디는 처음으로 '아힘사'를 생각했습니다. 아힘사는 비폭력주의입니다. 즉 부정한 일에 대해 폭력을 쓰지 않고 대항한다는 뜻입니다.

또 '사티아그라하'는 진리를 주장한다는 뜻으로, 비폭력 · 불복종 운동의 근본 사상입니다.

1914년, 인도로 돌아온 간디는 변하지 않고 있는 인도를 보고 결심했습니다.

'우리 나라 사람들 수준이 높아지지 않는 한, 독립은 어렵겠어.'

인도는 아직도 영국의 식민 지배를 받고 있었던 것입니다. 또 간디는 인도가 발전하지 못하는 가장 큰 이유가 카스트 제도 때문이라고 생각했습니다.

간디는 모든 문제를 대화와 타협으로 해결할 수 있다고 생각했습니다.

1917년 7월, 어느 마을에 흑사병이 돌아서 사람들이 마을을 떠나게 되었습니다. 공장에서는 노동자들이 이 마을을 떠나지 않도록 많은 보너스를 주었습니다. 그러나 흑사병이 물러가자, 공장에서는 노동자에게 주던 보너스를 더 이상 주지 않게 되었습니다.

노동자와 공장주는 함께 간디에게 와서 부탁을 했습니다.

"양쪽에서 조금씩 양보하여 임금을 35%만 올리는 게 어떻겠습니까?"

한 발씩만 양보하면 되었지만, 노동자와 공장주 모두 이 타협안을 거절했습니다. 간디는 가슴이 아팠습니다.

공장주는 그만 공장 문을 닫고 말았습니다. 그러자 일자리를 잃은 노동자들은 당장 굶게 되었습니다.

"폭력을 쓰지 마십시오."

노동자들은 간디의 말을 듣고 앉아 기다렸습니다.

그런데 그 사이 공장 문이 다시 열렸습니다. 노동자들은 다시 공장으로 돌아가려 했습니다. 간디는 그들을 말리며 소리쳤습니다.

"여러분, 참으십시오. 지금 돌아가면 아무것도 나아지지 않습니다. 참고 계속 파업을 하십시오!"

그러자 노동자 하나가 벌떡 일어나 간디에게 큰 소리로 말했습니다.

"선생님, 그럴 수가 없습니다. 우리 가족들은 굶어서 이제 죽을 지경에 이르렀습니다. 선생님께는 먹을 것이 있고, 타고 다닐 차가 있지만 저희에겐 아무것도 없습니다."

간디는 이 말을 듣고 너무나 큰 충격을 받았습니다.

'그래, 저 사람의 말이 맞아. 나같이 집도 있고 먹을 것도 있는 사람의 말을 들어줄 리 없지.'

간디는 아주 큰 결심을 했습니다.

"공장주가 임금을 올려 준다고 할 때까지 음식을 먹지 않겠습니다."

사람들은 모두 술렁댔습니다. 모두의 존경을 받는 간디가 이렇게 죽어 버릴 수도 있다는 걱정 때문이었습니다. 공장주 역시 간디를 존경하고 걱정했습니다.

간디는 공장주에게 말했습니다.

"자발적으로 타협에 나서 주십시오."

사흘 뒤, 공장주는 임금을 인상하기로 했습니다.

1919년, 영국은 인도를 더욱 억압하려는 법을 만들었습니다. 영국에 항거하는 자는 재판 없이 처형할 수 있는 법이었습니다. 간디가 노력해 온 것들이 무너지는 순간이었습니다.

간디는 '하르탈'이라는 새로운 항쟁 방법을 생각했습니다. 노동자들은 파업을 하고, 영국 상품은 사지 말고 국산품을 사자는 운동이었습니다. 사람들은 일을 하러 가지 않았습니다. 가게도 모두 문을 닫고, 차들도 나가지 않았습니다.

힌두 교도든 이슬람 교도든, 대부분의 인도인이 하르탈에 참여했습니다.

하지만 간디의 뜻대로 비폭력 운동으로 진행되지는 않았습니다. 기차역과 은행, 관공서 건물들이 파괴되고, 영국인들이 죽기도 했습니다.

일이 이쯤 되자 영국은 군대를 동원했습니다. 1913년 4월 13일, 1600여 명의 인도인이 영국군의 총에 쓰러졌습니다.

간디는 비협조 운동을 벌이기로 했습니다.

"영국이 무엇을 요구하든, 그냥 무시하십시오. 재판해야 할 일이 있어도 재판소로 가지 말고, 인도인끼리 한 발 양보해서 타협을 하면 됩니다. 마치 인도에 영국인이 들어와 있지 않다는 듯 행동하십시오."

그리고 간디는 영국 옷을 불태우고, 가난한 인도인들이 입는 도티라는 옷을 입었습니다. 간디는 직접 물레로 목화에서 실을 뽑아 옷감을 만들었습니다. 이 때부터 물레는 인도의 민족주의와 비폭력주의를 상징하는 물건이 되었습니다.

인도에 있던 힌두 교도들과 이슬람 교도들의 싸움도 계속되었습니다. 인도가 하나로 똘똘 뭉쳐도 독립이 어려운데, 인도인끼리도 싸우니 일이 더욱 힘들어졌습니다.

"힌두 교와 이슬람 교가 서로 화목하게 지낼 때까지 음식을 먹지 않겠습니다."

간디는 이렇게 평화를 위한 단식에 들어갔습니다. 결국 양쪽 종교의 지도자들이 화해의 맹세를 했습니다.

간디가 가는 곳마다 사람들이 소리쳐 간디를 외쳤습니다. 사람들은 그를 신으로 알며 존경했습니다.

노벨 문학상을 받은 인도의 시인 타고르는 간디에게 '마하트마' 란 이름을 주었습니다. 마하트마는 '위대한 영혼' 이란 뜻입니다.

1928년, 또 한 번 세금이 크게 올랐습니다. 그러자 농민들은 더 이상 세금을 내지 않기로 했습니다.

영국 경찰이 와서 인도인들을 잡아가고, 억지로 세금을 빼앗아 가기도 했습니다.

그러나 인도인들은 폭력을 쓰지 않았습니다. 간디가 말했던 비폭력 운동이 드디어 자발적으로 실현된 것입니다.

경찰들은 더 많은 인도인을 잡아들였습니다. 인도인들은 반항하지 않고 자기 발로 감옥에 들어갔습니다. 그러자 곧 감옥이 꽉 차게 되었습니다.

마침내 영국 정부는 세금 인상을 포기하고, 감옥에 있던 인도인들을 모두 풀어 주었습니다.

1930년 1월 1일, 네루가 독립 선언문을 읽고 인도 초대 총리가 되었습니다.

하지만 인도 독립의 길은 멀고도 험했습니다.

그러던 중, 영국 정부는 인도인들이 소금을 만들거나 사는 것을 금지하고, 반드시 영국이 만든 소금을 써야 한다는 '소금법'을 만들었습니다.

"소금은 신이 인간에게 내려 준 선물입니다. 영국 정부가 독차지할 수는 없습니다. 나는 오늘부터 직접 소금을 만들어 먹기로 했습니다. 소금을 만들기 위해 댄디 해변으로 가겠습니다."

"저 늙은 몸으로 그 먼 댄디까지 걷는 건 무리야. 아마 마을 하나를 벗어나기 전에 쓰러져 버릴걸."

영국인들은 비웃었지만, 간디는 길을 떠났습니다. 많은 사람들이 그 뒤를 따랐습니다.

간디는 이십여 일 만에 댄디 해변에 도착해서, 바닷가에 흩어져 있는 소금을 한 줌 집어 먹었습니다.

사람들은 간디의 행동에 모두 감동을 받아, 똑같이 소금을 만들어 먹기로 했습니다.

이 일로 간디는 다시 감옥에 들어가게 되었습니다.

간디가 체포된 것을 안 사람들은 모두 영국인의 소금 공장으로 달려갔습니다. 영국인들이 달려들어 그들을 때렸고, 바닥은 온통 피바다가 되었습니다. 그러나 사람들은 굴복하지 않았습니다. 간디의 비폭력 정신에 따라 그 곳에 말없이 서 있기만 했습니다.

이 일은 곧 세계에 알려졌습니다. 사람들은 영국이 힘없는 인도인을 상대로 얼마나 무자비한 일들을 하고 있는지 각성을 촉구했습니다.

간디는 영국 정부와 조약을 맺었습니다. 감옥에 있는 인도인들을 석방하고, 소금을 생산할 수 있는 대신 사티아그라하를 중단한다는 내용이었습니다.

그러나 그 약속은 지켜지지 않았습니다. 간디의 불복종 운동은 다시 시작되었습니다.

간디는 다시 감옥에 갇혔습니다. 간디는 감옥 안에서 책도 쓰고, 신문 기사도 썼습니다. 그리고 21일 간의 단식을 시작했습니다.

영국인들은 위대한 인도의 지도자 간디가 감옥 안에서 죽었다는 비난을 피하기 위해 그를 풀어 주었습니다.

인도 내부의 종교 갈등은 심화되었습니다. 그래서 인도의 북쪽 두 지방이 파키스탄이라는 새로운 나라로 분리되었습니다. 인도의 넓은 땅을 이슬람 교도들에게 나누어 주었다며, 간디를 비난하는 힌두 교도들도 있었습니다.

그리고 1948년 1월 30일, 간디가 저녁 기도를 하러 밖으로 나왔을 때, 군중들 사이에서 청년 하나가 뛰어나오더니, 간디의 발에 입을 맞추었습니다. 그러더니 일어서서 간디의 가슴에 총을 쏘았습니다. 위대한 영혼 마하트마 간디는 이렇게 세상을 떠난 것입니다.

근대 인도의 삼 총사

근대 인도의 역사를 거론할 때, 두드러지는 세 인물이 있다.

첫 번째 인물은 바로 간디다. 간디는 '목적이 선하면, 방법도 선해야 한다.'는 그의 생각대로 가난한 사람들 속에서 비폭력·불복종·비협력 운동을 펼쳤다.

캠브리지 대학 출신의 변호사 네루는 항상 간디를 존경하고, 함께 감옥에 갇히기도 했다. 그러나 간디의 모든 생각에 동의한 것은 아니었다. 간디는 가난하고 소외된 인도인들을 주목했던 반면, 네루는 근대화된 도시와 엘리트들에게 주목했다.

또 간디는 평민인 바이샤 출신이었던 데에 반해, 네루는 귀족인 브라만 출신이었다.

1913년에 노벨 문학상을 수상한 시인 타고르는 1922년, 간디를 방문했다. 그는 간디에게 '마하트마'라는 이름을 붙이며 그를 칭송했다. 그러나 타고르 역시 간디와 생각이 달랐다.

간디는 영어 교육을 받은 사람들이 마치 영국인인양 인도인들을 무시한다고 했다. 즉 간디는 영어 교육을 반대하고, 국산품 사용을 주장하며 외국 제품을 불태웠다. 그러나 타고르는 영어 교육의 중요성을 강조하고, 외국 제품을 불태우느니 가난한 사람들에게 나눠 주는 것이 낫다고 했다.

간디와 네루, 그리고 타고르는 태어난 계급도 다르고, 생각하는 바도 달랐다. 그러나 인도를 잘 살게 하고, 영국으로부터 독립시켜야 한다는 공통된 목표를 가지고 있었고, 목표가 같았기에 이들 셋을 인도 근대사의 삼 총사로 묶을 수 있는 것이다.

김구(1876년~1949년)

독립 운동가이며 정치가다.
상하이에서 이봉창과 윤봉길의 의거를 지시하는 등,
활발한 독립 운동을 펼치다가, 광복 후 귀국했다.
그리고 신탁통치와 남한 단독 정부 수립을 반대했다.
정부 수립에 가담하지 않고 중간파의 거두로 있다가,
안두희에게 암살당했다.
저서로는 《백범 일지》가 있다.

"공부를 열심히 해서 양반이 되고 싶습니다."

김구는 아버지에게 말했습니다.

아버지는 김구를 뚫어질 듯 보았습니다. 공부를 하겠다는 아들이 기특했습니다. 그러나 상민이 공부를 하는 것은 쉬운 일이 아니었습니다. 아버지는 아들의 뜻을 이해하고, 사랑방에 글방을 차렸습니다.

상민으로 태어난 김구는 신분 차별에 대한 불만이 많았습니다. 신분 차별로부터 벗어나기 위해 글공부를 열심히 했던 것입니다.

그러나 공부를 열심히 해도 양반이 될 수 없다는 사실을 깨닫게 된 김구는 몹시 실망을 했습니다.

그러던 중 신분 차별을 하지 않는 동학에 가입했습니다. 동학은 '사람이 곧 하늘'이라는 교리를 가진 우리 나라의 종교입니다. 김구는 동학을 열심히 공부하고 전도하는 데에 온 힘을 기울였습니다. 그런 김구에 대한 소문을 듣고 사람들이 찾아오기도 했습니다.

그럴 때마다 김구는 말했습니다.

"착한 일을 하십시오. 그게 다 동학으로 가는 길입니다."

그러나 김구는 점점 동학에 대한 회의가 들었습니다.

그럴 때 김구는 안태훈과 고능선을 만나게 되어 나라에 대해 다시금 생각하는 기회를 갖게 되었습니다. 나라를 빼앗긴 사람들에게는 자유와 행복이 없다고 느꼈기 때문입니다.

그러던 어느 날 김구는 길을 가게 되었습니다. 날이 저물어 주막에서 잠을 청하고 있었습니다.

"저놈이 우리 국모를 죽인 놈이다. 저 왜놈이 우리 국모를 죽였다고."

그 말을 들은 김구는 주먹을 불끈 쥐며 밥값을 내고 나가는 일본놈을 잡아 죽였습니다. 그리고 그는 태연히 길을 떠났습니다.

몇 달 후, 김구는 일본인에게 잡혔습니다. 아버지는 해주 감옥에 갇힌 김구를 빼내기 위해 노력했습니다.

고문을 심하게 받았지만 김구의 의지는 꿋꿋했습니다. 그의 어머니는 눈물만 흘릴 뿐이었습니다.

"넌 이제 왜놈에게 죽게 되는구나. 이를 어쩌니?"

그러나 김구는 입술을 깨물며 말했습니다.

"저는 결코 죽지 않습니다. 나라를 위해 한 일인데 어찌 하늘이 돕지 않겠습니까? 저는 결코 죽지 않습니다."

김구는 고문을 받을 때마다 입술을 깨물며 참았습니다.

"네가 우리 일본인을 죽였지? 어서 말하거라. 그리고 너는 도둑질을 했다. 사실대로 말하거라."

김구는 흔들림 없이 또박또박 말했습니다.

"이놈, 너희들은 어찌하여 우리 국모를 죽였느냐? 내가 죽어서라도 그 원수를 꼭 갚고 말 것이다."

김구의 당당함에 일본인은 너무 놀랐습니다. 그리고 점점 그의 애국심과 용기를 칭찬했습니다.

"어머니는 아무 걱정 안 하셔도 되겠습니다. 저런 호랑이 같은 아들을 두었으니."

옥사쟁이는 김구의 옥바라지를 위해 식모로 들어가 일하고 있는 김구의 어머니에게 말했습니다.

일본인들마저 김구를 인정하게 된 것입니다.

김구는 감옥에서 어리석은 죄수들을 가르치는 데 열심이었습니다. 사람들은 김구를 존경하고 따랐습니다. 간수들 또한 김구의 건강을 염려할 정도였습니다.

그러던 중, 김구에게 사형이 결정되었습니다. 그러나 김구는 아무런 동요 없이 매일매일이 똑같았습니다. 아버지가 넣어 준 책을 읽으며 하루하루를 보냈습니다.

그러던 어느 날이었습니다.

"김구 방이오?"

간수는 소리쳤습니다.

다른 사람들은 부들부들 떨었습니다. 드디어 사형 집행의 때가 왔다고 생각했던 것입니다. 그러나 김구는 의연한 자세로 말했습니다.

"그렇소."

그러자 간수는 기쁜 목소리로 말했습니다.

"황제 폐하께서 사형 집행을 중지하라는 명령을 내리셨소. 당신은 이제 살았소. 우리들이 얼마나 마음을 졸였는지."

간수의 말에 모든 사람들이 기뻐했습니다.

"다행입니다, 선생님. 정말 다행입니다."

그러나 김구는 석방될 기미가 보이지 않았습니다.

"선생님같이 큰사람은 감옥에 있어서는 안 됩니다. 밖에서 큰일을 하셔야 합니다."

감옥에서 그의 탈옥을 도와 주는 사람들이 생겨 김구는 감옥 밖으로 나올 수 있었습니다.

탈옥한 김구는 여기저기를 떠돌았습니다. 집으로 돌아가면 당장 잡힐 게 뻔했기 때문에 집으로 갈 수가 없었습니다.

김구는 머리를 깎고 중이 되기로 했습니다.

그러나 어머니, 아버지를 염려한 김구는 살아도 같이 살고 죽어도 같이 죽는다는 생각으로 중 노릇을 그만두었습니다.

그러던 중, 김구는 엄청난 소식을 듣게 되었습니다. 김구가 탈옥한 후, 어머니 아버지가 잡혀가 고문을 당했다는 이야기였습니다.

　집으로 돌아온 김구는 아버지가 위독하다는 소식을 듣게 되었습니다. 그러자 김구는 자신의 허벅살을 베어 피를 아버지 입에 넣어 드렸습니다. 그러나 아버지는 그만 숨을 거두고 말았습니다.

　김구는 다시 한 번 다짐했습니다.

　"그래, 나라를 위해 살자. 보잘것없는 이 한 몸 나라를 위해 바치는 거다."

　어머니는 김구에게 말했습니다.

　"너는 내 뱃속을 빌어 태어나긴 했으나, 너는 나 하나의 아들이 아니다. 너는 이 나라의 아들이다."

　그 말에 김구는 용기를 얻었습니다.

　나라를 위해 발벗고 나선 김구는 감옥에 갇혀 있는 날이 더 많았습니다.

　김구는 자신의 호를 '백범'이라고 지었습니다.

　백범의 '백'은 우리 나라에서 가장 천하게 여기는 '백정'의 '백'에서 따온 말이고 '범'은 '평범한 사람'이라는 데서 따온 것입니다. 백범의 뜻은 즉, '가장 낮은 사람'이라는 뜻이었습니다. 김구는 가장 낮은 사람까지도 글을 익히고 나라를 사랑하는 마음을 가져야만 독립을 할 수 있다고 생각했던 것입니다.

　김구는 말했습니다.

　　"네 소원이 무엇이냐?"

　하고 하느님이 물으시면 나는 서슴지 않고

　　"내 소원은 대한 독립이오."

　라고 대답할 것이오.

　　"그 다음 소원이 무엇이냐?"

　하고 물으시면

　　"나는 또 우리 나라의 독립이오."

　할 것이오.

　　"세 번째 소원이 무엇이냐?"

　하고 물으시면

　　"내 소원은 우리 나라 대한의 완전한 자주 독립이오."

　라고 소리 높여 대답할 것입니다.

　김구는 우리 나라가 독립 정부만 된다면 문지기가 되기를 원했습니다. 그것은 가장 미천한 자가 되어도 좋다는 의미였던 것입니다.

김구와 이승만

해방 후, 우리 나라에 커다란 두 지도자가 있었다. 김구와 이승만이 바로 그들이다.

해방 후 북위 38도선을 기준으로 북쪽에는 소련군이, 남쪽에는 미군이 들어섰다. 나라가 둘로 분단될 위기에 처한 것이었다.

김구와 이승만은 남북으로 갈라진 국토를 통일해야 한다는 데 의견을 같이 했지만, 그 방법이나 과정에 대해서는 상당히 다른 의견을 내놓았다.

김구는 소련과 미국의 힘을 빌리지 않고 우리 자체의 힘으로 통일해야 한다고 했고, 이승만은 차츰 미국에 의존하기 시작했다.

이승만은 강력히 '반공'을 외치며 공산주의자들과의 어떠한 타협도 용납하지 않았다.

또한 이승만은 남한에서만이라도 총선거를 실시하여, 하루 빨리 무정부 상태를 벗어나야 한다고 했다.

그러나 김구는 "한 핏줄의 겨레가 이번 기회에 뭉치지 못하면 영원히 두 동강이 나고 만다. 38선을 베고 죽을지언정 분단은 안 된다."고 주장했다.

그래서 김구는 직접 평양으로 가서 김일성을 만났으나, 씁쓸한 마음으로 돌아와야 했다.

마침내 남한에서 총선거가 실시되었다. 이승만은 대한민국 초대 대통령으로 선발되고, 김구는 안두희에게 45구경 총알을 맞고 살해되었다. 나라를 사랑했지만 그 방법이 틀렸던 김구와 이승만 두 지도자의 운명이 갈리게 된 것이다.

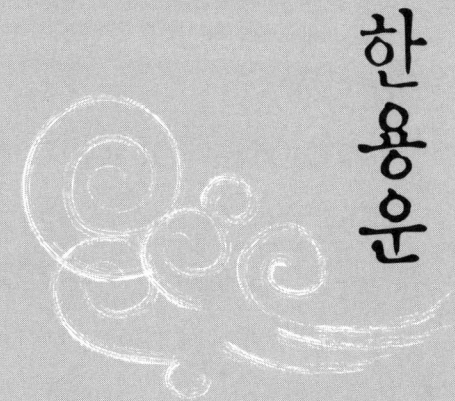

한용운

한용운(1879년~1944년)

승려지만, 독립 운동가와 시인으로서 활발한 활동을 펼쳤다. 3·1 운동 때 민족 대표 33인 중 한 사람이었으며, 《님의 침묵》 등의 시집에서 은유적인 수법을 써, 일제의 황민화 운동, 창씨 개명 운동, 조선인 학병 출정 등에 반대했다. 비폭력 정신으로 민족의 내일을 일깨운 선각자였다.

일본 제국의 탄압이 나날이 심해지고 있던 1919년이었습니다.

민족 대표자들은 2월 28일, 손병희의 집에 모였습니다.

기독교 측에서는 이승훈, 최성모, 김창순 등이, 천도교 측에서는 손병희, 최린 등이, 불교측에는 한용운이 나왔습니다. 민족 대표 33인에서 23인이 모인 것입니다.

내일 3월 1일, 탑골 공원에서 독립 선언서가 낭독될 예정이었습니다.

"그런데 긴 선언문을 읽을 시간이 될까요? 앞부분만 읽고 잡혀가면 큰일입니다. 어느 누가 간단하게 선언서를 설명하고 만세만 불러도 될 것 같습니다."

"맞습니다. 한용운 동지가 선언서의 요지를 설명하고 만세를 부르는 게 어떻겠습니까?"

모두들 고개를 끄덕이며 한용운을 바라보았습니다. 한용운은 입술을 꽉 다물며 굳은 의지를 보였습니다.

한용운은 집으로 돌아오는 길에 내일 일을 곰곰이 생각했습니다.

'내일이 마지막이라고 생각하자. 마지막 가는 길에 떳떳한 내가 되는 거야.'

그 날 밤, 한용운의 집에는 젊은 승려 10여 명이 한 자리에 모였습니다.

모두들 눈을 반짝이며 한용운을 보았습니다.

"여러 날 동안 나를 비롯한 민족 대표들은 내일을 위해 많은 준비를 해 왔습니다. 독립 선언서는 육당 최남선 선생이 지었고, 나는 글을 다듬고 고쳤습니다. 지금 이 자리가 우리의 마지막 자리일지도 모릅니다. 우리는 우리 나라의 독립을 위해 최선을 다해야 할 것입니다."

한용운의 말에 모든 승려들은 서로의 얼굴을 바라보며 주먹을 쥐었습니다. 그런 모습을 보며 한용운은 더욱더 민족의 독립에 대한 염원을 키웠습니다.

그 날 밤, 한용운은 거의 잠을 자지 못한 채 뜬눈으로 새웠습니다. 만해 한용운은 빼앗긴 땅, 우리 조국을 되찾고자 하는 바람으로 눈물이 멈추지 않았습니다.

창을 통해 바라본 하늘은 점점 어둠이 걷히고 새벽빛에 물들고 있었습니다.

드디어 3·1 운동의 날이 밝은 것입니다.

시내의 남녀 학생들은 정오를 알리는 시간에 모두 탑골 공원에 모였습니다.

민족 대표들은 인사동에 있는 태화관에 2시에 모이기로 약속이 되어 있었습니다. 한용운은 2시가 되기 전에 먼저 와 있었습니다.

민족 대표 33인 중 29인이 모였습니다. 모두들 나용환이 가지고 온 독립 선언서를 펼쳤습니다. 그 자리에서 한용운은 연설을 하기 시작했습니다.

"우리는 조선 독립을 세계 만방에 알립니다. 우리는 최후의 1인까지 최후의 1각까지 싸워야 합니다. 지금 우리는 민족을 대표해서 독립을 선언했습니다. 이제 죽어도 여한이 없습니다. 자, 다 함께 독립 만세를 부릅시다."

간단한 연설이었지만, 만해는 하고자 하는 말을 다 했습니다. 2시 정각에 민족 대표들은 모두 외쳤습니다.

"조선 독립 만세! 조선 독립 만세! 조선 독립 만세!"

탑골 공원의 군중들이 독립 만세를 제창하는 소리가 하늘을 찌르는 듯했습니다. 민족 대표들이 있는 태화관 건물 일대까지도 그 만세 소리가 울려 퍼졌습니다.

그리고 학생들은 조직적으로 모여 시내 각처 주요한 곳에 가서 '조선 독립 만세'를 외쳤습니다.

민족 대표들도 다시 한 번 '조선 독립 만세'를 외치자 태화관 주인은 초조해했습니다. 조선 총독부에 자리를 마련해 주었다는 사실이 들킨다면 큰일이기 때문이었습니다. 민족 대표들은 기꺼이 주인에게 말했습니다.

"우리는 일제의 보복에 희생되는 것을 원치 않습니다. 총독부에 전화를 걸어 이 사실을 알려도 좋습니다."

이미 거리에는 독립 만세의 절규가 불타고 있었고, 일본 순사들은 당황하고 있었습니다.

민족 대표들은 이미 독립 선언서를 총독부에 전달했기 때문에 어느 새 태화관 주위는 7, 80명의 헌병과 순사들이 둘러싸여 있었습니다.

그러나 민족 대표들은 조금도 두려워하지 않았습니다.

민족 대표들은 아무 저항 없이 총독부로 끌려갔습니다.

만해 한용운은 일제의 경찰에 체포되기 직전, 더욱 항일 정신을 세우는 말을 했습니다.

"우리가 끌려간다고 해도 세 가지 실천 목표가 있습니다. 우선, 변호사를 대지 말 것이며, 사식을 받지 말고, 보석을 신청하지 말아야 할 것입니다. 이 목숨은 이 나라, 이 땅, 이 백성에게 바쳐야 합니다."

그리고 민족 대표들은 차례로 일본 순사에게 잡혀갔습니다. 연행되어 가는 도중에도 민족 대표들은 사람들이 외치는 독립 만세 소리를 들을 수 있었습니다. 그 소리를 들으며 모두들 민족을 사랑하는 애국심이 더욱 불탔습니다.

만해 한용운이 연행되어 가는 도중, 열두서너 살 정도 되는 어린 학생이 만세를 부르는 모습을 보았습니다. 그 중 한 학생이 잡혔는데도 한 학생은 여전히 독립 만세를 외쳤습니다. 학생들은 곳곳에서 독립 만세를 외쳤습니다.

1919년 3월 1일 기미 독립 만세 운동은 전국적으로 일어났으며 일제의 탄압은 잔인할 정도로 심했습니다. 거리에서 총을 쏘아 어린 학생이 쓰러지기도 했으며 칼에 맞아 쓰러지는 노인과 여자들도 많았습니다. 그렇지만 만세의 행렬은 끊이지 않았습니다.

또한 총독부로 잡혀간 사람들은 혹독한 고문으로 생명을 잃거나 불구가 되는 경우가 많았습니다.

잡혀간 민족 대표 29인도 고문을 당하기는 마찬가지였습니다. 늦게 도착한 민족 대표 3인도 자수하여 심한 고문을 당했습니다.

그러나 그들은 당당하게 말했습니다.

"우리가 민족의 대표로 독립을 선언한 이상 조금도 비겁하게 숨길 것이 없습니다."

만해 한용운은 오랜 심문에도 꼿꼿한 자세로 뜻을 굽히지 않았습니다.

어느 날이었습니다.

일본 순사들은 민족 대표들을 협박하기 위해 일부로 엄포

포를 놓았습니다.

"국가 반란죄나 내란죄는 큰 벌을 받아. 잘 해도 사형이고, 못 해도 무기 징역일걸."

그 말에 감방 안에 있는 민족 대표들은 술렁였습니다. 대표들이 공포에 떨고 있는 모습을 보자 만해 한용운은 변기를 들어 그들에게 던졌습니다.

"이 천하에 더러운 놈들아, 이 똥물도 아깝다. 너희들이 민족과 나라를 위한다는 놈들이냐? 에잇, 더러운 놈들!"

잠깐 다른 마음을 먹었던 지도자들은 고개를 숙였습니다. 아무 말도 할 수 없었기 때문입니다.

찌는 듯이 더운 어느 날, 만해 한용운은 '조선 독립 운동에 대한 감상의 개요'라는 제목의 글을 지었습니다. 그 글은 민족 독립의 사상적 근거를 제시한 글이었습니다.

그 주요 내용은 이랬습니다.

"자유는 만물의 생명이오, 평화는 인생의 행복이다. 그러므로 자유가 없는 사람은 시체와 같고 평화가 없는 사람은 가장 고통스럽다."

1919년 9월 22일, 만해 한용운은 재판장 앞에 섰습니다.

"피고는 풀려나도 이 운동을 계속할 것인가?"

재판장의 말에 한용운은 하나도 꺾이지 않는 모습으로 당당하게 말했습니다.

"물론이오. 내 목숨이 끊어진다고 해도 계속할 것이오. 일본에 월조(전 일본인이 존경하는 고승)가 있듯이 조선에는 한용운이 있을 것이오."

"이러한 운동을 주동하면 처벌받는다는 건 잘 아시죠?"

"자기 나라를 찾겠다는 운동이 벌을 받다니, 내 육신이 사라진다고 해도 정신은 살아남아 민족 운동을 계속할 것이오."

만해 한용운은 조금도 굽히지 않았습니다.

만해는 서대문 형무소에 투옥당했습니다. 그리고 감옥에서 온갖 고문을 당했습니다.

그러나 몸의 고통은 별것이 아니었습니다. 한용운에게는 나라를 빼앗긴 치욕과 울분을 능가할 고통이 없다고 생각했기 때문입니다.

그리고 끊임없이 일본의 침략주의를 규탄했습니다.

일본 간수들은 여전히 꿋꿋한 만해 한용운을 보면서 한 마디씩 했습니다.

"저놈은 독종이야."

"지독한 중놈이야."

결국 일제는 만해 한용운에게서 굴복서나 참회서를 단 한

통도 받아 내지 못했습니다.

 악독한 일본인들도 만해 한용운에게는 굴복을 받아 낼 수 없었던 것입니다.

님의 침묵

- 한용운 -

님은 갔습니다.
아아, 사랑하는 나의 님은 갔습니다.
푸른 산빛을 깨치고 단풍나무 숲을 향하여 난 작은 길을 걸어서 차마 떨치고 갔습니다.
황금의 꽃같이 굳고 빛나던 옛 맹세는 차디찬 티끌이 되어서 한숨의 미풍에 날아갔습니다.
날카로운 첫 키스의 추억은 나의 운명의 지침을 돌려놓고 뒷걸음쳐서 사라졌습니다.
나는 향기로운 님의 말소리에 귀먹고, 꽃다운 님의 얼굴에 눈멀었습니다.
사랑도 사람의 일이라 만날 때에 미리 떠날 것을 염려하고 경계하지 아니한 것은 아니지만, 이별은 뜻밖의 일이 되고 놀란 가슴은 새로운 슬픔에 터집니다.
그러나 이별을 쓸데없는 눈물의 원천으로 만들고 마는 것은, 스스로 사랑을 깨치는 것인 줄 아는 까닭에 걷잡을 수 없는 슬픔의 힘을 옮겨서 새 희망의 정수배기에 들어부었습니다.
우리는 만날 때에 떠날 것을 염려하는 것과 같이 떠날 때에 다시 만날 것을 믿습니다.
아아, 님은 갔지만은 나는 님을 보내지 아니하였습니다.
제 곡조를 못 이기는 사랑의 노래는 님의 침묵을 휩싸고 돕니다.

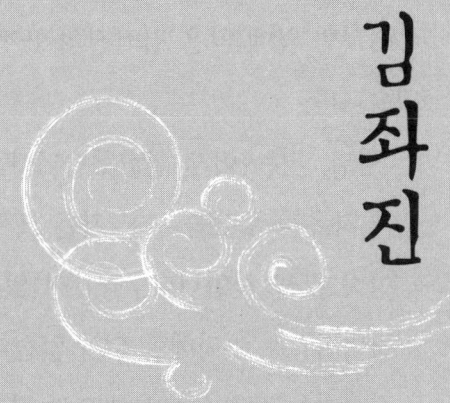

김좌진

김좌진(1889년~1929년)

만주에서 1600명 규모의 막강한 군대를 키워
일제에 항거한 독립 운동가다. 1920년, 일본군을
청산리 계곡으로 유인하여 섬멸한 전투는
봉오동 전투와 더불어 독립 전쟁 사상 최대의 승리로 손꼽힌다.
전투와 함께 황무지 개간, 문화 계몽 사업,
독립 정신 고취에도 힘썼다.

김석범 앞에 앉은 김좌진의 표정에는 굳은 의지가 담겨 있었습니다.

"형님, 저는 이제 결심했습니다. 저희 집에 있는 하인들에게 자유를 주겠습니다. 저는 그 누구의 의견도 이제 받아들이지 않을 것입니다. 양반이 있고 상놈이 있다는 게 말이 됩니까? 저는 이해할 수가 없습니다."

김석범은 감격스런 눈빛으로 김좌진을 보았습니다.

김좌진네 집은 옛날부터 부유했기 때문에 하인이 서른 명이 훨씬 넘었습니다.

그래서 김좌진은 생각했던 것입니다.

"자네의 의지가 대단한 것 같네. 자네의 결정에 나는 박수를 보내네. 하지만 반대 의견이 많아 좀 고생을 할 것 같은데 내가 적극 도와 주겠네."

김석범은 김좌진의 결심을 크게 환영해 주었습니다.

김좌진은 김석범의 말에 큰 힘을 얻었습니다.

김좌진의 의견대로 하인에게 자유를 주려고 하자 집안의 어른들이 크게 반대를 했습니다.

"네 이놈, 너는 뭐 하는 녀석이야? 뼈대 있는 우리 안동 김씨 집안이 종들과 같아질 수가 있느냐? 이놈, 천하에 나쁜 놈, 내 눈앞에서 사라져라."

집안의 어른은 크게 화를 냈습니다.

안 되겠다 싶었던 김좌진은 마침내 김석범에게 도움을 청했습니다.

김석범은 어머니에게 먼저 여쭙는 게 좋다고 충고했습니다. 김좌진은 어머니를 찾아갔습니다. 그러나 어머니 역시 크게 반대를 했습니다.

"왜 안 해도 되는 일로 집안을 어지럽게 하느냐?"

"어머니, 이 세상은 곧 양반과 상민이 없는 세상이 될 것입니다. 그러니 우리가 먼저 하인들을 풀어 주는 게 옳다고 생각합니다."

그렇게 말한 뒤 김좌진은 방으로 들어가 꼼짝도 하지 않았습니다. 아무것도 먹지 않고 가만히 그 자리에 앉아 있기만 했습니다.

김좌진의 굳은 의지를 안 어머니는 어쩔 수 없이 김좌진의 뜻대로 하자고 말했습니다.

"그래, 네 뜻이 정 그렇다면 이 어미가 고집을 꺾으마."

모자가 부둥켜안고 우는 모습을 본 하인들은 모두 감격하여 같이 울었습니다.

그러던 어느 날, 황성 신문에 '을사 보호 조약'의 기사를 읽은 김좌진은 분노했습니다.

"이래서는 안 되네. 우리 나라가 이렇게 되면 큰일나네."
김석범도 김좌진과 같은 마음이었던 것입니다.
"우리 힘을 기르세. 교육을 해서 인재를 기르자는 말일세."
김석범의 말에 김좌진도 찬성했습니다.
"그래, 학교를 세우는 거야. 사람들에게 학문을 가르치는 거야."
두 사람은 손을 맞잡으며 다짐을 했습니다.
김좌진은 우선 자신의 집을 학교로 사용하기로 했습니다.
처음에는 학생들이 배우러 오지 않아 곤란에 빠졌습니다.
그러나 곧 많은 학생들이 밀려왔습니다. 김좌진과 김석범, 그리고 또 한 명의 선생님이 아이들을 가르쳤습니다.
'이대로 내가 머물러 있으면 안 돼. 좀더 활동적인 독립 운동을 해야 해.'
결심을 굳힌 김좌진은 아내와 함께 서울로 갔습니다.
바로 그 해에 네덜란드 헤이그에서 '만국 평화 회의'가 열렸습니다. 그곳에 파견된 이준 열사가 일본의 방해로 식장에도 들어가지 못한 분함으로 그 자리에서 죽고 말았다는 소식이 전해졌습니다.
이 소식을 전해 들은 김좌진은 크게 분노하면서 독립 운동에 더 적극적이었습니다. 독립 운동을 하기 위해서는 자금이 필요했기 때문에 회사를 차려 독립 자금을 모으기도 하고 황성 신문의 이사직도 맡았습니다.

　김좌진은 동지들과 함께 밤낮없이 뛰어다니며 자금을 조달했습니다.

　그러던 어느 날이었습니다.

　만주에서 안중근 의사가 총탄을 쏘아 이토 히로부미를 죽이는 일이 일어났습니다.

　이 일을 계기로 일본은 우리 나라에게 더 많은 압박을 가해 왔습니다.

　일본은 드디어 우리 나라를 위협하여 강제로 합방을 했습니다. 이 조약으로 우리 나라는 완전히 일본이 되어 버리고 만 것입니다.

　이 일로 우리 나라 사람들은 슬픔에 잠겼습니다.

　"이제 우리는 나라를 완전히 빼앗겼소. 난 이 땅에 살 이유가 없소."

　자결을 하는 사람들도 있었고 만주로, 상하이로 가는 사람들도 생겼습니다. 그 중 김좌진과 같이 독립 운동을 했던 노백린도 상하이로 가서 독립 운동을 했습니다.

　노백린은 밀사를 보내 김좌진에게 무기가 필요하다고 부탁했습니다.

"십만 원이 필요합니다. 노백린 선생이 선생님을 찾아가 보라고 해서 찾아왔습니다."

김좌진에게는 십만 원이라는 돈이 아주 큰 돈이었습니다.

'나라를 위해 꼭 필요한 돈이다. 어떻게 해서든 돈을 구해야 한다.'

시골로 내려가게 된 김좌진은 남아 있던 논과 밭을 다 팔았습니다. 그리고 친척들에게서도 돈을 구했습니다. 그러나 부탁한 돈 십만 원은 되지 않았습니다.

'어떻게 남은 돈을 구하지?'

김좌진은 돈을 구하기 위해 사방팔방 돌아다녔지만 돈을 구하기가 쉽지 않았습니다.

'그래, 김종근을 찾아가 보자.'

김종근은 서울의 큰 부자로 김좌진의 먼 친척 조카뻘 되는 사람이었습니다.

그러나 김종근은 김좌진의 부탁을 들어주기는커녕 김좌진을 감옥에 가두었습니다.

2년이 넘도록 감옥 생활을 한 김좌진은 감옥에서 나온 후, 광복단에 들어갔습니다.

광복단은 국내외에서 활동하는 독립군에게 군자금을 전달하는 일을 하는 비밀 단체였습니다.

김좌진은 그 곳에서 활동하다가 쫓기는 신세가 되었습니다. 그래서 압록강을 건너 만주 땅으로 들어갔습니다. 그리고 간도로 갔습니다. 간도에는 우리 나라 사람들이 많이 살고 있었습니다.

그리고 만주 일대에는 독립 운동을 하는 독립군 단체가 많이 생겼습니다. 그러나 이 독립군 단체는 하나로 뭉치지 못하고 제각각 행동을 하는 단체들이었습니다. 군자금이 부족한 독립군들은 큰 활동을 벌이지 못했습니다.

일본군들은 우리 동족이 살고 있는 곳을 불태우고 무참하게 죽이기도 했습니다.

김좌진은 곰곰이 생각했습니다.

"이래서는 안 돼. 하나로 뭉쳐서 싸워야 해."

김좌진은 독립군 단체를 일일이 찾아다니며 단합할 것을 부탁했습니다.

"우리는 지금 모두 힘을 합쳐야 합니다. 이렇게 뿔뿔이 흩어진 상태로는 싸움을 해도 이길 수 없습니다. 모두 뭉쳐 하나의 군대를 만듭시다."

마침 대한 민국 임시 정부에서도 '서로 군정서', '북로 군정서'로 통합하여 재편성하라고 지시가 내려졌습니다.

김좌진은 북로 군정서의 총사령관이 되었습니다.

김좌진은 만주의 추운 날씨에도 불구하고 최고의 군대를 만들기 위해 노력했습니다.

"나라를 되찾아야 한다."

김좌진에게는 이 생각밖에 없었습니다.

군대를 정비하면서도 어려움은 계속되었습니다. 우리 편으로 알았던 중국이 일본의 압력에 못 이겨 우리 나라를 위협해 오기도 했습니다. 그리고 중국의 매서운 바람과 추위는 군사들을 힘들게 했습니다.

그러나 김좌진과 군사들은 오직 나라를 되찾겠다는 일념으로 참고 또 참았습니다.

그리고 마침내, 독립군들의 마음에 불이 붙었습니다.

"이제 드디어 날이 밝았다. 이 곳 청산리의 지형을 이용하면 우리는 반드시 승리할 수 있다."

김좌진은 승리를 확신했습니다.

김좌진은 100여 명의 병력을 이끌고 전쟁을 준비하고 있었습니다.

모든 장병들의 얼굴에는 비장함이 묻어 있었습니다.

"탕!"

총 소리가 들리자 여기저기서 기관총 소리, 대포 소리가 울렸습니다.

전혀 예상치 못했던 일본군들은 당황해하고 있었습니다. 일본군들은 맞서 싸우지도 못하고 허둥대고 있었습니다. 일본군들은 뿔뿔이 흩어져 도망가기도 하고 그 자리에 쓰러져 죽기도 했습니다.

얼마 안 되는 시간이었지만 일본군들을 크게 물리칠 수 있었던 것입니다.

독립군의 피해는 아주 적었으며 청산리 전투의 승리를 기점으로 여기저기서 승리의 소식이 전해졌습니다.

북로 군정서

청산리 대첩은 1920년 9월 10~12일에 만주 지방에 있던 북로 군정서의 우리 독립군 2,500명이 청산리 계곡에서 5만의 일본군을 맞아 크게 쳐부순 싸움이다.

북로 군정서군은 장장 80리의 골짜기에 100m 내외의 밀림으로 자연성을 이룬 청산리의 백운평 골짜기로 제대를 진출시켜 우진, 좌진, 중우진, 중좌진의 기습 포진을 펴고 적을 기다렸다. 9월 10일 아침, 적의 척후가 나타나 식은 말똥을 만져 보고 아군이 이 백운평을 지나간 지 오래된 것으로 오인하고 기마대, 보병, 공병의 1만 혼성 여단이 골짜기로 들어왔다. 아군은 적이 함정 속으로 다 들어올 때까지 침묵을 지키다가 이범석이 쏜 총이 전위 사령을 거꾸러뜨림과 동시에 공격을 하여 3차로 적의 부대가 몰려들 때까지 적 2,200명을 사살하고, 아군은 겨우 20명의 사상자를 냈다. 타격을 받은 적군이 전열을 가다듬고 장기전 태세에 들어가자, 아군은 주력 부대가 그대로 백운평에 있는 것처럼 위장하고 밤사이 120리를 강행군하여 갑산촌에 도착함으로써 적의 포위망에서 벗어났다. 이어 아군은 시마다가 지휘하는 120기병 중대가 한국인 촌락인 천수평에 있다는 정보를 확인하고 집단 병력을 투입해서 도망자 4명을 제외한 중대장 이하 전원을 사살했다. 또 19사단의 2만 병력이 어랑촌에 있음을 알고 기선을 제압하여 어랑촌 전방의 마록구 고지를 점령하였다. 이로부터 만 이틀 밤낮에 걸친 혈전을 통하여 2,000명의 아군 병력은 지리적 이점을 충분히 이용해 2만의 적병 중 1,000여 명을 전사케 하고, 아군 전사자는 90명만 내는 대승리를 거두었다.

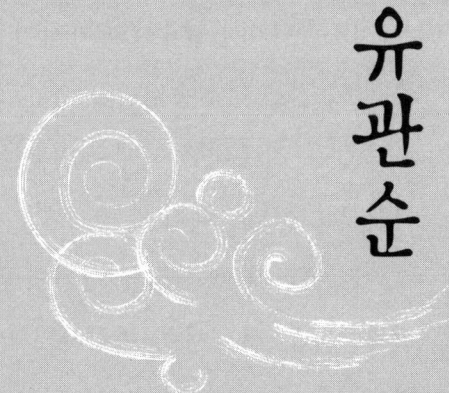

유관순(1902년~1920년)

어린 나이로 독립 운동의 선봉에 섰다가,
꽃다운 나이에 감옥에서 숨진 독립 운동가다.
아우내 장터에서 태극기를 나누어 주며 시위를 주도하다가
일본 헌병대에 잡혔다. 갖은 고문에도 굴하지 않고
대한 독립 만세를 외치다 끝내 숨지고 말았다.

1919년 음력 3월 1일의 아침이 드디어 밝았습니다. 유관순은 일찍 집을 나섰습니다.

그 날은 아우내 장터에 장이 서는 날로 아침부터 장터는 장사꾼으로 붐볐습니다.

"어? 우리 마을 사람들이 거의 다 나왔네."

사람들은 서로서로 인사하기 바빴습니다. 유관순의 아버지, 어머니 그리고 친척 어른들도 장터에 나와 있었습니다.

유관순은 장터 어귀에 서서 사람들에게 태극기를 나누어 주었습니다.

사람들은 유관순에게 받은 태극기를 얼른 품 속에 감추었습니다. 그리고 일부러 장터를 돌아다니며 물건을 흥정하는 척했습니다. 사람들은 만세를 부를 시간을 기다리고 있었던 것입니다.

"이상하다. 어째 오늘 사람들이 이렇게 많지?"

총과 칼로 무장한 일본 순사들이 장터의 사람들을 보며 의아해했습니다.

어느 새 정오가 되었습니다.

"잠깐만 제 말을 들어 주십시오."

유관순이 큰 소리로 외치자 장터를 두리번거리던 사람들이 유관순에게 몰려들었습니다.

"우리 나라는 반만 년의 역사를 가진 자랑스런 민족입니다. 그러나 어느 날 갑자기 왜놈들이 들어와 우리 나라를 강제로 빼앗았습니다. 우리 민족의 운명은 우리 스스로 결정해야 합니다. 우리 나라도 우리 자신이 찾아야 합니다. 나라를 되찾아 독립해야 합니다."
유관순의 목소리는 쩌렁쩌렁 장터를 울렸습니다.
"자, 만세를 부릅시다. 대한 독립 만세!"
마침내 아우내 장터는 만세 소리와 함께 온통 태극기가 넘실거렸습니다. 유관순은 큰 태극기를 들고 만세를 부르며 앞으로 나섰습니다.
갑작스런 함성에 장터에서 구경만 하던 일본 순사들은 멍하니 바라볼 뿐이었습니다.
그 때 그 소리를 들은 일본 순사의 우두머리가 칼을 휘두르며 달려왔습니다.
"뭣들 하느냐? 얼른 태극기를 버리고 집으로 돌아가거라."
그러나 사람들은 오히려 더 만세를 부르며 태극기를 흔들어 댔습니다.
"대한 독립 만세!"
마침내 일본 순사들이 칼을 휘둘며 사람들을 막았습니다.
"으악!"

만세를 부르던 사람들이 순사들의 칼에 쓰러졌습니다.

"저런 나쁜 놈들, 무기도 없는 사람에게 칼을 휘두르다니."

사람들은 일본 순사들을 둘러싸며 점점 더 다가갔습니다.

칼과 총을 들고 있던 일본 순사였지만 갑자기 많은 사람들이 다가오자 겁을 먹었습니다.

"살려 주십쇼, 목숨만 살려 주십쇼."

어떤 일본 순사는 무기를 버리고 머리를 숙였습니다.

"파출소를 때려부수자."

기세등등해진 사람들은 일본 순사들에게 돌을 던지기도 하고 파출소를 향해 달려가려고 했습니다.

그 모습을 본 유관순은 큰 소리로 외쳤습니다.

"우리는 끝까지 참아야 합니다. 우리가 원하는 것은 오직 자유와 대한 독립입니다. 여기서 폭력을 써서는 안 됩니다."

어린 소녀의 외침은 곧 함성 소리에 파묻혀 버렸습니다.

사람들은 피를 흘리며 죽는 사람을 보자 모두 흥분해 있었습니다.

파출소로 몰려간 사람들은 파출소를 부수고 일본 순사들을 잡아 묶었습니다.

펄럭이는 태극기와 우렁찬 만세 소리로 가득하던 아우내

장터는 사람들의 비명 소리, 물건 부수는 소리로 아수라장이 되었습니다.

그 때였습니다.

"탕! 탕! 탕!"

갑자기 일본 헌병들이 물밀 듯이 몰려왔습니다.

"저들을 모조리 쏴 죽여라."

일본 헌병들은 닥치는 대로 총을 쏘아 댔습니다. 그러자 사람들은 어디로 가야 할지 혼란스러울 뿐이었습니다.

"아악!"

그 때 사람들 속에 있던 청산 학교 교장 선생님이 총을 맞아 쓰러졌습니다. 그 옆에 있던 교장 선생님의 늙은 어머니가 일본 헌병에게 달려들었습니다.

"이 나쁜 놈들아, 나라를 빼앗은 나쁜 놈들아. 내 아들을 죽였으니 나도 죽여라. 이 나쁜 놈들아!"

일본 헌병들은 일제히 총을 쐈습니다.

늙은 어머니는 그 자리에서 피투성이가 되어 쓰러졌습니다. 아들의 죽음을 슬퍼할 겨를도 없었습니다. 이를 보고 달려간 유관순의 아버지와 어머니도 총에 맞아 쓰러졌습니다.

그 모습을 지켜본 유관순의 눈에 불꽃이 일었습니다.

"이 잔인한 놈들!"

유관순은 일본 순사에게 태극기를 흔들며 달려들었습니다.

"네 까짓 게 감히!"

일본 순사는 칼로 내리쳤습니다.

그런데 다행이 빗나갔습니다.

"네 년이 이 만세 운동의 주동자지?"

어린 소녀가 버티기에는 순사의 힘이 너무 셌습니다. 순사는 유관순의 덜미를 휘어잡았습니다. 일본 순사에게 붙잡힌 유관순은 개처럼 질질 끌려갔습니다.

부모님을 모두 잃은 어린 동생들은 누나를 쫓아오며 울부짖었습니다.

"누나, 누나!"

"저것들이, 너희들도 끌려가고 싶으냐?"

일본 순사들은 유관순의 동생들을 발로 걷어찼습니다.

파출소에 끌려온 유관순은 온갖 고문을 당했습니다.

"어서 바른 대로 말해라. 누가 너에게 만세를 부르라고 시켰느냐?"

유관순은 헌병대장을 똑바로 쳐다보며 당당하게 말했습니다. 눈동자조차 흔들리지 않았습니다.

"다 내가 꾸민 일이다. 주동자는 나다. 모두 내가 했다."

유관순은 끝까지 지지 않고 또랑또랑하게 말했습니다.

"좋아! 어디 맛 좀 봐라."

헌병대장은 입가에 야비한 웃음을 띠우며 유관순에게 더 심한 고문을 가했습니다.

"아악, 아악!"

파출소 안에는 유관순의 비명 소리가 맴돌았습니다.

그러나 유관순은 정신을 차리며 입술을 깨물었습니다.

"너 같은 계집애가 태극기가 어떻게 생긴지도 모를 텐데."

헌병대장의 말에 유관순은 눈을 똑바로 떴습니다. 그리고는 손가락을 깨물어 손가락에서 흐르는 피로 금방 태극기를 그렸습니다.

"자, 봐라. 이게 우리의 태극기다."

그 모습을 본 헌병대장의 얼굴빛이 하얗게 질렸습니다.

"무서운 계집애군."

유관순은 갑자기 그 자리에서 일어났습니다.

"대한 독립 만세! 대한 독립 만세!"

무슨 수를 써도 그녀의 굳은 의지를 꺾을 순 없었습니다.

탑골 공원

탑골 공원은 탑동 공원, 파고다 공원이라고 한다. 면적이 1만 2085㎡로 고려 시대에는 흥복사가, 조선 시대 전기(1464년)에는 원각사가 그 자리에 있었다.

그러나 연산군이 원각사를 폐사하고 중종 때 건물이 모두 철거되면서 빈 터만 남아 있었다.

그러다가 1897년(광무 1년) 영국인 고문 J.M.브라운이 설계하여 공원으로 꾸며지게 되었다.

1919년 3·1운동의 발상지로 더욱 유서 깊은 탑골 공원은 현재 시민의 휴식 공원으로 이용되고 있다.

독립 선언서가 낭독되었던 팔각정을 중심으로 원각사지 10층 석탑(국보 2호), 원각사비(보물 3호), 앙부일구(해시계), 받침돌 등의 문화재와 1980년에 제작 건립한 3·1운동 기념탑, 3·1운동 벽화, 의암 손병희 동상(1966년 건립), 한용운 기념비(1967년 건립) 등이 있다.

서울시에서는 그 동안 공원의 북서쪽 둘레에 있던 파고다 아케이드가 임대 기간 만료로 철거됨에 따라 1983년 그 자리에 투시형 담장을 설치하고, 서문과 북문 등 사주문을 복원하였으며, 공원 부지도 확장, 정비하여 조상의 독립 정신을 기리는 사적 공원으로 바꾸었다.

1992년에 이 곳의 옛 지명에 따라 파고다 공원에서 탑골 공원으로 개칭하게 되었다.

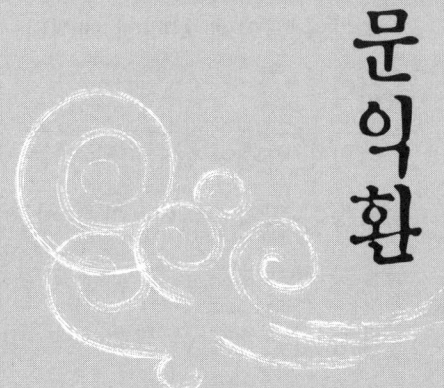

문익환(1918년~1994년)

목사며, 민주·통일 운동가다.
목사가 되어, 신교와 구교의 성서 공동 사업에 책임 위원을 맡았다.
1989년, 정부의 허가 없이 북한을 방문하여 7년형을 받았고,
평생 여섯 번 감옥에 갇혔으나,
소신을 꺾지 않고 나라의 민주화와
조국의 통일을 위해 노력했다.

문익환은 일제 시대에 태어나, 어린 시절을 만주에서 보냈습니다.

 어린 문익환이 살던 마을에는 신식 교육을 하러 온 좋은 선생님들이 많았습니다. 마을 사람들은 그 선생님들에게서 신학문과 함께 기독교를 알게 되었습니다.

 특히 어린 익환은 교회 가는 일이라면 누구보다 더 열심이었습니다.

 그러던 어느 눈이 많이 내린 겨울날이었습니다. 익환은 동생 동환과 함께 팽이를 들고 밖으로 나갔습니다. 익환과 동환은 신나게 팽이를 돌렸습니다.

 그러다가 그만 교회 가는 시간을 놓치고 말았습니다.

 익환과 동환은 지금까지 한 번도 교회에 늦어 본 적이 없었습니다.

 형제는 숨을 헐떡이며 교회로 달려갔습니다.

 "잠깐만!"

 어린 익환이 갑자기 멈춰 섰습니다. 바쁘게 달려가도 늦었는데, 익환은 발길을 돌려 집으로 가고 있었습니다. 동환은 어리둥절해서 형을 따라갔습니다.

 익환은 다짜고짜 동환의 팽이를 빼앗아 자기 팽이와 함께 아궁이에 집어 던졌습니다.

"이 팽이 때문에 약속을 지키지 못하게 된 거야."

그 때, 부엌으로 어머니가 들어왔습니다. 예배는 벌써 끝난 뒤였습니다. 익환과 동환은 어머니께 꾸중을 들을까 봐 잔뜩 겁을 먹었습니다.

하지만 어머니는 조용히 두 아들을 안으며 웃어 주었습니다. 이미 두 아들의 생각을 알아챈 것입니다.

후에 문익환이 나라의 민주화를 외치다가 교도소에 들어가게 되었습니다. 그 때도 문익환의 어머니는 다른 어머니들과는 달랐습니다.

많은 사람들이 교도소 밖에서 문익환이 나오기를 기다리고 있었습니다. 드디어 문익환이 모습을 드러냈을 때, 사람들은 만세를 불렀습니다.

사람들은 문익환에게 달려가 이렇게 말했습니다.

"이게 무슨 고생이십니까? 다시는 감옥에 가지 마십시오. 몸도 생각하셔야지요."

그러자 문익환의 어머니가 큰 소리로 말했습니다.

"들어갈 일이 있으면 들어가야지. 이루고자 하는 뜻이 있다면 감옥에 들어가는 일이 있더라도 그 뜻을 굽혀선 안 되는 거야."

자식이 고생하는 것을 걱정하기보다 자식이 뜻하는 것이

무언가를 마음 깊이 이해해 주는 어머니였던 것입니다.

문익환의 부인도 남편을 잘 이해해 주었습니다. 남편이 감옥에 들어가더라도 자신의 일을 묵묵히 했습니다.

어떤 사람이 이것을 이상히 여겨 물어 보았습니다.

"목사님은 차가운 감방에서 고생하고 계신데, 어쩜 이리도 태연하십니까? 울기는커녕 항상 싱글벙글이십니다."

문익환의 아내는 환한 웃음을 지으며 대답했습니다.

"남편이 죄를 지어서 감옥살이를 하고 있습니까? 옳은 일을 하시는 훌륭한 분을 남편으로 두었는데, 제가 울 일이 있을까요?"

자신을 잘 이해해 주는 부모님과 형제, 아내, 그리고 아이들 덕분에 문익환은 나라의 민주화와 통일의 뜻을 계속 펼쳐 나갈 수 있었습니다.

문익환이 살던 시대는 나라 안이 굉장히 어지럽던 때였습니다.

대학생들은 공부를 접고 민주주의를 외치며 거리로 나왔습니다. 그들은 전경에게 맞아 목숨을 잃기도 했습니다. 또 노동자들은 열악한 환경과 제도 때문에 몸에 불을 질러 자살했습니다. 계속 경제가 성장한다는 뉴스가 나왔지만, 판자촌에 사는 가난한 사람들은 당장 거리로 나앉아야 했습니다.

문익환은 이 모든 나약한 사람들을 쫓아다니며 도왔습니다. 학생들과 함께 민주화를 외쳤고, 노동자들과 함께 단식 투쟁을 하기도 했고, 판자촌 사람들과 함께 울기도 했습니다.

그러던 어느 날, 문익환은 가만히 생각해 보았습니다.

'이렇게 노력해도 나라가 더 나아지지 않는 이유는 대체 무엇일까?'

문익환은 한참 만에 그 해답을 얻어 냈습니다.

"그래, 통일! 아직 우리 나라가 통일이 되지 않았기 때문이야. 통일이 되면, 이 빨갱이니 뭐니 하는 말도 사라지겠지. 모여서 의논하다 보면 민주주의가 무엇인지도 알게 될 거야."

문익환은 이렇게 생각하고 평양으로 갔습니다. 그 때가 1989년 3월 25일이었습니다.

휴전 중이던 북한을 방문하는 것은 너무나 충격적인 사건이었습니다.

북한 사람들은 모두 거리로 나왔습니다. 붉은 꽃을 흔들며 문익환을 환영했습니다.

그러나 남한에 있던 사람들은 모두 문익환을 욕했습니다. 미쳤다고도 하고, 영웅주의에 사로잡혔다고도 말했습니다.

하지만 문익환은 김일성을 만나 통일에 대해 의견을 좁혀 나갔습니다.

　북한 어린이들은 문익환을 위해 연극을 준비했습니다. '배달 안 되는 편지' 라는 제목이었습니다.

　아이들은 편지를 들고 고개를 갸우뚱갸우뚱거렸습니다. 우표까지 붙였는데 왜 편지가 안 가는지 모르겠다고 했습니다. 편지를 살펴보니 받는 사람의 주소가 남한의 광주로 되어 있었습니다.

　어른이 와서 휴전선 때문에 아이들의 편지가 광주로 갈 수 없다고 했습니다.

　문익환은 더 이상 눈물을 참을 수 없었습니다.

　"얘야, 그 편지는 내가 전해 주마. 흐허헉, 네 할아버지에게 내가 대신 전해 주마!"

　문익환은 연극 무대 위로 올라갔습니다. 문익환과 아이들은 함께 부둥켜안고 눈물을 흘렸습니다.

　1989년 4월 13일, 9일 동안의 방북을 마치고 남한으로 돌아왔을 때, 문익환은 다시 감옥으로 들어갔습니다.

　이 일로 일 년 칠 개월을 감옥에서 지내야 했습니다.

　통일의 길은 멀고도 험했습니다.

　문익환은 풀려 나서도 민주·통일 운동을 계속해서 다시 감옥에 들어갔습니다.

정부에서는 어떻게 해서든 문익환을 잡아 가두려고 핑곗거리를 찾았지만, 사람들은 그를 노벨 평화상 후보로 추천했습니다.

문익환을 따르고 존경하는 사람들은 점점 더 늘어나기 시작했습니다.

그러나 어느 날 저녁 문익환은 조용히 숨을 거두었습니다. 심장 마비였습니다. 유언조차 남기지 못했습니다.

하지만 그가 남기고 싶은 말이 무엇인지 모르는 사람은 없었습니다. 지금도 문익환의 뜻을 이은 사람들이 그가 닦아 놓은 초석 위에 민주화와 통일의 꽃을 피우기 위해 노력하고 있습니다.

잠꼬대 아닌 잠꼬대

문익환 목사는 생전에 몇 권의 시집을 남겼다. 그의 시에는 나라의 민주화와 통일에 대한 염원이 가득 담겨 있다.
〈잠꼬대 아닌 잠꼬대〉에서는 시인이 서울역으로 가서 싸우는 장면이 나온다. 시인은 왜 같은 나라인 평양행 기차표를 살 수 없는지 이해하지 못한다. 사람들 역시 시인을 이해하지 못하고, 그저 약간 머리가 이상한 사람이라고 생각한다.

이 양반 머리가 좀 돌았구만

그래, 난 머리가 돌았다. 돌아도 한참 돌았다.
머리가 돌지 않고 역사를 사는 일이
있다고 생각하나.
이 머리가 말짱한 것들아.
평양 가는 표를 팔지 않겠음 그만두라고.

난 걸어서라도 갈 테니까.
임진강을 헤엄쳐서라도 갈 테니까.
그러다가 총에라도 맞아 죽는 날이면
그야 하는 수 없지.
구름처럼 바람처럼 넋으로 가는 거지.

- 〈잠꼬대 아닌 잠꼬대〉 중에서 -

과학에서
업적을 남긴 위대한 인물

어려운 과학을 한다는 것은 대단한 관찰력과 탐구심이 필요합니다.
어려운 상황에서도 불타는 과학에 대한 열정으로
많은 업적을 남긴 큰인물들입니다. 그들이 있었기 때문에
우리는 지금 편안한 생활을 하고 있는지 모릅니다.
만약 그들의 끊임 없는 과학에 대한 탐구 정신이 없었다면
지금, 우리는 어떤 생활을 하고 있을까요?

장영실

허준

김정호

파브르

노벨

마리 퀴리

아인슈타인

석주명

스티븐 호킹

다나카 고이치

장영실

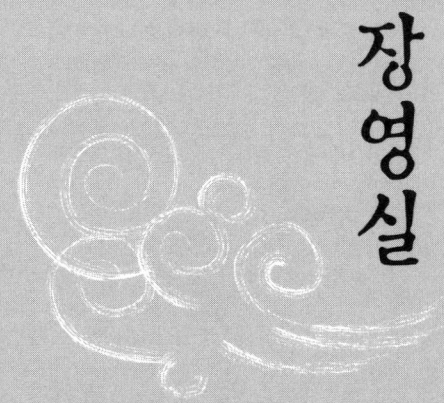

장영실(?~?)

조선 전기, 세종 때의 과학자다.
노비 출신이지만, 타고난 과학적 재능을 인정받아
왕의 특명으로 노비 신분을 벗게 되었다.
혼천의, 금속 활자, 물시계, 해시계 등 과학 기구를 발명했다.
직접 만든 가마를 타고 가다가 가마가 부서져
세종이 땅에 떨어지자, 불경죄로 파직당했다.

세종 5년에 장영실은 상의원 별좌에 올랐습니다.

태종 때부터 장영실에게 벼슬을 주려고 했으나 조정 신하들의 반대로 벼슬을 주지 못했습니다. 결국 세종 때에 이르러서야 장영실은 벼슬을 얻을 수 있었습니다.

그러나 장영실은 벼슬을 얻지 못하는 것에 전혀 불만을 가지지 않았습니다. 자신의 일을 묵묵히 할 뿐이었습니다.

세종 대왕 역시 때를 기다리고 있었습니다.

어느 날 세종은 신하들에게 말했습니다.

"장영실은 많은 일을 했소. 그의 공이 아주 크오. 그래서 내가 장영실에게 벼슬을 내릴 것이오."

세종의 말에 모두들 가만히 있었습니다. 속으로는 안 된다고 말하고 있었지만 말을 꺼내지 않고 있었던 것입니다.

그 때 이조판서 허조가 나섰습니다.

"전하, 장영실의 공이 크다 하나 천민에게 벼슬을 내리는 것은 아니 되옵니다."

"노비 출신도 벼슬을 할 수 있소. 나는 이미 뜻을 정했으니 그리 알고 물러가시오."

그렇게 해서 장영실은 노비의 신분에서 벗어나 처음으로 벼슬을 받았습니다. 장영실이 벼슬을 받아 어머니도 기생의 신분에서 벗어날 수 있었습니다. 어머니가 기생에서 벗어나자 누구보다 기뻐한 사람은 장영실이었습니다.

자신을 낳아 주시고 길러 주신 소중한 어머니에게 자식의 도리를 한 것 같았습니다.

장영실은 어머니에게 감사하고 훈장 어른에게 감사했습니다. 무엇보다도 임금님에게 감사를 올리며 자신의 일을 해 나갔습니다.

장영실은 백성들을 위해 여러 가지로 노력했습니다.

천문 기상대인 간의대, 천문의, 천체의 운행과 그 위치를 측정하는 천문 시계의 구실을 하는 혼천의, 금속 활자 주조 등 여러 가지 일을 했습니다.

그리고 그런 장영실에게 세종은 경상도 채방별감이라는 벼슬을 주었습니다.

천민 출신의 장영실에게 이런 벼슬은 정말 꿈같은 벼슬이었습니다.

이 벼슬은 지방을 다니며 여러 가지를 조사해서 필요한 것을 찾아오는 일을 하는 것입니다.

장영실에게는 두 가지 임무가 주어졌습니다.

첫째는 농기구를 만드는 데 필요한 쇠붙이, 무기를 만들 때 필요한 쇠붙이를 캐는 곳을 찾는 것이었고, 둘째는 지방의 실정을 살피는 일이었습니다.

장영실은 언제나 무슨 일을 하든지 철저한 조사와 준비를 했습니다.

지방으로 떠난 장영실은 여러 가지를 조사했습니다.

백성들을 괴롭히는 군수나 현감은 없는지, 훌륭한 군수나 현감은 누구인지도 살폈습니다. 또한 농사를 짓는 백성들의 어려움은 무엇인지에 대해서도 살폈습니다.

또 철이나 구리, 납이 나오는 곳을 찾아 어떻게 일을 하며 어려운 점은 무엇인가를 살폈습니다.

지방 곳곳을 살피고 돌아온 장영실은 세종에게 자신이 보고 듣고 배운 것들을 모두 말했습니다. 장영실의 보고는 나라를 다스리는 데 많은 도움이 되었습니다.

지방 순찰을 마치고 돌아온 장영실에게는 새로운 일거리가 생겼습니다.

"농사는 천하지대본이라 했다. 특히 우리 나라는 농사가 가장 중요한 나라다. 농사를 지으려면 비의 양이 가장 중요하다. 백성들을 위해 비가 얼마나 내리는지 좀더 정확하게 재는 방법을 생각해 보도록 하라."

"예, 분부대로 거행하겠습니다."

농사를 짓는 백성에게 하늘에서 내리는 비는 아주 중요한 것이었습니다.

각 지방마다 비 오는 때가 다르고 양이 달랐기 때문에 농사를 짓는 백성들이 어려움을 겪고 있다는 것을 장영실은 뼈저리게 느끼고 있었습니다. 세종 또한 그것으로 고민하고 있었습니다.

장영실은 굳은 다짐을 했습니다.

그 동안은 비가 그친 후 땅을 파 보고 빗물이 땅에 스며든 깊이를 자로 재는 방법으로 강우량을 쟀습니다. 그러나 이 방법으로는 비가 내린 양을 정확히 잴 수 없다는 것을 모두가 알고 있었습니다.

기상과 천문을 연구하고 다스리는 서운관에서 빗물의 양을 재는 방법을 궁리할 때 세종의 명을 받은 장영실도 참여했습니다.

"이렇게 하면 되는 것을, 이걸 미처 생각하지 못했구나."

사람들은 장영실의 기막힌 생각에 모두 놀라워했습니다.

그것은 바로 비가 내린 것을 그릇에 받았다가 그 빗물의 깊이를 재는 것이었습니다. 왜 그렇게 쉬운 것도 생각하지 못했는지 사람들은 자신들의 어리석음에 스스로 화를 내기도 했습니다.

세종 23년 8월 18일에 새로 만들어진 빗물 재는 그릇을 세종 앞에 내놓았습니다. 높이 41.2cm, 지름이 16.5cm인 둥근 모양의 그릇이었습니다. 그 원통의 안쪽에 눈금이 새겨져 있었습니다.

"정말, 대단하오. 재주와 생각이 놀랍소."

세종은 장영실에게 칭찬을 아끼지 않았습니다.

빗물을 받아 그 깊이를 재는 방법, 그것은 오늘날 세계 모든 나라에서 쓰고 있는 방법입니다.

그러나 그 때는 이런 방법으로 비 내린 양을 잴 줄 아는 사람이 없었습니다. 측우기는 우리 나라의 장영실이 세계에서 가장 먼저 발명한 것이었습니다.

원래 측우기가 쓰이기 이전에는 각 지방의 비의 양을 알아내는 것이 매우 불편하였습니다. 비가 내림으로써 흙 속에 얼마나 깊은 곳까지 물이 스며들었는지 일일이 조사할 수가 없었기 때문입니다. 또한 알아 낸다고 하더라도 정확한 것은 못 되었습니다.

측우기는 일정 기간 동안 그 속에 고인 빗물의 깊이를 측정하여 그 곳의 강우량으로 정했기 때문에 편리하고 정확해서 농사에 많은 도움이 되었습니다.

비 내리는 양을 재는 것은 또 하나가 있었습니다. 그것은 흐르는 냇물의 양을 재는 일이었습니다.

장영실은 흐르는 냇물에 단단한 쇠기둥, 또는 돌기둥을 세우고 그 기둥에 눈금을 새겨 물의 깊이를 알 수 있게 하였습니다.

이 기둥을 양수표라 하였는데 물의 양을 재는 표라는 뜻이었고, 양수표를 줄여서 수표라고 불렀습니다.

장영실은 측우기를 만들고, 곧 양수표를 한양의 가운데로 흐르는 청계천의 마전교라는 다리 곁에 가장 먼저 세웠습니다. 그리고 한강에도 세웠습니다.

장영실이 세계 최초로 만든 빗물 재는 그릇은 이듬해인 세종 24년 5월 8일에 정식으로 '측우기'라 이름지어졌고, 우리 나라 중요한 곳에 설치하도록 법으로 정했습니다.

장영실이 처음 만든 것과는 달리 높이는 30.9cm고, 지름은 14.4cm로 표준을 정했습니다. 이 측우기는 함경도, 평안도를 비롯하여 삼천리 고을마다 설치하고, 비가 내리면 어느 해, 어느 달, 며칠에 얼마나 비가 내렸는지를 장부에 적게 했습니다. 또 이것을 고을의 군수, 현감이 각도 관찰사에게 보고하고, 관찰사는 한양의 조정에 보고하도록 했습니다.

이렇게 하여 전국의 비 오는 양을 정확하게 잴 수 있게 되었습니다. 농부들은 그것을 토대로 일 년의 농사에 대한 계획을 세울 수 있게 되었답니다.

측우기

1441년(세종 23년) 8월에 예조가 측우기를 설치할 것을 건의하여, 다음 해 5월에는 측우에 관한 제도를 새로 제정하고 측우기를 만들어 서울과 각 도의 군현에 설치하였다. 원래 측우기가 쓰이기 이전에는 각 지방의 강우량의 분포를 알아 내는 것이 매우 불편하였다. 그런데 측우기는 일정 기간 동안 그 속에 고인 빗물의 깊이를 측정하여 그 곳의 강우량으로 하기로 되어 있었다.

측우기는 안의 지름이 7치(14.7cm), 높이 약 1.5척의 원통으로 되어 있는데, 비가 올 때 이 원통을 집 밖에 세워 두면 빗물을 받을 수 있다. 측우기는 처음에 철로 만들었으나, 뒤에 구리로 만들어 쓰기도 하였고, 지방에서는 자기, 와기 등을 쓰기도 하였다. 주척은 나무 또는 대나무로 만들어 사용하였다.

조선 세종 때의 측우기가 과학 사상 뜻깊은 것은 세계에서 가장 먼저 쓰였다는 사실이다. 유럽에서는 1639년 로마에서 이탈리아의 B.가스텔리가 처음으로 측우기로 강우량을 관측하였다고 한다. 프랑스 파리에서는 1658년부터, 영국에서는 1677년부터 관측하였다. 한국에서는 이미 1442년 5월부터 측우기로 우량을 측정하였으며, 이것은 이탈리아보다도 약 200년이 빠르다. 금영측우기는 1837년(헌종 3년)에 만든 것으로 보물 제561호로 지정되어 기상청에 소장되어 있다.

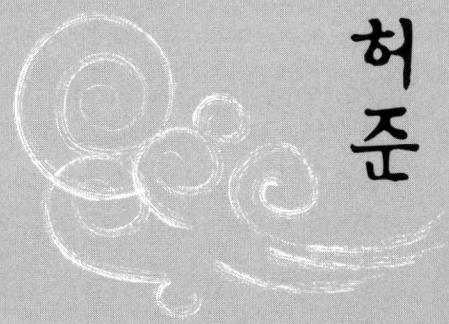

허준(1546년~1615년)

조선 중기의 의학자다.
서자로 태어나서 설움을 받고 자랐지만,
돈이나 명예와 상관 없이 오로지 환자들의 아픔을
덜어 주기 위해 한 평생을 살았다.
동양 의술을 집대성하여 《동의보감》을 완성했다.

허준은 그 동안 공부했던 지식을 가지고 길을 떠났습니다. 한양으로 취재를 보러 간 것입니다. 스승님의 아들 해인도 함께였습니다.

그러나 시험을 보러 가던 허준은 돈이 없어 치료를 받지 못하는 불쌍한 사람들을 만났습니다. 그냥 지나칠 수 없어 그들을 치료해 주었습니다. 몇 날 며칠, 그들을 돌보던 허준은 시험을 보기 위해 일어났지만 차마 발길이 떨어지지 않았습니다. 아픈 사람을 그대로 두고 간다는 게 마음이 놓이지 않았기 때문입니다.

한참 뒤, 병세가 좀 괜찮아진 환자들이 생기자 허준은 시험장으로 서둘러 달려갔습니다. 그러나 며칠 동안 잠을 자지 못한 허준은 그만 쓰러져 시험을 볼 수 없었습니다.

허준이 돌아오자 마을은 떠들썩했습니다.

해인이 취재에 합격했기 때문입니다.

허준은 무엇보다 어머니를 뵐 낯이 없었습니다. 그러나 어머니는 환한 얼굴로 이렇게 말했습니다.

"난 네가 취재에 합격한 것보다도 더 자랑스럽구나. 시험은 다음에 다시 보면 된다. 그러나 죽어 가는 사람은 시기를 놓치면 안 되는 것이다. 네가 장하구나."

유의태의 아들 해인의 취재 합격을 모두들 기뻐했지만 유의태는 기뻐하기는커녕 해인을 호되게 꾸짖었습니다.

해인은 아버지인 유의태와 허준의 생각과는 많은 부분에서 달랐습니다. 그렇기 때문에 유의태는 아들 대신, 병자를 생각하는 허준에게 더 많은 것을 가르쳐 주려고 노력했습니다.

그 때 마침, 허준이 유의태를 찾아왔습니다.

"잘 왔다. 지금은 비록 취재에서 떨어졌지만 곧 좋은 소식이 있을 것이다. 더 열심히 노력하거라."

힘을 얻은 허준은 유의태에게 부족한 침술 공부며 여러 가지 의술 공부를 배웠습니다. 허준은 스승을 믿고, 스승이 가르쳐 주는 것들을 열심히 배웠습니다. 그런 모습을 유의태는 기특하게 생각해서 더 많은 것을 가르쳐 주려고 했습니다.

그러던 어느 날, 유의태의 친구인 안 의원이 왔습니다.

안색이 안 좋은 유의태의 진맥을 짚은 안 의원은 깜짝 놀라며 소리쳤습니다.

"자네, 알고 있었는가?"

유의태는 조용히 고개를 끄덕이며 입을 막았습니다.

"그래, 내 병은 나을 수 없는 병이네."

유의태는 안 의원한테 아무에게도 말하지 말 것을 당부하고는 먼길을 떠날 차비를 했습니다.

며칠 후, 유의태를 따라갔던 심부름꾼이 급하게 허준을 찾앉습니다.

"허 의원을 급하게 찾고 계십니다."

"스승님이? 그 동안 계신 곳을 몰라 답답했거늘."

서둘러 쫓아간 허준은 얼음골에서 자결한 유의태를 보았습니다.

"스승님!"

허준은 스승의 손에 쥐어진 편지를 읽고 눈물을 뚝뚝 흘렸습니다.

"망설이지 말고 내 몸을 열어 오장육부를 직접 보아라. 사람의 몸이 어떻게 생겼으며 무엇이 있는지 관찰하거라. 이것은 너를 위해서가 아니다. 모든 사람을 위한 일이니 내 부탁을 들어라. 그래서 이 나라의 큰 의원이 되어라."

유의태의 마음에 허준은 저절로 고개를 떨구었습니다.

감히 스승의 몸에 칼을 댈 수 없었지만 스승의 부탁을 거절하는 것도 도리가 아니라고 생각했습니다.

허준은 눈물을 흘리며 스승인 유의태의 몸을 열었습니다. 처음으로 사람 몸을 본 허준은 놀랄 뿐이었습니다. 스승의 몸 안을 자세히 살피며 공부하고 또 그림으로 그렸습니다. 나중을 위해 정확하게 그렸습니다.

그 후, 허준은 취재에 응시해 수석 합격을 했습니다. 허준은 수석 합격을 했지만 시기하는 사람들에 의해 '혜민서'에 배치되었습니다. 혜민서는 불쌍한 환자들이 많이 오는 곳으로 허준은 열심히 환자를 돌보았습니다.

눈코 뜰 새 없는 나날을 보냈습니다. 그러면서도 새로운 치료법과 새로운 약을 만들기 위해 공부도 게을리하지 않았습니다. 그런 허준의 훌륭한 인품을 왕도 알게 되었습니다.

"여봐라, 허준을 불러 두 왕자를 돌보게 하라."

자리를 옮긴 허준의 생활은 평화로웠습니다.

그러던 중 평안도에서 좋지 않은 소식이 전해졌습니다. 알 수 없는 괴질로 많은 사람들이 죽어 간다는 것이었습니다.

"어찌 하면 좋겠소?"

임금은 몹시 걱정하며 의원들에게 물었습니다.

"제가 가 보겠습니다."

허준이 머리를 조아리며 임금에게 아뢰었습니다.

임금은 기특해하며 허준을 평안도로 보냈습니다.

평안도에 도착한 허준은 마치 지옥을 대하는 듯했습니다. 여기저기에 시체가 널려 있었으며 울음소리, 신음 소리로 떠나갈 듯 시끄러웠습니다.

허준은 우선 그 지방의 기후, 풍토, 수질 등을 먼저 조사한 후에 정리했습니다. 병이 일어난 원인을 알기 위해서였습니다. 병의 원인을 알아야 그 병을 치료할 약을 만들 수 있기 때문입니다. 허준은 곧 병이 난 원인이 음식물 때문이라는 사실을 알게 되었습니다.

"그래, 바로 이거였어."

허준은 몸 안에 있는 나쁜 음식물을 몸 밖으로 빼내는 처방을 내렸습니다. 그러자 병자들은 서서히 기운을 차리고 낫기 시작했습니다.

그 사실을 알게 된 임금은 허준을 크게 칭찬하며 선물을 내렸습니다.

"역시 허준이야."

그 후, 얼마 지나지 않아 갑작스럽게 임진왜란이 일어났습니다. 일본이 우리 나라에 쳐들어왔던 것입니다.

임금은 어쩔 수 없이 전쟁을 피해 궁궐을 버리고 피난을 갈 수밖에 없었습니다. 허준도 임금을 따라 피난을 떠났습니다.

"이를 어쩌지? 임금님의 몸이 좋지 않아."

그 때에는 임금을 따로 돌보는 의원이 있었습니다. 아무나 함부로 볼 수가 없었습니다. 허준은 온갖 정성을 다해 임금을 돌보았습니다. 그 정성 때문에 임금의 병은 좋아졌습니다.

"자네밖에 없군. 다른 의원들은 자기 살자고 어디로 도망 갔는지 그림자도 안 보이는데."

허준은 고개를 깊숙이 숙였습니다.

전쟁이 끝난 후, 궁궐로 돌아온 허준은 임금님을 돌보는 어의가 되었습니다. 어의가 된 허준은 임금님을 끔찍하게 돌보았습니다.

그러나 몇 년 후, 임금은 나이가 들어 죽었습니다.

"임금님의 명을 더 잇지 못한 것은 어의의 책임이 크오. 허준에게 죄를 물어야 할 것입니다."

"그렇소, 허준에게 벌을 내려야 합니다."

허준을 시기하는 사람들은 허준에게 벌을 내릴 것을 새로운 임금에게 간청했습니다.

허준도 자신의 책임을 다하지 못했다고 생각하여 기꺼이 받아들였습니다.

유배를 간 허준은 그 곳에서 서적 편찬에 힘을 쏟았습니다.

"내가 보고 배운 것들을 글로 남기는 거야. 후세의 의원들이 내 책을 참고한다면 좋을 것이다. 아니, 의원들뿐만 아니라 일반 백성들에게 쉽게 다가갈 수 있도록 하자."

유배를 간 허준은 그 동안의 경험을 글로 썼습니다. 그리고 결국 '동의보감'이라는 책을 완성시켰습니다.

동의보감

처음 《동의보감》은 1596년(선조 29년) 선조의 명으로 허준, 정작, 양예수, 김응탁, 이명원, 정예남 등이 우리 나라 의사들에게 필요한 보다 간략하면서도 실제 의료 기술에 필요한 의서로서 편찬하기 시작했다. 그러나 완성하지 못하고 1597년 정유재란을 맞아 중단했던 것을 전쟁이 끝난 후 허준이 혼자 다시 편찬하여 1610년에 완성하게 되었다.

《동의보감》에는 주로 약물에 관한 지식을 열거했다. 침구편은 침을 놓는 데 필요한 경혈을 그림으로 설명하는 한편, 침을 통해서 병을 고치는 방법을 자세하게 설명했다.

또한 병을 치료하는 데 있어 전해지는 의서에 근거를 둔 기록만을 추린 것이 아니라, 병에 따라서는 민간에 전해지는 이른바 속방의 치료 방법과 편찬자가 스스로 경험한 비방까지 덧붙여 여러 가지로 참고가 된다.

의서로서 또 하나의 특색은 비슷한 병 중에서도 특별히 여러 사람들이 흔히 체험하는 병 증세부터 다루되 손쉬운 방법으로 치료할 수 있도록 자세하게 설명한 데 있다. 가령 배앓이 환자들이 흔한데, 이런 환자들은 배앓이 치료를 설명한 조항을 찾아 읽으면 쉽게 치료할 수 있는 방법을 찾을 수 있다.

이렇듯 활용하기에 편리하도록 편찬되어 있을 뿐 아니라 내용이 그 어떤 의서보다도 충실하다는 것이 세계적으로 인정되어, 권위 있는 동양 의학서로서 일찍부터 일본과 중국에 소개되었다.

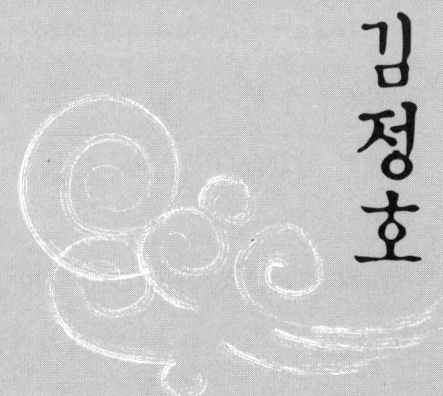

김정호

김정호(?~1864년)

조선 후기의 지리학자다.
평생 동안 전국을 돌아다녀 자료를 수집하고 지도를 만들었다.
그가 만든 '대동여지도'는 지금의 지도와 많이 다르지 않다.
그러나 흥선 대원군은 그 정밀한 지도가
국가의 비밀을 누설하기 위한 것이라며,
목각판을 태워 버렸고, 김정호도 그 충격으로 사망했다.

김정호는 조선 말기의 사람입니다.

김정호가 살 당시만 하더라도 보통 서민들은 지도란 것을 모르고 살았습니다. 지도는 몇몇 관리들만 볼 수 있는 귀한 물건이었습니다.

어린 정호가 살던 마을의 훈장님은 고을의 지리를 그려 놓은 자그마한 지도를 한 장 가지고 있었습니다. 가난한 정호는 서당에 갈 수 없었지만 그 지도를 보고 싶어서 병이 날 지경이었습니다.

그래서 용기를 내어서 아침 일찍 서당을 찾아갔습니다.

"훈장님 계십니까?"

어린 김정호의 또랑또랑한 목소리를 듣고, 훈장님이 마당으로 나왔습니다.

"안녕하세요. 전 이 마을에 사는 김정호라고 합니다."

"그래, 그런데 이른 아침부터 웬일이냐?"

자신 있게 갔지만 막상 훈장님을 마주하고 보니 쉽게 입이 열리지 않았습니다.

"저, 저……."

정호는 주저주저하고 말을 못 했습니다.

"떨지 말고 말해 보거라."

정호는 마른 침을 꿀꺽 삼켰습니다.

"훈장님께서 이 마을의 지도를 갖고 계신다고 들었습니다. 저에게 그 지도를 한번 보여 주십시오. 전 커서 지도를 만들고 싶습니다."

훈장님은 그 이야기를 듣고 어린 정호가 너무 기특해 보였습니다.

"그래, 여기 있다."

직접 지도를 받아 보니 너무 감격스러웠습니다.

"감사합니다. 깨끗하게 보고, 빠른 시일 내에 돌려 드리겠습니다."

"허허허, 나한테는 필요 없는 물건이니 네가 소중히 간직하고 있거라. 그리고 너의 바람대로 훌륭한 지도를 만들거라. 그것이 그 지도의 값을 대신할 게야."

정호는 너무나 기뻐 지도를 안고 집으로 달려왔습니다.

하지만 지도를 찬찬히 살펴보고는 이내 실망을 하고 말았습니다.

"이 지도는 틀린 곳이 많아. 시내와 마을 위치가 모두 틀려. 내가 뒷산에 올라가서 봤을 때, 시냇물은 분명 이 쪽에 있었는데……. 또 이 마을과 저 마을은 이렇게 가깝지도 않고."

어린 정호는 친구와 함께 산으로 올라갔습니다. 그 곳에서 마을을 내려다보며 지도의 틀린 부분을 고쳐 넣었습니다.

"지도는 정확해야 믿고 이용할 수 있을 텐데……. 지금 이 지도로는 아무것도 할 수 없어."

김정호는 정확한 지도를 만들겠다고 다짐했습니다.

그 후, 김정호의 나이가 스물이 되어, 결혼을 하게 되었습니다. 가난한 살림을 이끌어 나가느라 나이가 드는 줄도 몰랐던 것입니다.

김정호는 아내에게 집을 맡기고 길을 떠났습니다. 지도를 만들 자료를 수집하기 위해서였습니다. 이제야말로 하고 싶은 일을 할 수 있게 된 것입니다.

길을 가던 중 한 나그네를 만났습니다. 그 나그네는 김정호의 귀가 솔깃해지는 이야기를 했습니다.

"한성 규장각에 가면 많은 책이 있습니다. 그 곳에 가면 지도도 많이 있지요."

"아, 정말요? 그거 잘 됐군요."

"하지만 아무나 볼 수는 없습니다. 검서관을 통해서만 볼 수 있지요."

김정호는 한숨을 쉬었습니다.

"휴, 그럼 저에겐 아무 소용이 없군요."

"제가 소개장을 써 드리지요. 최한기라는 검서관을 제가 잘 알거든요."

김정호는 나그네에게 소개장을 받아서 한성으로 갔습니다. 규장각에 쌓여 있는 귀중한 책과 지도들을 보자 가슴이 설레었습니다.

하지만 그 곳에 있는 지도도 엉터리이긴 마찬가지였습니다. 아예 마을 이름을 잘못 써 놓은 것도 있었습니다. 김정호는 검서관 최한기에게 말했습니다.

"이 지도들은 모두 틀리군요."

"각 고을에서 만든 지도들을 가지고 짜맞춰 전국 지도를 만든 것이다 보니, 아무래도 정확하지는 못합니다."

김정호는 괴나리봇짐을 뒤져서 직접 그린 고을의 지도를 보여 주었습니다. 최한기는 뛰어난 솜씨의 지도를 보고 너무나 놀랐습니다.

"선비님같이 뛰어난 탐구심을 가진 분이 지도를 만드셔야 합니다."

최한기는 김정호에게 많은 격려를 해 주었습니다.

그 때부터 김정호는 본격적으로 전국을 순례했습니다. 갓 결혼한 아내 보기가 미안했지만, 자신의 꿈을 이루기 위해 어쩔 수 없었습니다.

일일이 걸어서 전국을 누비다 보니 발은 부르트고, 굶기를 밥 먹듯 해야 했습니다.

　김정호의 아내는 광주리를 팔면서 묵묵히 뒷바라지를 했습니다.

　김정호가 다시 먼길을 떠날 때였습니다. 그 날 따라 김정호의 발길이 무거웠습니다. 아내의 몸이 만삭이었기 때문입니다. 하지만 굳은 마음을 먹고 길을 떠났습니다.

　김정호가 살던 때는 실제 생활에 쓰이는 학문보다 책상에 앉아 궁리만 하는 학문이 존경을 받았습니다. 그래서 지도같이 실제 생활에 요긴한 물건을 만드는 일에는 아무도 신경을 쓰지 않았던 것입니다.

　김정호는 삼천리 방방곡곡을 누비며 섬이며 강, 성, 마을, 길 이름까지 샅샅이 조사하고 그 곳에 사는 사람들의 이야기와 풍속까지 수집하였습니다.

　전국을 돌아보고 오자, 아내의 뱃속에 있던 아이는 어느 새 다섯 살이었습니다.

　몇 년을 돌아다니며 자료를 수집했지만 지도를 만들기에 자료는 아직도 턱없이 부족했습니다.

　할 수 없이 다시 길을 떠나려는데, 이번엔 딸까지 눈에 걸렸습니다. 하지만 지도를 만드는 일은 나라와 백성을 위해 중요한 일이었습니다. 이렇게 집을 나선 김정호는 다시 5년을 더 돌아다녔습니다.

김정호는 10년 동안 정리한 자료를 토대로 '청구도'를 만들었습니다. 모두들 감탄했습니다. 그러나 김정호가 보기엔 아직도 많이 모자랐습니다.

"10년 동안 전국을 돌아다녔지만, 방방곡곡을 다 알기엔 그 시간도 모자라. 다시 떠나야지."

이번엔 아내도 슬픈 목소리로 말했습니다.

"당신 몸도 예전 같지 않으니, 다시 한 번 생각해 보세요. 사람들이 모두 당신보고 미쳤다며 수군대요."

"미안하오. 내 얼른 돌아오리다."

김정호는 이렇게 약속하고 떠났지만, 그 약속은 지켜지지 않았습니다. 할수록 욕심이 생겼기 때문입니다.

5년이 흐른 뒤 다시 집에 돌아갔습니다. 딸은 이미 어른이 되어 있었습니다. 그리고 아내는 세상을 떠난 뒤였습니다. 고생만 하며 가난에서 벗어나지도 못하고 죽은 것입니다.

"흑흑흑, 훌륭한 지도를 만들겠소. 그것만이 당신에게 용서를 구하는 길이겠지."

그 때부터 아내 대신 딸이 아버지 일을 도왔습니다.

김정호는 10년 동안 방에서 꼼짝도 안 하고 지도를 그렸습니다.

그리고 드디어 지도를 다 그렸습니다.

"와, 아버지! 드디어 지도가 완성되었군요."

"아니다, 이제 목판에 새겨야지. 지도를 하나만 만들어 두는 건 별 소용이 없어. 여러 장 찍어서 남들이 쉽게 볼 수 있게 해야 한단다."

김정호는 그렇게 말하고 다시 10년 동안 목판에 지도를 새겼습니다.

1861년 드디어 목판이 모두 완성되었을 때, 김정호와 딸은 서로 부둥켜안고 눈물을 흘렸습니다. 이 지도를 '대동여지도' 라고 합니다.

"나라에 외군들이 쳐들어왔을 때, 우리 군대가 이길 수 있도록 도와 주고 백성을 다스리는 데 도움을 줄 것이다."

곧 김정호의 바람이 이루어졌습니다. 프랑스군이 강화도에 쳐들어왔을 때 대동여지도가 큰 도움이 된 것입니다.

하지만 이 일은 뜻밖의 봉변으로 돌아왔습니다.

흥선 대원군이 이 지도를 보게 된 것입니다. 흥선 대원군은 김정호를 칭찬하기는커녕 그를 잡아 오라며 벼락같이 화를 냈습니다.

"이 역적놈아! 어디에 우리 나라를 팔아먹으려느냐! 이렇게 자세히 나라의 비밀을 그려 놓으면 어떻게 하라는 거냐.

우리는 이 지도가 없어도 우리 땅을 잘 알 수 있지만, 이 지도가 적의 손에 넘어가면 어떻게 되겠느냐?"

김정호는 영문도 모른 채 끌려가 혹독한 고문을 받고, 그가 온 정성을 기울인 지도와 목판은 불살라져 버렸습니다. 모든 것을 잃은 김정호도 조용히 스러졌습니다.

전자 지도

지도 제작의 기술은 나날이 발전을 거듭해 왔다. 현재는 컴퓨터를 이용하여 정확하고 편리한 지도를 만들어, 실생활에 유용하게 쓰이고 있다.

비행기나 인공 위성으로 실사를 촬영하여 조합한 지도도 상용되고 있다. 지도 위에 그림이나 기호가 아닌 실제의 건물과 숲, 도로가 디지털 영상으로 펼쳐지는 것이다.

인터넷 상에서도 지도가 서비스되고 있다. 검색창에 가고 싶은 곳의 동과 건물 이름 등을 입력하면 바로 그 부분의 상세 지도가 떠오른다. 나아가 음성 인식 기능을 이용해서, 말만 하면 목적지의 지도가 뜨기도 한다.

이러한 지도 서비스는 교통 상황과 연개되어 막히는 곳을 알려 주어 운전자에게 많은 도움을 주며, 여행자에게도 다양한 안내를 해 주어 여행에 도움을 줄 수 있다.

또, 'OO동에서 OO까지 가는 가장 빠른 길'이나, 'OO까지 가는데, 택시비 가장 적게 나오는 길' 등으로도 지도를 검색할 수 있게 되었다.

그 옛날 김정호처럼 지도 한 장을 만들기 위해 백두산을 일곱 번 오르내리고 전국 방방곡곡을 돌아다녀야 하는 것은 아니다. 그러나 사용하는 사람의 마음을 헤아리는 지도의 기본 정신만은 여전히 내려오고 있다.

지금도 좀더 편리하고, 좀더 기발한 지도를 만들기 위한 장인들의 노력이 계속되고 있다.

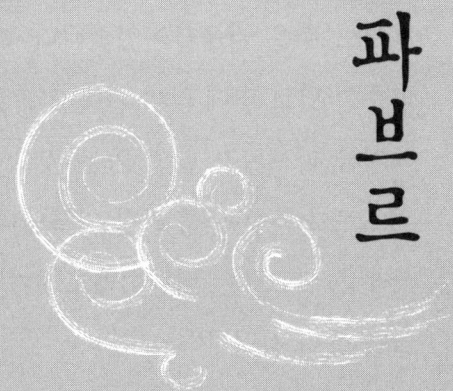

파브르

파브르(1823년~1915년)

프랑스의 곤충학자이며, 박물학자다.
31세 때 읽은 레옹 뒤프르의 논문을 보고,
곤충 연구에 일생을 바치겠다고 결심했다.
1897년부터 1907년까지 저술한 열 권의 《곤충기》는
그가 일생 동안 관찰한 곤충의 습성과 생태가
자세히 기록되어 있는 불후의 작품이다.

어느 추운 겨울날이었습니다. 파브르는 불이 막 피어오른 따뜻한 난로 옆에 앉아 글을 읽고 있었습니다.

지금 파브르가 읽고 있는 것은 의사면서 생물학자인 레옹 뒤프르가 쓴 곤충의 관찰 기록입니다.

레옹 뒤프르는 비단벌레노래기벌을 관찰하고 그것에 대한 글을 썼던 것입니다.

그 글을 읽은 파브르는 대단한 감동을 받았습니다.

"훌륭해. 이렇게 곤충을 연구하다니. 놀라워."

파브르가 살던 시대의 곤충을 연구하는 방법은 벌레를 잡아 현미경으로 들여다본다거나 해부를 하고, 또 표본을 만드는 것뿐이었습니다.

곤충이 살아가는 방식, 즉 무엇을 먹고 살며, 어떻게 움직이고 어떻게 종족을 번식시키는지에 대해서는 전혀 알려져 있지 않았습니다.

그러나 뒤프르의 연구 방법은 이전의 연구 방법과 달랐습니다. 그래서 파브르는 결심을 했습니다.

"그래, 나도 뒤프르처럼 여러 가지 곤충을 연구해야겠다."

파브르의 눈이 유난히 반짝였습니다.

그 날부터 파브르는 뒤프르의 글을 반복해서 여러 번 읽었습니다.

그러나 읽으면 읽을수록 의문이 생기는 부분이 있었습니다. 그것은 비단벌레노래기벌의 먹이인 비단벌레가 전혀 썩지 않는 것이었습니다. 썩지 않는 이유가 비단벌레노래기벌의 침 때문인지를 확인하고 싶었습니다.

"그래, 내가 직접 연구를 해 보는 거야. 뒤프르가 연구한 곤충이 아닌 다른 것으로 연구를 해야겠다."

파브르는 그렇게 생각하고 어떤 곤충을 연구할까 고민했습니다.

"그래, 우리 고장에는 흑마디노래기벌이 많으니까 그걸로 연구를 해야겠다."

마침, 뒤프르의 연구에 비단벌레노래기벌이 있었는데 흑마디노래기벌은 그 벌레와 비슷한 점이 많았기 때문에 연구에 도움이 될 것 같았습니다. 단지 먹이가 바구미로 다를 뿐이었습니다.

파브르는 흑마디노래기벌의 벌집 앞에 앉아서 조심스럽게 기다리고 있었습니다.

"윙윙윙."

어디선가 벌 한 마리가 날아왔습니다. 벌의 입에는 흑마디노래기벌의 먹이인 바구미가 물려 있었습니다.

흑마디노래기벌을 연구하기 위해서는 먹이인 바구미의 연

구도 필요했습니다. 그래서 벌에게서 그것을 빼앗기 위해, 파브르는 지푸라기로 벌을 꾹꾹 눌렀습니다.

몇 번의 시도 끝에 결국에는 벌에게서 바구미를 빼앗았습니다. 그렇게 파브르는 바구미를 많이 모아 유리병에 넣어 두었습니다.

파브르는 바구미가 살아 있는지 알 수 없었습니다. 색깔도 변하지 않고 전혀 죽은 것 같지 않은데 찌르면 움직이지 않았습니다. 그러나 유리병 안에 똥이 있는 걸 보면 분명 살아 있었습니다.

파브르는 바구미가 살아 있는지를 확인하기 위해서 전기가 통하도록 했습니다. 그 결과 바구미의 다리가 움직이는 것을 확인할 수 있었습니다.

"그래, 맞아!"

파브르는 환호성을 질렀습니다.

벌의 침은 먹이를 썩지 않게 하는 방부제가 들어 있는 게 아니라, 곤충의 신경을 마비시킬 뿐이라는 사실을 알아 냈던 것입니다.

파브르는 1885년, 자신의 관찰 기록을 '자연 과학 연보'에 발표했습니다. 그 글을 읽은 모든 사람들이 놀라워했습니다. 드디어 파브르는 곤충학자로서 인정받게 된 것입니다.

그 후, 파브르는 곤충과 생활했습니다.

파브르는 곤충을 찾아 산과 들을 돌아다녔습니다.

그러던 어느 날이었습니다.

1865년 8월, 파브르가 남부 프랑스에서 제일 높은 방투 산을 스물세 번째 올라갔을 때였습니다.

파브르가 절벽 쪽으로 시선을 돌리다가 몇 백 마리나 되는 나나니벌의 무리를 발견했습니다.

'이상하다? 이 벌은 평지에서는 잘 볼 수 없는데, 이 곳에서는 수도 없이 보네.'

그런데 갑자기 먹구름이 몰려와 소나기를 퍼붓기 시작했습니다. 비는 계속 퍼부었습니다.

그 때, 누군가 소리쳤습니다.

"앞이 안 보여 내려가는 길을 모르겠습니다."

파브르와 같이 간 사람들은 두려움에 떨기 시작했습니다. 우왕좌왕 사람들은 어디로 갈지 갈피를 잡지 못하고 있었습니다.

그 때 파브르가 천천히 걸음을 옮기며 소리쳤습니다.

"자, 이리로 오십시오."

두려움에 떨던 사람들은 파브르의 부름에 모두들 그 쪽으로 다가갔습니다.

"자, 이걸 보십시오. 이게 우리를 안내해 줄 것입니다."

사람들은 파브르가 들고 있는 쐐기풀을 보고 모두 실망했습니다.

"모두들 잘 들으십시오. 이 쐐기풀은 길을 안내해 주는 신기한 풀입니다. 이 풀은 사람들이 잘 다니는 곳에 피는 풀이기 때문입니다."

사람들은 그제야 파브르의 말을 믿고 쐐기풀을 찾아 무사히 내려올 수 있었습니다.

그 날 이후, 파브르는 나나니벌에 대해 더욱 자세한 연구를 하기 시작했습니다.

그리고 파브르는 무엇보다도 꼭두서니라는 풀에 대해 깊은 관심을 가지고 있었습니다. 꼭두서니라는 풀에서 빨간 빛깔의 물감 원료를 빼내는 연구를 시작했던 것입니다. 당시의 물감은 질이 형편 없었기 때문에 훌륭한 물감을 만들고 싶은 욕심이 있었던 것입니다.

파브르는 연구에 몰두했습니다. 꼭두서니에서 빨간 빛깔을 찾아 내기는 쉬운 일이 아니었습니다.

그렇게 3년을 고생한 끝에 파브르는 드디어 깨끗한 물감을 만드는 데 성공하였습니다.

"야, 드디어 만들어 냈어. 그런데 아직 공업화하기에는 부족해."

파브르는 다시 2년을 연구하는 데 보냈습니다.

어느 덧 파브르는 마흔다섯 살이 되었습니다.

열심히 연구에만 몰두하는 그에게 많은 유혹이 있었습니다. 좋은 연구실과 넉넉한 생활을 보장해 주겠다는 유혹도 다 물리치고 파브르는 산과 들을 돌아다니며 곤충 연구에 힘을 기울일 뿐이었습니다.

쉰 살이 넘자, 파브르는 그 동안의 연구 결과를 책으로 엮어야겠다는 생각을 하게 되었습니다.

'곤충의 관찰 기록과 자연에 대해 글로 써서 많은 사람들에게 도움을 줄 수 있도록 하자.'

이제 파브르는 그 동안 연구한 것을 글로 옮기는 데 시간과 노력을 들였습니다.

파브르의 아들도 아버지를 많이 도와 주었습니다.

그러던 어느 날, 파브르가 사랑하는 아들이 갑자기 죽었습니다. 파브르는 슬픔에 빠져 곤충기를 적을 수 없는 지경에까지 이르렀습니다.

그러나 가족들의 사랑과 격려로 쉰다섯 살에 곤충기 1권을 내놓았습니다. 그리고 30년 동안 곤충기 10권을 내놓을 수 있었습니다.

시턴의 《동물기》

동물을 소재로 한 문학은 우선 동물의 관찰기에서 시작된다. 영국의 월턴이 쓴 《조어대전》(1653년)이나 화이트의 《셀본의 박물학과 고대 유물들》(1789년)이 그러한 예라고 할 수 있다.

이와 같은 관찰 문학은 프랑스의 파브르가 쓴 《곤충기》(10권, 1879년~1907년)에서 그 훌륭한 결실을 맺었다. 이로써 영국의 허드슨은 남아메리카의 자연과 동물을 그린 《라플라타의 박물학자》(1892년)라는 책을 썼다.

또한 동물에 대한 과학적 관찰을 문학적 수법으로 표현한 사람이 미국의 박물학자 시턴이다. 최초의 작품은 늙은 이리의 죽음을 다룬 《늑대왕 로보》(1894년)였는데, 계속하여 많은 단편 소설을 써 《내가 아는 야생 동물》(1898년) 《수렵 동물의 생활》(1901년) 등에 수록하였다. 시턴은 또한 동물 그림에서도 뛰어난 재능을 보였다.

이 밖에 동물이 말을 하는 동화적 수법으로 효과를 나타낸 특이한 작품도 있다. 또한 영국의 키플링이 쓴 《정글북》(1894년), 독일의 본젤스가 쓴 《꿀벌 마야의 모험》(1912년), 오스트리아의 F.잘텐이 쓴 새끼 사슴 이야기 《밤비》(1923년) 등이 유명하다.

《밤비》《정글북》은 월트디즈니사에 의하여 애니메이션으로 제작되기도 하였다.

노벨

노벨(1833년~1896)년

다이너마이트를 발명한 스웨덴의 발명가이며, 사업가다.
다이너마이트의 개발로 산업은 발전하고,
막대한 시간을 절약할 수 있었으며,
또한 노벨을 엄청난 부자로 만들어 주었다.
그러나 그로 인해 많은 사람들이 사망했다.
노벨은 이를 안타깝게 여기며, 노벨상을 제정하게 되었다.

"기뢰보다 더 강력한 화약을 어떻게 만들 수 있지? 니트로글리세린을 화약으로 어떻게 이용할까?"

알프레드는 작은 소리로 중얼거렸습니다.

그 날부터 알프레드와 아버지는 실험실에서 연구를 계속했습니다. 그러는 사이, 전쟁은 계속되었습니다. 이제는 영국이나 프랑스에서 사 오던 기계를 사 올 수도 없었습니다. 러시아 내에서 모든 것을 해결해야 했습니다.

알프레드는 그 동안 여러 가지 기계를 연구해 왔습니다.

그러나 이제는 한 가지 뚜렷한 목표가 섰던 것입니다. 알프레드의 머릿속에는 니트로글리세린을 어떻게 활용할 것인가라는 생각밖에는 없었습니다.

니트로글리세린은 아주 강한 폭발력을 가지고 있었지만 세게 충격을 가하지 않으면 쉽게 폭발하지 않았습니다. 그래서 화약으로 사용하기에 좋지 않았습니다.

알프레드는 여러 가지로 연구를 거듭했습니다. 그러나 연구는 진전이 없었습니다. 노벨은 때로 좌절하기도 했지만 절대 포기하지 않았습니다. 폭발력도 세고 쉽게 터질 수 있는 화약을 만들고 싶은 욕심이 있었기 때문입니다.

얼마 후, 러시아의 패배로 전쟁이 끝났습니다.

그러자 러시아에서는 노벨 공장에 지불해야 할 돈에 대한 약속을 어기고 말았습니다. 그래서 노벨 공장은 어려워졌고 문을 닫아야 하는 위기를 맞았습니다.

아버지는 고향인 스톡홀름으로 돌아갔고, 알프레드를 비롯한 두 형은 상트페테르부르크에 남았습니다.

두 형과 남게 된 알프레드는 다시 원래의 노벨 공장에 다니게 되었습니다. 거기서 일을 하면서도 발명을 게을리하지 않았습니다.

그러나 선천적으로 몸이 약한 알프레드는 도중에 쓰러지는 위기를 맞기도 했습니다.

몸을 추스린 알프레드는 아버지가 있는 곳으로 갔습니다.

"아버지!"

알프레드의 아버지는 안 보는 사이 많이 늙어 있었습니다. 그러나 아버지 눈만은 여전히 반짝이고 있었습니다.

"내가 너에게 보여 줄 것이 있다."

알프레드는 아버지의 실험실을 보고 놀랐습니다. 아버지가 만들었다는 실험실은 작지만 훌륭했습니다.

"아버지, 이건 니트로글리세린이 아닌가요?"

아버지는 고개를 끄덕였습니다.

"그래. 니트로글리세린을 이용하여 강력한 화약을 만들 수 없을까 연구하고 있단다."

아버지의 말에 알프레드는 확신이 생겼습니다.

상트페테르부르크로 돌아온 알프레드는 니트로글리세린을 이용한 화약을 만들기 위해 노력했습니다.

알프레드는 여러 가지로 실험을 했지만 쉽지만은 않았습니다. 그러나 포기하지 않고 계속했습니다.

그러던 어느 날, 노벨의 머릿속에 번뜩 떠오른 생각이 있었습니다.

"그래, 이렇게 하는 거야."

1862년 실험실에서의 폭발은 성공적이었습니다.

알프레드는 이 소식을 알리려 형 루드비히의 집으로 서둘러 달려갔습니다.

"형, 드디어 해냈어요. 니트로글리세린을 이용한 새로운 화약을 발명했어요."

형인 루드비히도 크게 기뻐했습니다.

"그래, 실험은 해 보았니?"

루드비히의 질문에 알프레드는 고개를 저었습니다.

"아직, 밖에서 실험을 하지 못했어요. 로버트 형과 함께 실험해 보고 싶어요."

드디어 알프레드의 새로운 화약의 성능을 실험하는 날이 왔습니다.

알프레드는 로버트, 루드비히와 함께 강가에 모였습니다.

그리고 세 형제는 마음 속으로 간절히 빌며 새로운 화약관에 연결된 도화선에 불을 붙였습니다.

가슴을 졸이며 모두들 지켜보고 있었습니다.

"퍼벅벅 펑!"

큰 소리와 함께 빨간 불이 솟았습니다.

"성공이다!"

형들과 알프레드는 부둥켜안고 기뻐했습니다.

"다 형님들 덕분입니다."

"아니다, 너의 의지가 대단했어. 이루려고 하는 너의 의지 때문에 성공할 수 있었던 거야."

알프레드의 가슴은 부푼 기대로 뭉게뭉게 피어올랐습니다.

곧 알프레드와 아버지는 공장을 차렸습니다.

니트로글리세린의 성공으로 공장에 밀려드는 주문이 많아졌습니다. 터널이나 광산을 폭발시킬 때 필요한 것이었기 때문입니다.

동생 에밀도 공장 일을 도왔습니다.

그러던 어느 날이었습니다.

여행 중인 알프레드에게 연락이 왔습니다.

'공장 폭발, 에밀 사망.'

알프레드는 깜짝 놀라며 서둘러 돌아왔습니다.

잿더미가 된 공장과 죽은 동생 에밀이 있을 뿐이었습니다.

알프레드는 너무나 가슴이 아팠습니다. 가족을 잃으면서까지 이 일에 매달려야 하는 것인가 하는 회의가 들었습니다.

"이 화약, 너무 싫다. 정말 싫어."

그러나 이 사고는 에밀의 잘못된 실험 결과로 폭발이 되었던 것이지 평소의 실험대로라면 절대 폭발이 되지 않는 것이었습니다.

이 사건 이후, 니트로글리세린을 마을 근처에서는 실험을 할 수 없다는 조치가 내려졌습니다.

그러나 여기저기에서 니트로글리세린으로 만든 화약에 대한 주문이 들어왔습니다. 그리고 알프레드에게 든든한 후원자도 생겨 공장은 날로날로 번창했습니다.

그러던 어느 날 신문을 보던 알프레드의 얼굴은 잿빛이 되었습니다.

뉴욕의 한 호텔에서 무심코 던진 니트로글리세린이 들어 있는 상자가 폭발해 큰 사고가 있었던 것입니다. 그 일 이후, 여러 군데에서 폭발이 일어나 여러 사람들이 죽거나 다쳤습니다.

"어떻게 하면 될까?"

고민하던 알프레드는 결론을 내렸습니다.

"그래, 니트로글리세린을 고체로 만들면 되는 거야."

알프레드는 다시 연구에 들어갔습니다.

알프레드는 규조토에 니트로글리세린을 섞은 새로운 화약을 만들어 실험에 들어갔습니다.

"결과가 좋습니다."

알프레드는 새로운 화약의 이름에 '다이너마이트'라는 이름을 붙였습니다.

다이너마이트는 여러 나라에서 화제가 되었습니다.

그리고 더 성능이 좋은 다이너마이트도 만들게 되었습니다. 기존의 다이너마이트보다 충격을 받아도 변하지 않고 폭발력이 훨씬 뛰어난 것이었습니다. 그 후, 성능이 더 뛰어난 화약도 만들었습니다.

이 일로 알프레드는 많은 돈을 벌게 되었습니다.

그러나 전쟁에 이용되고 있는 다이너마이트로 인해 많은 사람들이 죽는 것을 보고 알프레드는 다시금 생각하게 되었습니다.

동생 에밀의 죽음에 대한 생각도 떠나질 않았습니다.

화약을 만들었지만 인류의 평화와 행복을 비는 마음으로 노벨상도 제정하게 되었습니다.

노벨상

다이너마이트의 발명자이며 이것을 기업화하여 거부가 된 A. B. 노벨은 1895년 11월 27일 유언장을 남겨, '인류 복지에 가장 구체적으로 공헌한 사람들에게 나누어 주도록' 그의 유산 약 3,100만 크로네를 스웨덴의 왕립 과학 아카데미에 기부하였다. 이에 따라 아카데미에서는 이 유산을 기금으로 하여 노벨 재단을 설립하고, 기금에서 나오는 이자를 해마다 상금에 충당하는 방식을 택하여 1901년부터 노벨상을 수여하였다.

노벨상은 물리학, 화학, 생리·의학, 문학 및 평화, 경제학의 6개 부문으로 나누어, 해마다 각 선출 기관이 결정한 사람에게 상금을 수여한다. 수상식은 매년 12월 10일(노벨 사망일) 스톡홀름에서 거행되는데, 소개사는 수상자의 모국어로, 추천사는 스웨덴 어로 하며, 보통 스웨덴 국왕이 임석하여 시상하도록 되어 있다. 단, 평화상은 같은 날 노르웨이의 오슬로에서 시상된다.

수상자는 그 후 6개월 이내에 수상 업적에 관한 강연을 할 의무가 있으며, 강연 내용의 저작권은 노벨 재단에 귀속된다. 상은 금메달·상장·상금으로 구성되는데, 상금은 이자율의 변동, 수상 해당자가 없었을 때의 기금의 증가 등으로 매년 그 금액이 다소 다르다. 또, 한 부문의 수상자가 2명 이상일 경우 해당 부문에 돌아온 상금을 나누어 주도록 되어 있다.

2000년 노벨 평화상은 한국과 동아시아에서 민주주의와 인권을 위해, 그리고 특히 북한과의 평화와 화해를 위해 노력한 김대중 전 대통령이 한국인 최초로 수상하였다.

마리 퀴리

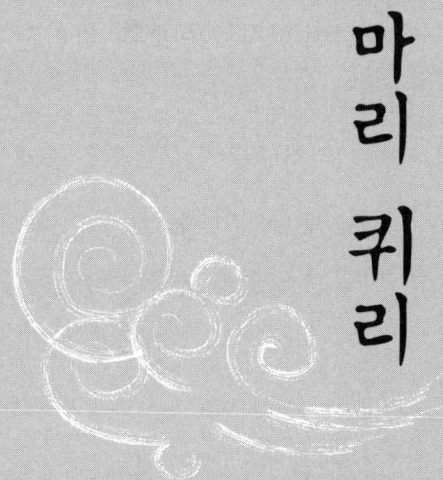

마리 퀴리(1867년~1934년)

폴란드에서 태어난 프랑스의 물리학자이며 화학자다.
결혼 후, 남편 피에르 퀴리와의 공동 연구로
1903년 노벨 물리학상을 받았다.
남편이 죽은 뒤에도 연구를 계속했다.
1911년, 라듐과 폴로늄의 발견으로 노벨 화학상을 수상했고,
여성 최초로 파리 팡테옹 신전에 묻혔다.

햇살이 따사로운 오후, 마리는 책상 의자에 앉아 골똘히 생각하고 있었습니다.

"모든 사람들에게 도움을 줄 수 있고 더 깊은 지식을 줄 수 있는 연구여야 해."

마리는 입술을 깨물며 다짐했습니다.

남편 피에르는 마리에게 여러 가지 도움을 주며 함께 연구를 했습니다.

그 무렵, 독일의 뢴트겐이 엑스선을 발견하였다는 소식을 접하게 되었습니다. 엑스선의 발견으로 사람의 몸 속을 살펴볼 수 있게 되었습니다.

"또다른 방사선은 없을까?"

마리 퀴리뿐 아니라 많은 물리학자들은 고민했습니다.

그 중 파리의 물리학자인 앙리 베크렐은 연구에 연구를 거듭한 결과 새로운 것을 발견했습니다.

"바로 이거야!"

베크렐이 발견한 것은 우라늄의 화합물이 햇빛 따위의 빛을 받지 않고도 스스로 빛을 낸다는 사실이었습니다.

마침, 베크렐이 발표한 보고서를 읽은 퀴리 부부는 놀라워했습니다.

"베크렐이 발견한 그 빛의 성질은 무엇일까요?"

그러나 그 빛의 성질을 밝혀 내는 일은 결코 쉬운 일이 아니었습니다.

전에 아무도 연구한 사람이 없었기 때문입니다.

"여보, 나는 사람들을 위해 꼭 이 물질을 발견하고 싶어요. 아무리 힘들어도 참아 볼 거야."

마리가 눈을 빛내며 남편 피에르를 바라보았습니다.

피에르는 마리를 안으며 다정하게 말했습니다.

"당신은 잘 할 수 있을 거야. 나도 당신이 하는 연구를 도와 줄게. 포기하지 말고 열심히 합시다."

마리는 고개를 끄덕였습니다.

그러나 마리는 연구할 실험실이 없었습니다.

"그런데 걱정이네요. 실험실이 없잖아요."

마리의 어려운 사정을 알게 된 학교 교장은 낡은 창고를 빌려 주었습니다.

낡은 창고에는 먼지만 수북하게 쌓여 있을 뿐, 실험할 기구는 하나도 없었습니다.

"이런 곳이라도 생겼으니 다행이에요. 그런데 이렇게 습기가 많은 곳에서 실험이 제대로 될지 모르겠네요."

마리는 창고를 깨끗하게 치우고 실험 기구들을 가져다 놓았습니다. 그리고 밤낮을 가리지 않고 우라늄 화합물에서 나오는 이상한 광선을 측정했습니다.

"당신, 이제 잠 좀 자구려. 그러다가 병이라도 나면 어쩌려고 그래?"

피에르는 마리가 걱정이 되었습니다. 거의 잠을 자지 않고 연구를 하는 마리가 안쓰럽기도 했습니다.

"괜찮아요. 걱정 말아요."

마리는 환하게 웃어 보였지만 얼굴에는 피곤한 기색이 가득했습니다.

그리고 결국, 마리는 우라늄과 토륨이 광선을 내뿜는다는 사실을 발견했습니다.

"아, 이거야, 이거라고. 이 이름을 '방사능' 이라고 지어야겠어."

마리는 이 작고 신기한 것의 힘을 알아보려고 여러 가지 광물에서 방사능을 측정해 보았습니다. 측정을 계속 할수록 놀라운 사실들이 밝혀졌습니다.

"우라늄이나 토륨이 있는 광물에서만 방사능이 검출되는구나."

마리는 방사능이 검출되는 광물을 가지고 그 속에 들어 있는 우라늄과 토륨의 양을 재어 보았습니다.

"우라늄과 토륨보다 더 강한 방사능을 가진 알려지지 않은 물질이 있을 거예요. 이 물질을 찾아 세상에 알리는 것은 아주 중요해요."

마리는 더 열심히 연구를 했습니다. 잠을 자기는커녕 끼니를 챙겨 먹지 못하는 날도 많았습니다.

그러던 어느 날이었습니다.

"아, 바로 이거야!"

마리는 기뻐서 소리쳤습니다.

"당신, 정말 수고 많았소."

피에르는 마리의 연구에 박수를 보냈습니다.

1898년 4월 12일, 마리는 피치블렌드라는 광물에 강력한 방사능이 있다는 연구 결과를 발표했습니다. 그러나 다른 사람들은 그것을 믿지 않았습니다.

마리는 자신이 발견한 것을 믿지 않는 사람들에게 이 새로운 원소를 보여 주어야겠다는 책임감이 생겼습니다. 남편 피에르는 자신의 일을 중단하고 더 적극적으로 마리의 연구에 도움을 주었습니다.

그리고 그들의 연구는 계속되었습니다.

"드디어 우리가 발견했어요."

1898년 7월, 새로운 물질을 발견하기 위해 애쓰던 퀴리 부부는 새로운 물질은 한 개가 아니라 두 개라는 것을 알아 냈습니다.

"우리 이것의 이름을 폴란드의 이름을 따서 '폴로늄'이라고 해요."

러시아에게 자유를 빼앗긴 조국 폴란드를 생각하며 마리는 눈물을 지었습니다.

마리는 새 원소를 발견한 연구 보고서를 폴란드에 보냈습니다. 그래서 바르샤바와 파리에서 동시에 그 내용이 발표되었습니다.

그 후에도 퀴리 부부는 연구를 게을리하지 않았습니다.

실험실에 불을 밝히고 새로운 또 하나의 물질을 발견하기 위하여 연구했습니다.

1899년 12월 26일, 퀴리 부부는 새로운 방사성 물질에 새 원소가 포함되어 있다는 연구 결과를 과학 아카데미에 보고했습니다.

그것에 '라듐'이라는 이름을 붙였으며, 이 라듐의 방사선은 굉장할 것이라는 발표였습니다.

많은 과학자들이 이 발표에 관심을 보였습니다. 그러나 라듐을 본 적이 없는 과학자들은 의문을 가졌습니다. 퀴리 부부조차 라듐을 본 적이 없기 때문에 사람들이 믿지 못하는 것은 당연하다고 생각했습니다.

"원자량을 알아야 해."

퀴리 부부는 피치블렌드를 구하기 위해 여기저기에 알아보았습니다.

그러다가 보헤미안 사람들이 유리를 만드는 데 피치블렌드를 사용한다는 것을 알았습니다. 그런데 그들은 유리를 만드는 데 필요한 우라늄만 빼고 나머지 부분은 모두 숲 속에 버렸습니다.

퀴리 부부는 찌꺼기들을 운반해 실험에 들어갔습니다. 피치블렌드 찌꺼기를 잘게 부수고 체를 쳐 솥에 넣고 끓였습니다. 끓는 솥에서는 독한 가스가 나와 기침이 계속해서 나왔습니다.

"라듐은 어디에 있는 걸까? 얼마나 더 끓여야 하지?"

퀴리 부부는 오로지 라듐만을 생각하며 이야기하고 연구를 해 나갔습니다.

4년이라는 시간이 흘렀습니다.

피치블렌드를 가지고 연구를 했지만 라듐은 모습을 나타내지 않았습니다.

마리와 피에르는 지쳐 갔습니다. 생활도 어려워졌습니다. 마리는 영양 실조까지 걸렸습니다.

그 때, 스위스의 제네바에서 피에르를 교수로 임명하겠다는 소식이 왔으나 퀴리 부부는 라듐을 발견하기 위해 정중하게 사양했습니다.

연구에 연구를 거듭한 결과 마침내 1902년 3월, 마리는 광석의 찌꺼기 속에서 라듐을 발견했습니다.

실험실에서 라듐은 고운 빛깔을 뿜어 내고 있었습니다.

세계 여러 나라에서 축하한다는 편지를 보내 왔습니다.

라듐은 열을 내어 자기와 같은 무게의 얼음을 금방 녹였습니다. 유리 상자 안에 놓아 두면 유리를 보랏빛이나 자줏빛으로 바꾸어 놓았고, 어둠 속에서도 글자를 읽을 수 있을 만큼 밝았습니다.

사람들은 라듐을 병을 치료하는 데 사용했을 뿐만 아니라 진짜 다이아몬드와 가짜 다이아몬드를 구별하는 데에도 이용하였습니다.

사람들의 가슴에는 희망이 부풀고 있었습니다.

1903년, 마리는 파리 대학에서 이학 박사 학위를 받았고, 그 해 12월에는 스웨덴 왕립 과학 학사원이 주는 노벨상 수상자로 결정되었습니다.

그 후, 피에르가 갑작스런 사고로 죽었지만 마리는 연구를 계속했습니다.

몇 년 후, 더욱 순수한 라듐을 뽑아 내는 데 성공한 마리는 두 번째 노벨상을 받았습니다.

　1914년 7월, 마리가 그렇게도 원하던 '퀴리 라듐 연구소'가 정부의 도움으로 세워졌습니다.

여성 노벨상 수상자

호지킨은 영국의 화학자로, 1964년 비타민 B_{12}의 구조를 결정한 공로로 노벨 화학상을 받았다.

메이어는 독일의 물리학자로, 독일의 옌젠, 미국의 위그너와 함께 원자핵이 지닌 미세한 성질을 양성자와 중성자로 이루어진 껍질 구조로 설명하여, 1963년 노벨 물리학상을 받았다.

마리 퀴리는 노벨 물리학상(1903년), 노벨 화학상(1911년)을 받았다.

탄수화물의 신진대사와 효소, 그리고 효소 부족으로 일어나는 어린이의 질병을 연구한 코리는 1947년 노벨 화학상을 탈 때까지 교수로 임명되지도 못하고 있었다.

마리 퀴리의 딸 이렌 졸 리오는 제1차 세계 대전 당시 10대의 우상과 같은 존재였다. 그녀는 인공 방사능을 발견한 공으로 1935년 노벨 화학상을 받았다.

얠로는 1977년 노벨 의학 및 생리학상, 매클린턱은 1983년에 노벨 의학 및 생리학상을 받았다.

몬탈치니는 미주리주 세인트루이스의 워싱턴 대학에서 행한 연구로 1986년에 노벨 과학상을 받았다.

엘리언은 약물 요법에 의한 중요한 원리를 발견하여 1988년에 노벨상을 받았다.

뉘슬라인 폴하르트는 초기 배 발생에 의한 유전적 제어에 관한 연구러 1995년에 노벨상을 받았다.

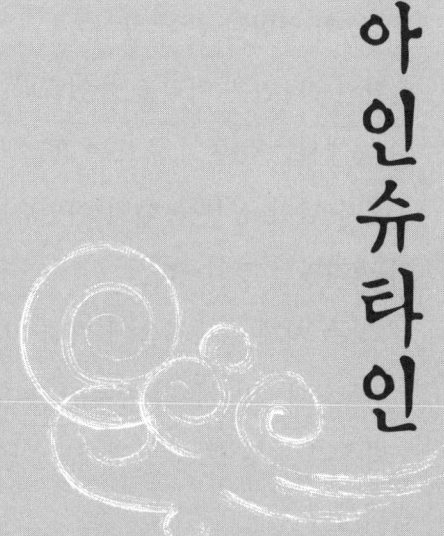

아인슈타인

아인슈타인(1879년~1955년)

미국의 이론물리학자다.
독일에서 태어났으나, 유대 인이란 이유로
히틀러에게 추방되었다. 광양자설, 상대성 이론,
특수 상대성 이론, 통일장 이론 등을 발표하였고,
1921년 노벨 물리학상을 받았다.
과학자뿐 아니라, 시오니즘 운동 지지자,
평화주의자로서도 활발히 활동했다.

"오빠! 엄마랑 같이 왔어."

아인슈타인은 머리를 들었습니다. 어머니를 본 아인슈타인의 눈에서는 눈물이 주르륵 흘러내렸습니다.

혼자 남아 공부를 했던 아인슈타인에게 그 동안의 외로움이 밀려왔던 것입니다.

"저는 이제 김나지움에 가지 않을 거예요. 그 곳이 아니더라도 저는 얼마든지 공부할 수 있어요."

가족이 모두 모인 자리에서 아인슈타인은 자신 있게 말했습니다.

그렇게 말한 아인슈타인은 곧 학교와 선생님의 구속에서 벗어나 자유로움을 만끽했습니다.

그리고 얼마 후, 스위스의 취리히 공과 대학에 들어가기 위한 시험을 보게 되었습니다.

아인슈타인은 수학과 물리에서는 최고 점수를 받았지만 다른 과목은 0점에 가까운 낙제 점수를 받았습니다. 당연히 불합격이었습니다.

그런데 아이슈타인에게 뜻밖의 행운이 따랐습니다.

"자네는 수학과 물리에 아주 뛰어난 재능이 있었네. 자네의 재능이 아깝기 때문에 고등 학교만 졸업하고 오면 자네를 받아 주겠네."

아인슈타인은 고마움을 느꼈습니다. 그래서 스위스 취리히 대학 학장의 소개로 고등 학교에 들어갔습니다. 그리고 김나지움에 있었던 때보다 즐겁게 공부를 했습니다. 그리고 일 년 뒤, 아인슈타인은 취리히 대학에 들어갈 수 있었습니다.

수학과 물리학에 뛰어난 재능이 있던 아인슈타인에게 교수님들이 말했습니다.

"자네는 수학에 뛰어난 재능이 있어. 수학을 공부해 보지 그러나?"

그러나 아인슈타인은 고개를 절레절레 저었습니다.

"수학도 좋아하지만 저는 물리학을 공부할 것입니다."

아인슈타인은 자신의 의지대로 물리학을 공부했습니다.

그러나 졸업을 해도 취직할 곳이 없었습니다. 아인슈타인은 학교의 임시 교사와 가정 교사를 하면서 겨우 생활을 해 나갔습니다.

그리고 특허국의 직원을 구한다는 공고를 보고 시험에 응시했습니다. 마침내 아인슈타인은 특허국에 취직을 했습니다. 이것은 친구인 그로스만의 덕이 컸습니다. 아인슈타인은 두고두고 친구의 고마움을 잊지 않았습니다.

특허국에서 하는 일은 발명품에 대한 특허를 내 주는 것이었습니다.

특허국에서 아인슈타인은 꼬박 자리에 앉아 일을 해야만
했습니다.

처음에는 자신의 연구를 할 수 없을 정도로 일을 익히는 데
바빴습니다. 그러나 일이 조금 익숙해질 무렵, 아인슈타인은
근무 후에 피곤한 몸으로 연구를 했습니다. 또 일하는 시간에
도 짬을 내어 연구할 수 있었습니다, 이렇게 연구하여 발표한
논문은 대단한 관심을 불러 일으켰습니다. 이전에 볼 수 없었
던 아주 새로운 내용이었기 때문입니다.

이 시기에 아인슈타인의 상대성 이론도 발표되었습니다.
그래서 1905년을 '기적의 해'라고 부릅니다.

이 때 발표한 논문 중에는 '특수 상대성 이론'과 박사 학위
를 받은 '분자 운동의 이론', 노벨 물리학상을 받은 '광양자
이론'이 있었습니다. 특히 상대성 이론은 물리학뿐 아니라
다른 분야에서도 꼭 필요한 연구 분야였습니다.

상대성 이론은 아주 엉뚱한 상상에서 나오게 되었습니다.
상대성 이론이란 달리고 있는 기차가 있습니다. 그 기차에서
사과를 한 개 떨어뜨리면 바로 아래로 떨어집니다. 그 기차가
달리지 않고 있어도 사과를 떨어뜨리면 바로 그 아래에 떨어
집니다. 그것을 본 사람들은 기차의 움직임을 느낄 수 없습니
다. 그래서 기차가 움직이고 있는지 아닌지를 느끼는 것은 자

신의 처한 상황에 따라 상대적이라는 것입니다. 상대성 이론은 갈릴레이의 이론을 바탕으로 하고 있습니다.

아인슈타인의 특수 상대성 이론이 발표되었을 때, 과학자들은 관심이 없었습니다.

그러나 상대성 이론에 관심을 기울이는 사람이 있었습니다. 다름 아닌 독일의 유명한 물리학자며, 베를린 대학의 교수였던 막스 플랑크였습니다. 그는 양자 이론으로 노벨 물리학상을 받기도 했습니다. 막스 플랑크는 아인슈타인의 이론을 지지하는 태도를 보였고, 그의 조수로 있는 막스 폰 라우에도 상대성 이론에 관심이 있었습니다.

어느 날, 라우에는 특허국에서 일하고 있는 아인슈타인을 찾아갔습니다.

주변을 두리번거리던 라우에는 방에서 나오는 허름한 차림의 남자를 보았습니다. 설마 그 사람이 위대한 과학자라고는 생각하지 않았습니다.

"혹시 당신이 아인슈타인 씨입니까?"

"네, 그렇습니다. 그럼 당신은 라우에 씨입니까?"

두 사람은 마주 앉아 이야기를 시작했습니다. 라우에는 아인슈타인의 논문을 읽고 이해하기 힘들었던 부분에 대해 질문했습니다. 아인슈타인은 아주 쉽고 친절하게 설명해 주었습니다. 이런 아인슈타인을 보면서 라우에는 감동을 받았습니다. 겉모습만 보고 실망했던 자신을 크게 꾸짖었습니다.
 그 후, 라우에는 상대성 이론을 소개하는 데 열심이었습니다. 그리고 아인슈타인과도 가깝게 지냈습니다.
 또한 취리히 공과 대학에서 수학을 가르치던 헤르만 민코프스키 교수도 아인슈타인의 논문을 읽고 감동을 받았습니다. 그래서 아인슈타인의 상대성 이론을 지지하는 논문을 발표하였습니다. 이 때문에 아인슈타인의 상대성 이론을 많은 사람들이 알게 되었습니다.
 1907년 11월의 어느 날은 아인슈타인에게 잊을 수 없는 날이었습니다. 그 날은 아인슈타인에게 '일생에서 가장 멋진 생각이 나온 날' 이었던 것입니다.

> 공기의 저항을 받지 않고 중력의 작용으로만 떨어지는 사람이 있다면, 그 사람은 떨어지는 동안 자신의 무게를 전혀 느끼지 못할 것이다.
> 사람이 떨어질 때는 가속도를 가진다. 그러므로 떨어지는 사람에게 나타나는 모든 현상은 가속도 때문일 것이다.

 무중력 상태, 이것은 우주 비행사가 우주에서 경험하는 것으로 아인슈타인은 훨씬 먼저 생각하고 있었던 것입니다.

아인슈타인은 이 단순한 생각으로 특수 상대성 이론에서부터 중력의 이론, 일반 상대성 이론까지 깊이 연구했습니다. 이 문제를 풀기 위해서 아인슈타인은 더 많은 시간이 필요했습니다.

아인슈타인은 쉬지 않고 연구를 했지만 여덟 시간을 특허국에서 일하는 직장인으로서는 연구에 전념하기가 쉽지 않았습니다.

'이렇게 하다가는 연구를 할 수 없어. 결단을 내려야 할 것 같아.'

아인슈타인은 연구와 일 사이에서 고민을 했습니다.

그러다가 사강사(독일계 대학에만 있는 독특한 제도로 업적에 따라 교수가 될 수 있는 자리)가 되었습니다. 그러나 아인슈타인은 여전히 낮에는 특허국에서 일하고 밤에는 대학에서 강의를 해야만 했습니다.

그리고 얼마 후, 아인슈타인은 취리히 대학의 물리학 교수가 되었습니다. 아인슈타인은 학생들에게 사랑받는 교수였습니다. 준비해 온 자료만 그대로 읽는 교수가 아닌 창의적인 강의를 하기 때문에 수업에 참여하는 학생들은 흥미진진했습니다.

그러나 아인슈타인은 학생들을 가르치는 일도 중요했지만 무엇보다도 연구할 시간이 많아지길 원했습니다.

그리고 얼마 후, 다시 프라하 대학 교수로 자리를 옮겼습니다. 그러나 거기서도 오래 있지 못하고 스위스로, 그리고 독일로 자리를 옮겼습니다.

아인슈타인이 독일 베를린으로 온 지 얼마 지나지 않아, 제1차 세계 대전이 일어났습니다. 전쟁으로 유럽의 모든 것들은 엉망이 되었습니다.

아인슈타인은 어떠한 전쟁이라도 일어나서는 안 된다고 생각했습니다. 그래서 유럽의 평화를 바라는 선언서에 서명을 하기도 했습니다. 그것은 아주 위험한 일이었지만 아인슈타인은 굽힘 없이 자신의 의지대로 했습니다.

그럼에도 불구하고 전쟁이 끝난 후, 여러 사람들은 독일 출신이라는 이유로 아인슈타인을 미워했습니다.

그리고 독일인은 아인슈타인이 유대인이라는 이유로 미워했습니다. 아인슈타인은 어디에도 설 수 없었습니다.

그러나 아이슈타인은 평화를 호소했습니다. 그리고 곧 미국으로 건너갔습니다.

얼마 후 제2차 세계 대전이 일어났습니다.

독일에서 원자 폭탄을 개발한다는 소식을 듣고, 아인슈타인은 큰 결심을 했습니다. 미국에서 먼저 원자 폭탄을 만들자고 건의한 것입니다. 원자 폭탄을 만드는 데는 아인슈타인의 이론이 많이 반영되었습니다.

그러나 독일에서는 원자 폭탄을 만들지도 않았고, 결국 미국의 원자 폭탄은 일본 상공에 떨어져 수많은 인명 피해를 낳았습니다.

"사람들을 해치면 안 돼!"

아인슈타인은 평화를 울부짖었습니다.

맨해튼 계획

1939년, 독일의 과학자 오토 한과 슈트라스만, 마이트너가 우라늄의 핵분열 사실을 밝혀 냈다.

이렇게 분열된 우라늄의 핵은 아인슈타인의 이론에 근거해 엄청난 양의 에너지를 만들 수 있었다.

아인슈타인은 이 연구 결과를 듣고, 루스벨트 대통령에게 직접 편지를 썼다.

미국이 독일보다 먼저 원자 폭탄을 만들지 않으면 전세계가 위험해질 것이라는 내용이었다.

이렇게 해서 미국은 원자 폭탄의 개발에 착수했고, 이 연구를 '맨해튼 계획' 이라고 한다.

독일도 하이젠베르크를 중심으로 핵폭탄 연구에 들어갔으나, 뜻대로 진행되지는 않았다.

그리고 드디어 1945년 7월 16일, 뉴멕시코주 아라마고드에서 사상 최초로 원자 폭탄 실험이 성공했다.

하지만 아인슈타인은 원자 폭탄의 존재만으로 위협이 되므로, 실제 전쟁에는 사용하지 말라고 주장했다.

그러나 아인슈타인의 제안은 받아들여지지 않았다. 1945년 8월 6일, 우라늄을 이용한 최초의 원자 폭탄이 히로시마에, 8월 9일에는 나가사키에 플루토늄으로 만든 수소 폭탄이 투하되었다. 즉시 사망한 사람만 20만 명이 넘는 최악의 학살이었다.

아인슈타인은 이 소식을 전해 들은 뒤 이렇게 말했다고 한다.

"오직 두 가지만 영원하다. 우주와 인간의 어리석음."

석주명

석주명(1908년~1950년)

42살의 젊은 나이로 사망하기까지
나비 연구에 온 힘을 쏟은 나비학자다.
그는 75만여 마리의 우리 나라 나비를 채집하여 정리했다.
그렇게 완성된 책은 영국 왕립 학회 도서관에 소장되어,
일제 침략으로 슬픔에 잠긴 우리 민족에게 큰 기쁨이 되었다.
수노랑나비, 지리산팔랑나비 등은 그가 처음 이름붙인 나비다.

'난 우리나라를 세계 제일의 낙농 국가로 만들고 말 테야.'
일본으로 가는 배에 오른 석주명은 다짐을 했습니다. 그러나 석주명은 2학년으로 올라갈 무렵, 동물이나 식물을 연구할 수 있는 과로 바꿨습니다.

여름 방학이 되면 석주명은 선생님을 따라 친구들과 곤충 채집을 하러 다녔습니다.

비 오는 날, 선생님이 말했습니다.

"지금 자네들이 곤충을 잡아 오면 큰 상을 주겠네."

학생들은 비 오는 날 곤충이 어디 있냐며 투덜댔습니다. 그리고 모두들 빈손으로 돌아왔습니다. 그러나 제일 늦게 돌아온 석주명의 손에는 비닐 봉지가 들려 있었습니다.

"하루살이를 잡아 왔습니다."

선생님은 석주명을 눈여겨보게 되었습니다.

"약속대로 상을 주겠네. 자네는 아주 훌륭한 곤충학자가 될 거야."

석주명은 그 칭찬에 우쭐하지 않고 조용히 다짐했습니다.

'우리 생활과 밀접한 관련이 있는 곤충을 연구해 보자.'

그러던 중 일본인 스승이 석주명을 불렀습니다.

"자네를 부른 이유는 내가 한 마디만 하고 싶어서네."

석주명은 눈을 반짝이며 스승의 말을 듣고 있었습니다.

"조선의 나비를 연구해 보게. 한 십 년만 파고든다면 세계 제일의 학자가 될 수 있을 걸세."

그 날, 석주명은 잠을 잘 수가 없었습니다.

'십 년이라. 십 년만 연구하라고? 그래, 해 보는 거야.'

석주명은 입술을 깨물며 결심을 했습니다.

그 때부터 석주명은 나비를 연구하는 데에 온갖 노력을 기울였습니다.

그리고 고국으로 돌아온 뒤에는 모교에서 박물 교사로 일했습니다.

그러나 석주명이 연구하는 데에 여러 가지 제약이 있었습니다. 그 때 당시는 일제의 지배하에 있었기 때문에 하고 싶은 것들을 할 수 없었습니다.

그러나 석주명은 희망을 가졌습니다.

'어둠이 지나면 반드시 태양이 떠오른다.'

석주명은 모교에 연구실을 마련하고 거기서 생활하다시피 하며 연구에 몰두했습니다.

또 석주명은 불의를 보고는 그대로 넘어가지 않는 성격이었습니다.

어느 날이었습니다.

연구실로 가는 길에 학생들이 옆집 마당을 들여다보고 있었습니다. 그 곳에는 젊은 처녀가 일을 하고 있었는데 그것을 훔쳐보고 있었던 것입니다.

"거기서 뭐 하는 거요?"

석주명은 아주 호되게 야단을 쳤습니다. 학생들 중에는 장가를 간 사람도 있었고, 석주명보다 나이가 많은 사람도 있었습니다.

혼이 난 학생들은 석주명에게 사과를 받아야 한다는 의견이 모아졌습니다. 석주명이 연구실에서 나오기를 기다렸지만 석주명은 나올 생각을 하지 않았습니다.

한참 후에 나온 석주명은 오히려 큰 소리를 치며 또 야단을 쳤습니다. 학생들은 나이가 어려 얕보았던 석주명에 대해 다시 생각하게 되었습니다. 의지가 굳은 사람, 생각이 있는 사람으로 여기게 되었던 것입니다.

석주명은 곧 개성 지방을 중심으로 나비 채집을 하기 시작했습니다. 또한 학생들에게는 방학 때마다 나비 채집을 숙제로 내주었습니다.

석주명이 산과 들로 나비를 채집하러 다니는 모습은 개성 사람들에게 낯선 모습이 아니었습니다.

"공부를 가르치는 선생님이 뭐 할 일이 없어서, 쯧쯧."
"그러게 말이야. 점잖은 선생님이 저게 뭐야?"

사람들은 석주명에게 나비를 잡아서 뭐 하냐고 자꾸 물었지만 석주명은 웃기만 했습니다. 그러다가 석주명이 연구하는 학문을 조금이라도 이해하는 사람이 생기면 석주명은 말하곤 했습니다.

"남들이 하지 않으니까 내가 해야지요."

"그래도 선생님, 나비를 연구해서 돈을 벌 수는 없지 않습니까?"

그러나 석주명은 남들이 뭐라고 하든지 상관하지 않고 나비 연구에만 몰두했습니다.

'난 조선 나비 연구를 더 열심히 할 거야. 그것이 우리 조선을 위한 일이고 또 나를 위한 일이야.'

석주명은 다짐하고 또 다짐했습니다.

석주명과 제자들에 의해 다양하고 많은 나비들이 모아졌습니다. 석주명과 제자들은 나비들을 분류하고 표본으로 만들기 위해 노력했습니다. 오동나무로 만든 표본 상자가 진열장에 가득 채워졌습니다. 그리고 표본들을 삼각지에 넣어 채집 날짜와 장소를 적은 뒤, 한 곳에 담아 천장에 매달거나 벽에 걸어 두곤 했습니다.

석주명이 하는 나비 연구는 누구에게서 배운 것이 아니라 석주명 스스로 알아서 해야 하는 일이었습니다. 지도를 해 줄 수 있는 선배 학자도 없었고, 참고할 만한 책도 없었기 때문에 석주명 스스로가 나비를 분류하고 관찰하는 방법 등을 만들어야 했습니다. 그리고 석주명이 세운 방법대로 나비를 연구했습니다.

석주명은 수만 마리의 나비를 다 살펴보았기 때문에 슬쩍 날아가는 나비를 보아도 무슨 종류의 어떤 나비인지 금방 알 수 있었습니다.

석주명은 일본 학자들이 만들어 놓은 곤충 도감들의 잘못된 점을 학계에 밝혔습니다.

석주명은 일생 동안 직접 확인을 통해 총 844가지나 되는 엉터리 나비 이름을 없앴습니다. 석주명의 연구에는 제자들의 도움도 컸습니다. 석주명은 그런 제자들에게 말하곤 했습니다.

"십 년만 한 분야에 집중적으로 매달려 보십시오. 그것도 남이 잘 하지 않는 일을 골라 하면 반드시 뭔가를 이룰 수 있을 것입니다."

우연한 기회에 미국의 지질학자 모리스의 소개로 석주명의 연구가 다른 나라에 알려지게 되었고, 연구비를 지원받을 수 있게 되었습니다.

그 때부터 더욱 연구에 몰두할 수 있었습니다. 밥을 먹을 때도 생선같이 가시를 골라 내야 하는 반찬은 시간이 오래 걸려 먹지 않았습니다.

"시간을 아껴야 합니다. 학문을 하기 위해서는 시간을 아끼는 것이 무엇보다도 중요합니다."

석주명은 제자들에게 늘 이렇게 말하곤 했습니다.

석주명은 친구들이 찾아와도 10분 이상은 이야기하지 않았고, 새벽 2시 전에는 절대로 잠을 자지 않았습니다.

석주명의 나비 연구는 뜻한 대로 진행되었고, 국제적으로도 인정받는 나비학자가 되었습니다. 영국 왕립 아시아 학회가 석주명에게 '조선산 나비 총목록'의 집필을 의뢰할 정도였습니다. 그의 나이 겨우 서른 살 때였답니다.

석주명은 실증적인 연구로 직접 나비를 일일이 만져 보면서 논문을 집필했습니다. 석주명은 나비 연구에 있어서만은 열정이 대단한 사람이었던 것입니다.

나비

우리 나라의 나비류는 영국인 버틀러에 의해 처음으로 18종이 학계에 알려졌다. 이후 휙슨에 의해 93종이, 그리고 리치에 의해 114종의 나비류가 발표되면서 우리 나라 나비의 분포는 구체적인 윤곽을 드러냈다.

그 뒤 우리 나라가 1910년 일본에 나라를 빼앗기면서 많은 일본인들에 의해 한국산 나비가 연구되기 시작하였다. 도이, 오카모도, 모리, 마쓰무라, 가미조 등이 대표적인 인물이다. 이 일본인 학자들의 연구 결과로 183종의 한국산 나비가 알려지게 되었다.

국내에서는 처음으로 조복성이 '울릉도산 인시류' 라는 논문을 1929년에 발표한 바 있다. 또한 조복성은 도이, 모리 등과 함께 우리 나라 최초의 나비 해설 도감을 냈다.

이어서 석주명이 1939년에 출간한 책은 혼란스럽기만 했던 학명의 동종이명을 체계적으로 정리했다.

석주명의 갑작스런 죽음 이후에도 조복성을 비롯한 김창환, 이승모, 박세욱, 신유항 등에 의해서 많은 연구 결과가 발표되었다. 근래에 와서는 주흥재와 남상호에 의한 원색 생태 도감이 발간되어 일반 애호가들에게 좋은 지침서가 되고 있다.

현재까지 밝혀진 우리 나라의 나비는 남북한을 합하여 264종인데 이 가운데에는 토착종이 253종이다.

국내에서 연속적인 발생이 불가능한 미접 또는 우산접이라 불리는 종이 11종이나 된다.

스티븐 호킹

스티븐 호킹(1942년~)

영국의 우주 물리학자다.
신체의 운동 신경이 모두 파괴되어 몸이 뒤틀리는
루게릭 병에 걸렸지만, 좌절하지 않고 학문에 정진했다.
휠 체어에 앉아 음성 합성기를 통해 대화를 나누지만,
그의 학문은 넓은 우주로 나아가,
특이점 정리, 블랙홀의 증발, 양자 우주론 등
혁명적인 이론을 제시했다.

"와, 우리가 드디어 만들었어. 야호."

스티븐과 친구들이 만든 컴퓨터에 대한 소문은 금방 퍼졌습니다. 그 지역의 신문사에서도 취재를 나왔습니다.

그러나 그들은 컴퓨터를 만드는 일을 계속하지 않았습니다. 대학에 진학한 스티븐과 친구들은 전공이 달라 서로 헤어져야 했기 때문입니다.

스티븐은 옥스퍼드 대학에 들어갔습니다. 어린 나이에 대학에 들어간 스티븐은 많은 생각을 했습니다. 대학생들은 놀기만 할 뿐 배우는 것, 공부하는 것에는 게을리하는 것 같았습니다.

"정말, 이상하군. 공부를 해야 할 때 왜 사람들은 놀기만 하는 것일까?"

스티븐은 물리학과 천문학에 관심이 많았습니다. 그러나 자신의 공부는 충실히 하면서도 대학 생활에 흥미를 느끼지 못하고 있었습니다.

그러던 어느 날이었습니다.

"바로 저거야."

스티븐이 발견한 것은 조정 경기였습니다.

배를 타고 바다를 가르는 그 운동은 체격이 작은 스티븐에게 많은 힘을 요구하기 때문에 어려움이 따르는 운동이었습니다. 그러나 스티븐은 당당하게 조정 코치에게 갔습니다.

"저는 조정을 해 보고 싶습니다."

그러자 조정 코치 선생님은 한참을 고민했습니다. 공부벌레같이 생긴 외모에 마른 체구. 무엇으로 보나 운동과는 어울릴 것 같지 않아서였습니다.

그러나 마침내 허락을 해 주었습니다.

그 때부터 스티븐은 조정부에서 가장 작은 선수가 되었습니다. 스티븐은 키잡이 선수였습니다. 키잡이 선수는 노를 젓지 않고 배 앞에 앉아 지시를 하는 선수입니다. 이 역할에는 몸무게가 가장 적게 나가면서 목소리가 크고, 다른 선수를 지휘할 줄 아는 사람이 맡아야 했는데, 스티븐에게 딱 알맞았습니다. 스티븐은 조정부에서 누구보다도 열심히 운동을 했습니다.

시들시들했던 대학 생활이 모처럼 즐거워졌습니다.

공부만 열심히 하던 스티븐의 변한 모습을 본 친구들은 모두 놀라워했습니다.

"쟤, 말더듬이 아니었니? 안경 쓰고 책만 읽던데. 그런 애가 어떻게 저렇게 변하니?"

스티븐은 조정을 하면서 책을 읽을 때와 다른 즐거움을 느끼고 있었습니다. 그러나 그 즐거움도 잠시였습니다. 스티븐의 몸 상태가 심상치 않았기 때문입니다.

스티븐은 자신이 아프다는 걸 아예 믿지 않으려 했습니다. 계단을 내려가다가 쓰러진 적이 몇 번 있었지만 그렇게 심각하게 받아들이지 않았던 것입니다. 그랬기 때문에 병원에 가는 것을 자꾸만 미루던 참이었습니다.

그러던 어느 날, 스티븐에게 큰 사고가 일어났습니다. 계단을 내려오던 스티븐이 넘어져 크게 다친 것입니다.

병원에 간 스티븐을 진찰한 의사는 고개를 갸웃거렸습니다. 분명히 무슨 병에 걸리긴 했는데, 정말 알 수 없는 병이었기 때문입니다.

몇 가지 진찰을 더 해 본 스티븐은 어머니를 안심시키려고 노력했습니다.

"걱정 마세요. 아무 일도 없을 거예요."

어머니는 아무 탈 없이 공부를 잘 하는 스티븐이 늘 자랑스러웠습니다. 그런데 갑자기 다리에 힘을 잃은 아들을 보면서 걱정이 이만저만 아니었습니다.

그러나 며칠 후 병원을 찾았을 때 스티븐과 어머니는 엄청난 소식을 듣게 되었습니다.

"지금 스티븐은 근위축성 측삭경화증, 즉 루게릭병에 걸렸습니다."

"뭐라고요? 그게 무슨 병인가요?"

어머니는 너무 놀라 의사에게 물었습니다.

의사의 표정은 아주 심각했습니다. 그리고 말하는 것을 조심스러워했습니다.

"음, 몸의 신경이 약해져 근육이 약해지는 병입니다. 처음에는 손과 발의 근육이 약해지다가 나중에는 온몸으로 퍼지는 병입니다. 그리고……."

의사는 말을 멈췄습니다.

그리고 스티븐은 정밀한 검사를 받기 위해 다른 방으로 갔습니다.

"저, 스티븐 어머니, 스티븐은 아마 몇 년 못 살 것 같습니다. 이 병에 걸리면 5년 이상 살기가 힘듭니다."

의사의 말에 스티븐 어머니는 눈물만 흘릴 뿐이었습니다.

그러나 이런 상황에서도 스티븐과 스티븐의 가족은 희망을 버리지 않았습니다.

친구들 사이에도 금세 소문이 퍼졌습니다.

"얘들아, 스티븐이 말야, 글쎄 스티븐이……."

"스티븐이 오래 살지 못한다며?"

그 이야기를 듣고 있던 제인은 깜짝 놀랐습니다.

제인은 스티븐을 좋아하고 있었기 때문입니다.

제인은 사람들 몰래 눈물을 흘리며 기도를 드렸습니다.
"하느님, 제발 스티븐의 병을 낫게 해 주세요."
시간이 지날수록 스티븐은 걷기조차 힘들게 되었습니다. 그런 그의 곁에 제인이 다가왔습니다. 스티븐 역시 제인에게 좋은 감정을 품고 있었기 때문에 두 사람은 빨리 가까워졌습니다.
마침내 두 사람은 결혼을 하게 되었습니다.
그리고 제인은 스티븐의 손과 발이 되어 스티븐이 하는 연구를 도왔습니다. 사람들은 헌신적인 아내 제인을 보고 칭찬했습니다.
스티븐이 자료를 찾아 정리하면 제인은 스티븐이 시키는 대로 입력을 했습니다. 시간이 오래 걸릴 수밖에 없었습니다. 논문을 제출할 때는 마감이 임박해서야 겨우 제출할 수 있었습니다.
그런 노력으로 스티븐은 대학의 연구원이 되었으며 과학자로서의 길을 걷게 되었습니다.
"따르릉, 따르릉."
전화벨이 울렸습니다.
"여보세요."
스티븐이었습니다.

"나 상 받았어. 상금도 있어."

스티븐의 손이 되어 제인도 같이 작업한 논문이 상을 받은 것입니다.

제인은 뛸 듯이 기뻤습니다.

제인은 스티븐의 그림자가 되어 뭐든지 도와 주었습니다. 그런 제인을 스티븐은 믿고 사랑했습니다.

스티븐의 성격 때문에 스티븐을 싫어하는 사람들도 있었습니다. 스티븐은 자신이 맞다고 생각하는 것, 틀린 것에 대해서는 상대방이 스티븐을 가르치는 교수라고 해도 굽힘이 없었기 때문입니다.

그래서 교수들 중 스티븐을 싫어하는 교수도 있었지만 자신의 잘못을 인정하는 교수도 있었습니다.

"스티븐은 장차 훌륭한 과학자가 될 거야."
하면서 격려해 주는 교수도 있었습니다.

스티븐이 불편한 몸에도 불구하고 세계적인 과학자가 될 수 있었던 것은 타고난 능력도 있었겠지만 끊임없는 노력과 성실하게 자신의 능력을 계발하려고 했기 때문입니다. 엉뚱한 질문일지라도 자신의 궁금증은 풀고야 마는 끈기로 훌륭한 과학자가 될 수 있었던 것입니다.

시간 여행은 가능할까?

블랙홀은 무엇이든 빨아들이는 강력한 중력의 공간이다. 심지어 빛조차도 빠져 나올 수 없어, 그 표면이 검게 보이기 때문에 '검은 구멍'이란 이름이 붙은 것이다. 백조자리 X-1은 현재 블랙홀이라 추정되는 천체다.

일반상대성 이론에 의하면, 무엇이든 빨아들이는 세계가 있다면 반드시 그 반대의 세계, 즉 무엇이든 내뿜기만 하는 세계가 있어야 한다고 한다.

이것을 '화이트홀'이라 이름지었다. 그러나 블랙홀과는 달리, 화이트홀이 실제 존재하는가에 대해서는 아직도 의문이 많다. 그저 이론상으로만 존재하는 것이다.

화이트홀과 블랙홀을 연결하는 통로를 '웜홀'이라고 한다. 즉, '벌레 구멍'이란 뜻이다.

웜홀은 두 개의 우주를 통과하는 지름길이다. 그러므로 이 웜홀을 통해 시간 여행을 할 수 있다는 가설을 제시할 수 있다. 그러나 이론상으로 웜홀은 소립자보다 작은 크기이므로, 로켓이 지날 수 없다. 또 로켓이 웜홀을 빛보다 빠른 속도로 지나야 하는데, 현재까지 빛보다 빠르게 정보를 전달할 수 있는 물질은 발견되지 않았다. 로켓을 빛보다 빠르게 가속시키기 위해서는 무한대의 에너지가 필요한데, 그것은 현실적으로 불가능한 것이다.

그러나 사람들은 끊임없이 과거로의 여행을 꿈꾸고, 그것을 현실화하기 위해 연구를 계속하고 있다.

다나카 고이치

다나카 고이치(1959년~)

일본의 화학자며, 2002년 노벨 화학상 수상자다.
현장에서 연구를 계속하기 위해 승진 시험도 보지 않고,
만년 주임으로 있었다. 고분자 단백질 구조를
밝혀 낸 공로로 노벨상을 받게 되었지만,
여전히 평범한 샐러리맨으로 겸손하게 살고 있다.

"따르르릉, 따르르릉!"

시마즈 제작소의 텅 빈 사무실에 시끄럽게 전화벨이 울렸습니다. 퇴근을 준비하고 있던 다나카 주임은 전화를 받았습니다.

"헬로."

전화기를 통해 들려온 목소리는 뜻밖에도 외국 사람이었습니다.

"다나카 고이치 씨 좀 부탁드립니다."

"전데요……."

다나카는 약간 긴장해서 대답했습니다.

"축하드립니다, 다나카 씨! 2002년 노벨 화학상을 수상하게 되셨습니다!"

다나카는 어리둥절하기만 했습니다. 다나카는 일단 '감사합니다.'란 말을 남기고 전화를 끊었습니다.

그 때, 일제히 회사 전화가 울려 대기 시작했습니다. 각 신문사와 방송사, 그리고 속보를 보고 문의를 하는 사람들이었습니다.

"그런데 다나카 고이치가 대체 누구죠?"

노벨상 수상이 확정되어진 과학자. 그러나 일본 사람들은 그가 누구인지 잘 몰랐습니다. 과학 기술 관계자들도 다나카를 몰랐습니다.

"만년 주임이 노벨상을 탄다고? 믿을 수 없어."

"정말 다나카 주임이 노벨상을 받게 되었단 말이야? 설마……, 뭐가 잘못된 거겠지."

심지어 회사 안에 있던 사람들도 뉴스 속보를 믿지 못했습니다.

전화가 걸려 온 지 세 시간 뒤에 시마즈 제작소에서 기자 회견이 있었습니다. 사람들은 잘 알려지지 않은 사람이 세계적인 상을 받게 된 데에 상당한 관심을 보였습니다.

대부분 노벨상 수상자들은 상을 타기 이전부터 방송이나 과학 잡지에 이름과 이론이 오르내리는 사람들이었습니다.

그러나 기자 회견장에 나타난 주인공은 푸른색 작업복 차림의 평범한 남자였습니다.

다나카 고이치는 이 회사에 입사한 지 2년, 그의 나이 스물다섯 살에 단백질의 무게를 측정하는 데 성공했습니다. 이 일은 약학과 의학 분야에 많은 기여를 했습니다.

다나카가 단백질의 무게를 측정하는 데 성공한 것은 아주 우연한 일이었습니다.

당시 신입 사원 다나카가 속해 있던 연구팀은 레이저 광선으로 단백질을 분석하기 위한 연구를 하고 있었습니다.

하지만 모두들 고개를 설레설레 저었습니다.

"해 봤자 안 되는 일입니다. 단백질은 너무 열에 약해요."

"레이저 광선을 쪼이면 단백질의 복잡한 구조가 모두 조각 나 버리게 돼요."

"그러니 레이저 광선을 조금 약화시킬 수 있는 완충제를 발견해야 하네."

"휴, 벌써 2년째예요. 이젠 틀렸다고 봐야죠."

하지만 다나카는 포기하지 않았습니다. 똑같은 실험을 몇 번씩 반복하고, 또 연구했습니다. 다나카는 이렇게 같은 일을 반복하면서 아버지를 생각했습니다.

다나카 고이치의 아버지는 주로 망가진 톱을 고치는 일을 했습니다. 줄칼로 몇 시간씩 갈고 문질러야 하나의 작업이 끝났습니다.

하루 종일 몸을 웅크리고 톱을 갈고 있는 아버지의 모습은 무척 힘들어 보였습니다.

"아버지, 힘드시죠?"

다나카가 다가가 물었습니다.

"그래도 이게 우리 여섯 식구 밥줄이다."

아버지는 이렇게 말씀하시며 다시 묵묵히 일을 계속하셨습니다.

언제 끝날지 모르는, 지루하게 반복되는 일을 꾸준히 해 나가는 아버지를 보면서 다나카는 장인 정신을 배울 수 있었습니다.

그러던 어느 날이었습니다. 다나카는 여느 날과 같이 다양한 물질의 농도를 달리 하며 완충제를 실험하고 있었습니다.

"아이고, 이런."

그 때 문제가 생겼습니다. 실수로 글리세린과 코발트를 섞었기 때문입니다. 특히 코발트는 매우 비싼 것이었습니다.

하지만 다나카는 그것을 버리지 않고, 역시 완충제 실험을 하였습니다. 그리고 계속 지켜보았습니다.

그런데 의외의 일이 생겼습니다. 코발트가 레이저를 흡수하여 단백질의 구조가 깨지지 않았던 것입니다.

"드디어 알아 냈다, 알아 냈다고!"

다나카는 사람들에게 이 사실을 알렸습니다. 사람들은 다나카의 끈기에 탄성을 내질렀습니다.

다나카는 팀원들과 함께 연구를 계속했습니다. 연구에 연구를 거듭할수록 결과는 더욱더 좋아졌습니다.

우연한 실수가 엄청난 대발견을 불러온 것입니다.

다나카는 노벨상 수상식 후 있었던 인터뷰에서 이렇게 말했습니다.

"그건 그냥 우연이었습니다."

하지만 정말 우연이었을까요? 다나카는 그 우연을 이끌어 내기 위해 수많은 실험을 했던 것입니다. 다나카 고이치는 '행운은 준비하는 사람에게만 찾아온다.'는 진리를 몸소 보여 주었습니다.

단백질의 구조와 무게를 알아 내는 것은 매우 중요합니다. 특히 신약을 개발하는 데 있어서 없어서는 안 되는 과정입니다. 인간의 몸은 대부분 단백질로 구성되어 있기 때문에, 단백질을 아는 것은 인간의 몸에 걸린 병을 고칠 수도 있게 해 줍니다.

이렇게 대단한 일을 해 낸 사람은 박사가 아닌, 대학만 나온 주임이었습니다. 그는 실험하는 데 온 힘을 쏟았기 때문에 승진 시험도 보지 않았다고 합니다.

"시간이 아깝지. 시험 공부를 하는 대신 실험을 한 번 더 하겠어."

같이 들어왔던 입사 동기들이 차츰 과장이 되고 부장이 되는 동안, 다나카는 여전히 주임으로 있으면서 현장을 지켰습니다.

"다나카, 이제 노벨상도 탔으니 우리 회사의 임원으로 승진시켜 주겠네."

하지만 다나카는 단번에 거절했습니다.

"아닙니다. 현장에 남아 실험을 계속하고 싶습니다."

회사 임원들은 이 일을 두고 걱정했습니다. 노벨상 수상자가 중소 기업의 주임으로 있다는 것이 별로 어울리지 않는다고 생각했기 때문입니다.

"그럼 자네에게 '펠로'라는 지위를 주겠네."

펠로는 임원과 같은 임금을 받지만 자유롭게 연구에만 몰두할 수 있는 직책이었습니다.

다나카는 펠로라는 직책을 받아들였습니다.

여전히 겸손하고 수줍은 다나카는 세상에서 가장 유명한 샐러리맨이 되어 세상의 모든 보통 사람들 가슴에 희망을 심어 주고 있습니다.

노벨상을 거부한 사람들

노벨상을 받는다는 것은 개인으로서는 물론이거니와 국가적으로도 굉장히 기분 좋고 영광스러운 일이다.

그러나 이 노벨상 수상자로 결정이 됐음에도 불구하고, 수상을 하지 않은, 또는 못한 사람들이 있다.

히틀러는 자신의 정치를 비판했던 반나치 저술가 오시에츠키가 1935년 노벨 평화상을 수여한 데 격분했다. 그래서 이유를 불문하고, 독일인의 노벨상 수상을 금지했다.

그 이유로 1938년 화학상의 쿤, 1939년 화학상의 부테난트, 의학상의 도마크는 제2차 세계 대전이 끝나고, 히틀러가 사망한 뒤에야 상장과 메달을 받을 수 있었다.

소련의 소설가 파스테르나크는 러시아 혁명을 배경으로 사회주의에 대한 환멸을 드러낸 소설 《닥터 지바고》로 1958년 노벨 문학상 수상자가 되었다. 소련인들은 그를 국외로 추방해야 한다고 했고, 국가는 수상을 금지시켰다. 결국 그는 죽을 때까지 노벨상을 수상하지 못하는 안타까움을 맛보아야 했다.

프랑스의 소설가 사르트르는 1964년 《말》이라는 소설로 노벨상 수상이 결정되었을 때, '어떻게 문학에 서열과 등급을 매길 수 있는가?'라며 수상을 거절했다.

베트남의 르 둑 토는 베트남 전쟁의 종식을 위해 노력한 공으로 1973년 노벨 평화상 공동 수상자로 선정되었다. 그러나 조국의 전쟁이 아직 끝나지 않았다는 이유로 수상을 거부했다.

예술에서
업적을 남긴 위대한 인물

예술가들은 보통 사람들과는 조금은 다른 사람들이라고 합니다.
어쩌면 그것은 당연한 것일 수도 있습니다.
사람들에게 감동을 주는 일, 그것은 아주 어려운 일입니다.
그림을 보면서, 음악을 들으면서 우리는 감동을 받습니다.
그리고 행복해합니다.
만약, 미술 작품과 음악이 없는 세상에 산다면 어떨까요?

마르코 폴로

이황

신사임당

베토벤

톨스토이

장승업

주시경

나혜석

방정환

박수근

이태영

백남준

정 트리오

스티브 스필버그

마르코 폴로

마르코 폴로(1254년~1324년)

이탈리아의 상인이며 여행가다.
상인인 아버지와 숙부를 따라 동방 여행을 가서,
17년 간 원나라에서 살았다. 그 동안 보고 듣고 느낀 것을
《동방견문록》으로 엮었다.
《동방견문록》은 동양의 신비한 풍물을
유럽 사람들에게 소개해 주었다.

"거짓말하지 마시오. 그런 곳은 없소."

"아무렴, 없고말고. 어디 말을 지어 내도 유분수지, 원."

마르코 폴로의 아버지와 숙부가 동방의 중국에 대해 이야기하자 사람들은 믿으려 하지 않았습니다.

그러나 마르코 폴로의 눈에는 신비한 동방의 풍경이 펼쳐졌습니다.

마르코 폴로의 아버지와 숙부는 장사꾼이었습니다. 이탈리아의 물건을 가져다가 동양에서 팔면 큰돈을 벌 수 있었습니다. 그렇게 번 돈으로 다시 동양의 물건을 사서 돌아오면, 이탈리아에서 큰돈을 벌었습니다. 너무 진귀한 물건들이라 비싼 값을 치르더라도 서로 사겠다고 나섰기 때문입니다.

아버지와 숙부는 돌아온 지 얼마 되지도 않아 또 새로운 여행을 계획하고 있었습니다.

"아버지, 이번 여행을 함께 가고 싶어요. 데려가 주세요. 꼭이요."

마르코 폴로는 굳은 의지가 담긴 눈으로 말했습니다.

"안 된다. 이건 여행이 아니라 위험한 일들이 많은 모험이야. 애들 장난이 아니란다."

아무도 모르는 땅을 여행하는 것은 위험하기 짝이 없는 일이었습니다. 동양인들은 낯선 서양인들을 보면 두려워했지만, 때론 공격을 하기도 했습니다. 또 그 나라의 풍속을 몰라 커다란 오해를 사기도 했습니다.

"저도 다른 세상을 보고 싶어요. 미지의 세계를 알고 싶다고요."

새로운 세계에 대한 궁금증, 호기심으로 반짝이는 마르코 폴로의 눈빛에 아버지는 결국 허락을 하고 말았습니다.

"자, 출발!"

배는 바닷물을 가르며 유유히 나아갔습니다.

그러나 배를 타고 동방으로 가는 길은 결코 쉽지만은 않았습니다. 시간이 지날수록 거친 파도와의 싸움에 마르코 폴로는 지쳐 갔습니다. 산 같은 높이의 거센 파도가 당장이라도 배를 두 동강 낼 것 같았습니다.

다행이 사납게 일렁이던 파도가 잔잔해졌습니다.

"휴우, 좀 쉬어도 되겠다."

거친 파도와 싸우고 난 마르코 폴로는 그 자리에 앉아 한숨을 돌렸습니다.

그 때였습니다.

"해적선이다. 해적선이 나타났다!"

아직 어린 마르코 폴로였지만 다른 선원들과 함께 해적들과 열심히 싸웠습니다. 한참 동안의 싸움 끝에 결국 선원들은 해적들을 쫓아 낼 수 있었습니다.

"휴우, 배가 형편 없이 부서졌군. 이 배로는 도저히 갈 수 없겠어."

마르코 폴로 일행은 배를 버리고 육지로 가기로 했습니다.

"사막에서는 길을 잃기 쉬우니 항상 조심해야 한다."

"걱정하지 마세요. 저도 잘 할 수 있어요."

마르코 폴로는 누구보다도 더 힘차게 나아갔습니다.

그러나 낙타를 타고 지나야 하는 사막은 어린 마르코 폴로가 견디기에 힘들었습니다.

하루 종일 내리쬐는 뜨거운 햇볕과 모래 바람에 눈을 뜰 수조차 없었습니다.

더 참기 힘든 것은 타는 듯한 갈증이었습니다.

사막을 지나 산 위로 올라가자 이번에는 눈보라가 심하게 불었습니다.

마르코 폴로는 꾹 참고 계속 앞으로 나아갔습니다.

터벅터벅 끝없는 길을 걷고 또 걷고 있는데, 아버지가 소리쳤습니다.

"얘야, 저기를 보거라. 저 곳이 바로 중국이란다. 동방의 나라, 중국이다."

아버지가 가리킨 곳을 바라본 마르코 폴로는 기쁨으로 가슴이 벅찼습니다. 멀리 보이는 중국은 너무나 신비로워 보였습니다.

"아버지, 저 곳이 정말 중국인가요? 꿈은 아니겠지요?"

마르코 폴로는 피부색이 다른 사람들과 이색적인 경치, 처음 보는 물건들, 커다란 궁궐이 무척 신기했습니다.

"우리 나라에 온 것을 진심으로 환영하오."

원나라의 황제 쿠빌라이가 따뜻하게 맞아 주었습니다.

쿠빌라이는 마르코 폴로가 마음에 들었습니다. 그래서 마르코 폴로를 곁에 두고 여러 가지로 도움을 받았습니다.

그러던 어느 날이었습니다.

"저는 동방의 여러 나라를 돌아다니며 각 나라의 풍습과 경치를 보고 싶습니다. 그 곳에서 새로운 지식도 얻고 싶습니다."

쿠빌라이에게 여러 나라를 돌아보아도 좋다는 허락을 받은 마르코 폴로는 몇 명의 사람들을 데리고 티베트로 갔습니다.

"펑! 펑!"

마르코 폴로는 갑자기 들리는 커다란 소리에 깜짝 놀랐습니다.

"저건 큰 대나무를 태워서 나는 소리지요."

이 곳은 사나운 짐승이 많아서 대나무 태우는 소리로 짐승을 쫓고 있었던 것입니다.

"아, 그렇군요. 참으로 지혜로운 방법입니다."

마르코 폴로는 자기가 사는 곳의 환경에 맞춰 열심히 살아가는 사람들의 모습을 보고 감탄했습니다.

"이것은 무엇입니까?"

나무 대신 검은색 돌을 땔감으로 사용하는 걸 보고 물어 보았습니다.

"석탄입니다. 이것을 사용하면 불길이 세고 오래 타지요."

마르코 폴로는 석탄을 고향인 베네치아에 가져가고 싶었습니다.

또 불교를 믿는 티베트에서 누워 있는 부처를 보고 마르코 폴로는 그 크기와 경건함에 압도되었습니다. 마르코 폴로는 이탈리아보다 뒤떨어졌다고 생각했던 나라에서 오히려 많은 것들을 보고 배울 수 있었습니다.

마르코 폴로가 미얀마에 도착했을 때는 원나라가 미얀마와 싸우고 있었습니다. 많은 사람들이 창과 화살에 맞아 부상당하고 죽어 갔습니다. 마르코 폴로도 위험한 고비를 여러 차례 넘겼습니다.

오랜 싸움 끝에 원나라가 미얀마를 이겼습니다.

베네치아와는 달리 이 곳에서는 물건을 사고 팔 때 종이돈을 사용했습니다.

마르코 폴로는 모든 것이 신비롭고 놀랍기만 했습니다.

동방 탐험을 향한 마르코 폴로의 발걸음은 베트남과 캄보디아 등 여러 곳으로 이어졌으며, 가는 곳마다 많은 것을 보고 배웠습니다.

"고향에 돌아가 동방의 오랜 역사와 문화를 알려야겠다."

17년 동안 중국을 여행한 마르코 폴로는 고향으로 돌아가기로 결심했습니다.

숱한 어려움 끝에 베네치아로 돌아왔으나 아무도 마르코 폴로를 알아보지 못했습니다. 왜냐하면 마르코 폴로의 모습이 너무나 달라져 있었기 때문입니다.

마르코 폴로는 중국에서 가져온 것들을 보여 주며 말했습니다.

"꿈으로만 생각했던 새로운 세계를 저는 경험했습니다. 그곳은 우리보다도 앞선 문화를 가진 아름다운 나라입니다."

사람들은 마르코 폴로의 말을 믿지 않았습니다.

마르코 폴로는 더 많은 사람들에게 동방을 알리고 싶었습니다. 그래서 루스티첼로라는 작가에게 동방에 대한 이야기를 들려주고 그 이야기를 글로 써서 책으로 만들어 달라고 했습니다. 이것이 바로 '동방견문록' 입니다.

동방견문록

인쇄술이 도입된 이후, 서구에서 '성경' 다음의 베스트 셀러는 마르코 폴로의 《동방견문록》이었다.

아직 대항해의 시대가 열리기 전, 중세의 유럽 인들은 지중해 너머에 있던 인도나 중국과 같은 나라에 대해서 아는 것이 거의 없었다. 확인되지 않은 전설적인 이야기가 마치 사실인 양 떠돌아다니고 있을 뿐이었다.

이런 중세 유럽 인들에게 《동방견문록》은 알려지지 않은 동방 세계에 대해 알 수 있는 중요한 자료였던 것이다.

《동방견문록》은 어느 지역을 여행하며 자신이 보고 느낀 것을 적은 것이라기보다는 13세기 후반 유럽 이외의 다른 지역에 대한 체계적인 서술이라는 점을 알 수 있다. 예를 들어 그는 어느 지방에 대해서 이야기할 때 그 방위와 거리, 주민의 언어, 종교, 산물, 동식물 등을 자세히 기록했다.

대부분의 사람들은 아마 이 책의 원 제목이 《동방견문록》이 아니라 《세계의 서술》이었다는 사실을 모를 것이다. 다시 말해 그가 이 글을 통해 유럽의 독자들에게 알리려 했던 것은 단순히 자신의 여행담이 아니라, 당시 유럽 인들이 전혀 알지 못하던 새로운 세계에 대한 체계적인 지식이었던 것이다.

그런 의미에서 《동방견문록》은 지리서이자 박물지이고, 동시에 여러 민족의 생활 보고서라고 할 수 있다.

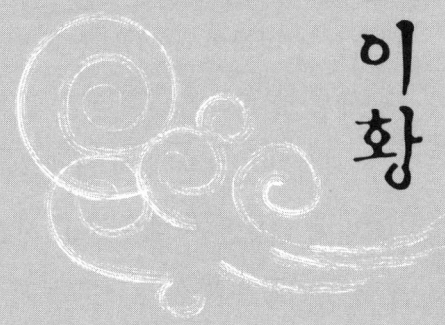

이황(1501년~1570년)

조선 중기의 학자며, 호는 '퇴계'다.
이황은 이 세상을 이(理)와 기(氣)로 나누어 설명했는데,
그 중에 이상적인 '이'를 더 중시했다.
이 일로 기대승과 '사단칠정'에 대해 8년 동안
토론을 벌이기도 했으며, 율곡 이이와도 논쟁을 벌였다.
〈도산십이곡〉 등의 시조 작품이 내려온다.

"늙은 어머니와 부인을 두고 한성(서울)에 갔다면서 과거는 급제를 한 거야?"

"한성까지 갔으면 과거 급제를 해야지."

고향에 내려온 이황을 보고 사람들은 수군댔습니다. 그 말을 들은 이황은 자신이 너무 부끄러웠습니다.

이황은 그 동안 주위의 권유로 과거 시험을 몇 차례 보았습니다. 그러나 번번이 떨어졌습니다. 이황은 과거에 급제하여 벼슬로 나아가는 일이 별로 중요하다고 생각하지 않았기 때문입니다.

이황은 그저 학문을 닦는 일에만 정신을 쏟았습니다. 그러나 아내의 죽음을 본 이황은 결심을 새롭게 했습니다.

이황은 한성으로 올라와 과거 준비에 힘을 기울였습니다.

마침내 이황은 성균관에 입학한 지 5년 만에 소과에 합격하고, 이어 소과 복시에 합격했습니다.

그리고 1534년, 대과의 전시에 합격했습니다. 과거 시험에 합격한 이황은 이제 벼슬을 할 수 있게 되었습니다.

이황이 처음 맡은 것은 외교 문서를 처리하는 곳이었습니다. 학문에 조예가 깊은 사람으로 상대 국가의 제도나 관습 등 전반적인 상황을 파악해야 하고, 뛰어난 외교적 수완이 있어야 하는 자리였습니다.

이황은 그 때 우리 나라와 관계가 있는 중국과 일본에 대해 자세하게 연구를 했습니다.

그리고 곧 이황은 그 자리에서 인정을 받아 벼슬이 나날이 올라갔습니다. 이황은 임금의 명령문을 지어 내어 사신으로 하여금 다른 나라에 가지고 가거나 나라의 역사를 기록하고 편찬하는 등의 아주 중요한 일을 맡게 되었습니다.

이황은 나라를 위해 몸과 마음을 바쳐 일을 했습니다.

나라를 어떻게 하면 더 잘 이끌 수 있을까 고민하고 연구하던 이황은 그만 몸이 약해질 대로 약해지고 말았습니다.

잠시 휴직을 하고 고향에 내려온 이황은 학문을 연구하며 시간을 보냈습니다.

"뒷날에 나랏일을 완전히 그만두면 고향에 내려와 학문을 연구하며 보내야겠다."

이황은 그렇게 생각하며 한성으로 올라왔습니다.

한성으로 올라온 이황은 누구보다 더 열심히 일을 했습니다. 요령을 부리거나 게으름을 피우지 않았습니다. 그의 노력은 임금에게 능력을 인정받아 곧 임금을 가까이서 모실 수 있게 되었습니다.

어느 날은 좌의정으로 있던 권철이 우연히 이황이 사는 집 근처를 지나다가 어떻게 사는지 궁금해서 잠깐 들른 적이 있었습니다.

"여봐라, 누구 없느냐?"

이황은 얼른 나와 안으로 안내했습니다.

그의 방은 아주 초라했습니다.

그러나 책상과 사방 벽에 쌓여 있는 책들은 다른 집과는 달랐습니다. 얼마나 읽었는지 모든 책들의 표지가 얇게 닳아 있었습니다.

"이 책들을 다 읽었소?"

"예."

권철은 이황이 책을 다 읽었다는 말을 듣고 입이 다물어지지 않았습니다.

그러자 이황은 쑥스러워하며 말했습니다.

"부끄럽습니다. 저는 아직 학문이 짧고 배운 게 많지 않습니다."

그리고 저녁때가 되어 밥상이 들어왔습니다. 밥상은 일반 백성들이 먹는 밥상처럼 아주 초라했습니다.

"반찬은 별로 없지만 어서 드십시오."

권철은 성의를 생각해서 밥을 먹었지만, 그만 수저를 놓고 말았습니다.

한참 후, 이황은 자신이 대접한 저녁이 권철의 입에 맞지

앉았다는 것을 알고 죄송했지만, 부끄럽지는 않았습니다. 왜냐하면 평소에 검소한 생활을 했기 때문입니다. 이황은 누가 오더라도 똑같이 대접을 했습니다.

그런 사람됨을 잘 알게 된 임금은 이황에게 암행어사라는 직책을 내려 백성들을 살피고 오라고 했습니다.

이황은 임금을 대신해 직접 지방을 돌아다니며 잘못을 저지르는 수령에게는 벌을 주었고, 굶주리는 백성들에게는 쌀을 풀어 나누어 주었습니다.

다시 돌아온 이황은 새로운 왕을 모셔야 했습니다.

나이 어린 명종이 왕위에 오르자 여기저기서 다툼이 일어났습니다. 서로 높은 자리를 차지하기 위한 싸움이었던 것입니다. 그것을 보고 있는 이황은 너무나 가슴이 아팠습니다. 권력을 잡기 위해 피를 흘리며 싸워야 하는 현실이 슬펐던 것입니다. 그러나 이황은 이런 때일수록 자신이 맡은 일을 묵묵히 했습니다.

그 때 새롭게 사귄 사람이 김안국입니다. 이황은 나이 차이가 많이 나는데도 김안국과는 뜻을 같이했습니다. 그리고 같이 성리학을 공부하게 되었습니다.

성리학이란 주자학의 다른 말로 우주의 근본 원리와 인간의 본성을 연구하는 학문이었습니다. 이황은 자신이 할 공부를 위해 벼슬에서 물러날 것을 생각하고 있었습니다.
　마침내 이황은 고향으로 내려갈 것을 결심했습니다.
　그러나 그를 아끼는 왕은 그가 벼슬을 그만두고 내려가는 것을 원하지 않았습니다. 어쩔 수 없이 이황은 풍기 고을 군수가 되었습니다.
　풍기에 도착한 이황은 백운동 서원을 찾았습니다. 백운동 서원은 안향의 공적을 기리기 위해서 주세붕이 세운 교육 기관이었습니다.
　그런데 이황이 보기에 그 곳은 너무 낡아 있었습니다. 이황은 임금께 이 사실을 알리고, 서원을 새로 보수하기 위한 지원을 받았습니다.
　이황은 학문과 교육의 중요성을 깨닫고 있었기 때문에 서원을 중심으로 학문을 연구해야 한다고 생각했습니다.
　이 소식을 들은 임금은 크게 기뻐했습니다. 그래서 많은 서적과 함께 땅을 내렸습니다. 뿐만 아니라 '소수 서원'이라는 현판도 내려 주었습니다.
　그리고 또 얼마 후 이황은 아예 고향으로 내려갔습니다.
　고향도 예전과는 많이 달라져 있었습니다. 미풍양속이나 사람들의 예절이 많이 변해 있었던 것입니다.
　'가장 기본이 되는 것을 다시 세워야겠다.'

이황은 고을 어른들의 의견을 들어 향약을 만들었습니다.

향약이란 그 마을에서 지켜야 할 작은 규칙들을 정해 놓은 것입니다. 향약에는 소수의 의견을 무시하고 백성의 입장을 떠난 양반 위주의 규약 등 몇 가지 비판을 받을 만한 것도 있지만, 대체로 공동으로 살아가는 사람들이 반드시 지켜야 하는 아름답고 바른 규약이었습니다.

그리고 이황은 제자를 기르는 데 소홀하지 않았습니다. 맑고 경치 좋은 곳에 서당을 짓고 제자를 기르는 데 열심이었습니다.

이 서당은 나중에 '도산 서원'이 되었습니다.

그 곳에서 이황은 제자들과 함께 성리학을 조금씩 완성시켜 나갔습니다.

서원

도산서원은 이황이 정치를 그만두고 후학을 양성하기 위해 만든 서원으로, 사적 제170호(1969년 지정)다.

1575년(선조 8년) 한호의 글씨로 된 사액(임금이 사당이나 서원 등에 이름을 지어 그것을 새긴 편액을 내리던 일)을 받음으로써 영남 유학의 시작이 되었다.

이 서원의 건축은 모두 전체적으로 단정하고 소박하다. 서원 안에는 약 400종에 달하는 4,000권이 넘는 장서와 장판 및 이황의 유품이 남아 있다.

대원군의 서원 철폐 때 소수서원, 숭양서원 등과 더불어 사라지지 않고 남아 있게 되었다. 그리고 1969년에는 문화체육부에서 복원하여 새롭게 만들어지게 되었다.

서원은 선비들이 모여서 명현 또는 충절로 이름이 높은 위인들을 받들어 모시고, 그 덕망과 절의를 본받고 배움을 익히던 곳이었다.

1542년(중종 37년) 풍기 군수 주세붕이 성리학을 소개한 안향의 옛 집터에 사당을 짓고 제사를 지내며 선비의 자제들을 교육하였는데, 이것이 서원의 시초이고 이 서원이 바로 백운동 서원이다.

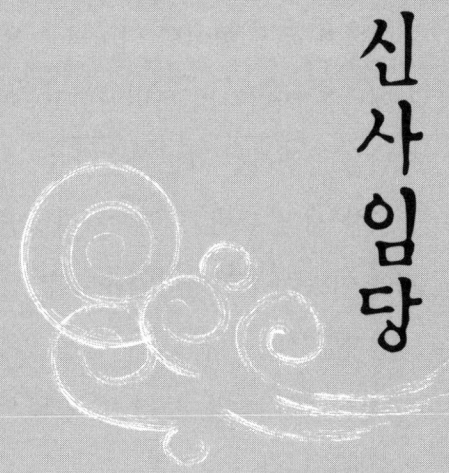

신사임당(1504년~1551년)

조선 중기의 서화가다.
덕과 학문, 예능을 고루 갖춘 조선 시대의
대표적인 여류 문인이었다. 효성이 지극한 현모양처로서
후세의 모범이 되고 있다.
조선 시대의 대표적인 학자 율곡 이이의 어머니이며,
우리 역사상 가장 모범적인 여성상으로 알려져 있다.

대학자 율곡 이이의 어머니로 유명한 신사임당은 인자하고 자애로운 어머니의 모범이었고, 어질고 바른 아내였으며, 부모님을 공경하는 효녀였습니다.

또한 시와 그림, 글씨 등 다방면의 예술에 있어서 높은 경지에 이르렀던 여성이었습니다.

신사임당의 어릴 적 이름은 인선이었습니다. 인선은 화선지와 물감만 주면, 누가 옆에 와서 말을 걸어도 모를 정도로 열중했습니다.

어린 인선이 그린 풀과 벌레, 꽃과 나비 그림은 특히 유명했습니다. 보는 사람 모두가 인선의 그림을 보면 감탄했습니다. 심지어 새와 나비들이 진짜 꽃인 줄 알고 날아들기도 했습니다.

이런 일도 있었습니다.

여름철이 되자 인선이 그린 풀벌레 그림이 눅눅해졌습니다. 그래서 그림을 햇볕에 말리기 위해 마당에 펼쳐 널어놓았습니다.

"꼬꼬댁 꼬꼬."

마당이 소란해서 나가 보니, 닭이 그림을 쪼고 있었습니다. 그림에 그려진 벌레가 진짜인 줄 알았던 것입니다. 그래서 그림에 구멍이 송송 났습니다.

어린 인선은 성품이 어질어서, 남을 잘 도와 주었습니다.

어느 날, 이웃 잔칫집에 일을 도우러 갔습니다. 좁은 부엌에서 긴 한복자락을 펄럭이며 일하는 것은 여간 힘든 일이 아니었습니다. 그 때였습니다.

"어머, 이를 어째?"

인선의 친구 하나가 소리를 질렀습니다.

"무슨 일이니?"

인선이 가 보니, 음식이 튀어 친구의 치마가 얼룩져 있었습니다.

"남에게 빌려서 입은 치마인데, 어떡하지?"

친구의 얼굴은 금방이라도 울음을 터뜨릴 것 같았습니다.

그러자 보다 못한 인선이 나섰습니다.

"그 치마를 벗어서 이리 줘 봐."

인선은 친구의 치마를 바닥에 펼쳐 놓고 물감으로 포도송이를 그려 넣기 시작했습니다.

그런데 그 포도송이가 얼마나 탐스러운지 보고 있던 사람들 모두 놀라워했습니다.

"아름답구나. 저런 치마라면 새 치마와 바꿔도 아깝지 않을 거야."

친구는 그 치마를 원래 주인에게 돌려주었습니다.

치마의 주인도 인선의 포도 그림을 보고 오히려 기뻐하였
다고 합니다.

인선은 스스로 '사임당' 이라는 호를 지었습니다. 사임당이
란 '태임을 본받는다.' 는 뜻입니다.

태임은 중국 주나라 문왕의 어머니입니다. 태임 부인은 문
왕이 뱃속에 있을 때 좋은 것만 보고, 좋은 말만 하며, 좋은
얘기만 들었던 모범적인 여성이었습니다.

열아홉 살이 된 사임당은 이원수라는 스물두 살 총각과 결
혼하게 되었습니다.

이원수는 아버지를 일찍 여의고 홀어머니 밑에서 자랐는
데, 그래서 그런지 많은 공부를 하지는 못했습니다. 재주가
뛰어난 사임당과는 차이가 많이 났지만, 천성이 착한 사람이
었습니다.

혼례를 치른 지 사흘이 지났습니다. 이제는 남편과 함께 시
댁으로 가야 했습니다. 이원수는 홀로 계신 어머니가 좀더 편
히 사실 수 있도록, 며느리 되는 사임당이 잘 모셔 주었으면
하는 바람이 있었습니다.

하지만 신사임당의 아버지 신명화는 좀더 딸을 곁에 두고
재주를 키워 주고 싶어했습니다.

신명화는 이원수를 붙잡고 부탁했습니다.

"내가 살 날도 얼마 남지 않았네. 그 동안만이라도 이 애를 내 곁에 두고 싶어. 재능을 썩히는 것도 아깝고 말이네. 염치 없는 부탁이지만 들어주게나."

이원수는 장인의 부탁을 거절할 수 없어서 혼자 한성으로 올라갔습니다.

그리고 얼마 뒤 신명화가 사망했습니다.

사임당은 아버지의 삼년상을 정성껏 끝냈습니다.

"애야, 여자가 결혼을 하면 시댁으로 가서 시어머니를 모시고 사는 것이 당연한 일이다. 아버지 삼년상도 끝나고 했으니, 너도 그만 시어머니에게로 가거라."

사임당은 어머니의 설득으로 시댁으로 가게 되었습니다. 이제 시댁에서 시어머니와 남편을 모시고 살게 된 것입니다.

사임당은 남편의 학문이 많이 뒤떨어진다는 것을 알게 되었습니다. 사임당이 남편에게 공부를 권유해 보았지만, 남편은 잘 따라 주지 않았습니다.

그러던 어느 날, 남편과 마주 앉은 사임당이 결연한 표정을 지으며 말했습니다.

"서방님, 저와 약속을 하시고 십 년 동안만 학문을 닦으십시오."

사임당은 남편을 큰인물로 만들고 싶었습니다. 이원수도

자신을 위하는 아내의 뜻을 아는지라 거절하지 못했습니다.

"내 글공부가 많이 모자라다는 걸 안다오. 당신 뜻에 따라 십 년 공부를 작정하고 떠나리다."

다음 날, 이원수는 홀로 길을 떠났습니다.

하지만 막상 떠나 보니, 다시금 의지가 흔들려서 돌아오고 말았습니다. 사임당의 낙담은 이만저만이 아니었습니다.

이원수는 다음 날 다시 길을 떠났습니다. 하지만 그 날 밤, 날이 저물기 전에 다시 돌아오고 말았습니다.

"내일은 반드시 떠날 것이오."

이원수는 이렇게 말했습니다.

하지만 그 결심도 곧 흔들려, 다음 날 다시 돌아오고 말았습니다.

이렇게 세 번 돌아온 남편에게 사임당이 말했습니다.

"그렇게도 굳게 약속을 하고 떠나시더니, 가던 길을 세 번이나 돌아오는 것은 무슨 까닭이십니까. 대장부로서 이리도 의지가 약하시니 저는 누구를 믿고 살라는 말입니까? 차라리 여기서 목숨을 버리는 게 낫겠습니다."

사임당은 앞에 있는 가위를 집어 가슴을 찌르려고 했습니다. 이원수는 아내의 손을 잡고 용서를 빌었습니다.

"알았소, 알았소. 내 약속을 하겠으니, 그 가위나 먼저 내려놓으시오."

"만약 서방님께서 이번에도 약속을 지키지 않으신다면, 전 스스로 목숨을 끊겠습니다."

이원수는 그길로 한성으로 떠났습니다.

이렇게 떠난 이원수는 삼 년 간 공부를 하고 돌아왔습니다. 약속한 십 년을 채우지는 못했지만 그의 학문은 조금 나아졌습니다.

하지만 그 정도의 학문으로 벼슬을 하는 것은 힘들었습니다. 또 벼슬에 나가지 못했으므로, 생활은 갈수록 가난해졌습니다.

사임당은 서른세 살 때 율곡 이이를 낳았습니다.

네 아이의 어머니가 된 사임당은 아내와 어머니, 그리고 며느리의 역할에 모두 충실하려고 노력했습니다.

사임당은 네 남매를 돌보며 가난한 살림을 꾸려 나갔습니다. 그런 와중에도 자신의 학문이나 예술의 정진에 소홀함이 없었습니다.

이렇게 어진 사임당이지만, 한 가지 가슴에 담아 둔 슬픔이 있었습니다. 바로 고향에 홀로 계신 어머니 때문이었습니다. 사임당의 시는 딱 두 편이 전해집니다. 그 두 편 모두 어머니를 그리는 시입니다.

사임당은 어머니의 마음을 가슴 깊이 새겼습니다. 스스로도 훌륭한 어머니가 되기 위해 노력했습니다.

신사임당은 네 자녀를 모두 훌륭하게 키워 냈습니다.

네 자녀 모두 훌륭했지만, 특히 율곡의 총명함은 유달랐습니다. 율곡이 열세 살 때 장원 급제를 하자, 사임당은 기쁨의 눈물을 흘렸습니다.

사임당은 또한 슬기로운 아내였습니다.

사임당은 남편 이원수가 영의정 이기의 집에 자주 드나든다는 것을 알게 되었습니다. 이기는 이원수의 친척이기도 했습니다. 하지만 죄 없는 선비들을 죽이고 권력을 얻은 사람이었습니다. 사임당은 남편이 그런 사람과 어울리는 것이 맘에 걸렸던 것입니다.

사임당은 남편에게 간곡히 말했습니다.

"이제 영의정 댁에 가지 마십시오."

"하지만 그분과 친하게 지내면 내가 벼슬을 하게 되는 데도 큰 도움이 될 것이오."

"아무리 친척이라지만 그분의 옳지 못한 점을 아셔야 합니다. 부디 출입을 삼가하십시오."

얼마 뒤 이기의 세도가 무너지고 말았습니다. 이기는 물론 이기와 가깝게 지내던 사람들 모두 큰 화를 입었습니다. 하지만 이원수는 아내가 말린 덕분에 화를 면할 수 있었습니다.

　사임당은 죽을 때가 되어서도 남편을 부르지 못하게 했습니다. 나라를 위해 큰일을 하는 사람에게 누를 끼칠 수 없다는 생각 때문이었습니다.

　율곡 이이는 이런 어머니의 성품을 마음 깊이 새겼습니다. 이이는 여러 권의 책을 통해 어머니 신사임당의 어질고 바른 성품과 재능을 후세에 알렸습니다.

부모를 그리며

〈사친〉은 신사임당이 남긴 세 편의 한시 중 하나다. 어머니를 그리는 마음이 잘 드러나 있다.

　　　부모를 그리며

- 신사임당 -

먼 친정집은 첩첩 산 너머

꿈 속에서도 돌아가고 싶은 마음뿐.

한송정에 둥근 달 외로이 뜨고,

경포대 앞에는 한 줄기 바람이 인다.

갈매기는 모래톱 위를 날고,

파도 위의 고깃배는 이리저리 흔들리네.

어느 때나 다시 강릉 가는 길에 올라

슬하에서 색동옷 바느질할까.

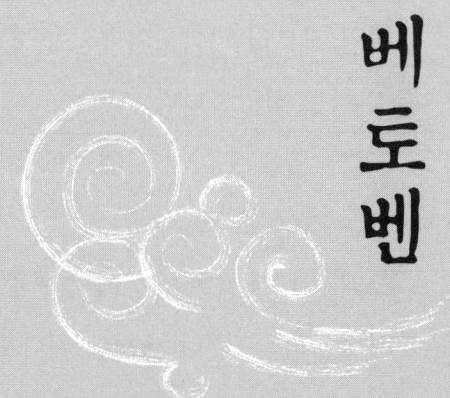

베토벤

베토벤(1770년~1827년)

독일의 작곡가다. 음악가 집안에서 태어나,
모차르트와 하이든에게 사사를 받았다.
그러나 연주자의 생명인 청력이 악화되어 좌절했다.
그러나 불굴의 의지로 절망을 이겨 내고 작곡에 몰두하여
〈영웅 교향곡〉〈감람산상의 그리스도〉〈운명 교향곡〉
〈합창 교향곡〉〈전원 교향곡〉 등의 아름다운 곡과
〈에그몬트〉〈피델리오〉 등의 오페라를 남겼다.

어릴 적부터 피아노와 작곡을 공부했던 베토벤은 모차르트를 만나고 싶었습니다.

"얼른 돈을 모아서 모차르트를 만나러 오스트리아 빈으로 가는 거야."

그래서 베토벤은 궁정에서 연주를 할 때 받는 돈을 열심히 모았습니다. 그러나 세월이 지나도 돈은 쉽게 모이지 않았습니다. 돈에 쪼들리는 어머니나 가족들을 도와 주어야 했기 때문입니다.

그러던 어느 날이었습니다.

"자네, 빈에 가서 음악을 공부하는 게 어떨까?"

막스 프란츠 후작의 말에 베토벤은 뛸 듯이 기뻤습니다.

그 때 베토벤의 나이 열여섯 살이었습니다.

그길로 집으로 간 베토벤은 여행 준비를 했습니다.

그리고 마차를 타고 떠난 지 일 주일 후, 빈에 도착할 수 있었습니다.

"어서 와요, 베토벤 군."

모차르트는 베토벤을 반겨 주었습니다.

모차르트는 베토벤보다 열네 살이 많은 서른 살이었지만, 벌써 교향곡을 40곡 이상 작곡한 음악의 대가였습니다.

"자네에 대한 칭찬은 이미 들어서 알고 있네. 자네가 피곤하지 않다면 자네의 연주를 듣고 싶은데."

"물론입니다. 저는 지금 전혀 피곤하지 않습니다."

베토벤은 그 자리에서 마음을 가다듬고 연주를 하기 시작했습니다. 그러나 연주를 끝내고 바라본 모차르트는 다른 곳을 보고 있었습니다.

'모차르트가 나의 연주에 실망을 했나 보군. 어쩌지? 내 연주가 그렇게 형편 없었나?'

베토벤은 모차르트에게 조심스럽게 말했습니다.

"이 연주 하나로만 저를 판단하지 마십시오. 저에게 기회를 주십시오. 간단한 멜로디 하나를 주시면 제가 즉흥곡을 만들어 보겠습니다."

모차르트는 베토벤의 부탁을 받아들여 짧은 멜로디를 주었습니다.

그러자 베토벤은 완전히 자신의 곡으로 만들어 치기 시작했습니다. 베토벤이 치는 연주를 듣던 모차르트는 생각했습니다.

'이 젊은이는 재능이 있군.'

모차르트는 베토벤의 연주에 감동을 받았습니다.

연주를 마치고 모차르트를 본 베토벤은 깜짝 놀랐습니다.

"자네, 정말 훌륭하네. 내게서 가르침을 받고 싶다면 나는 영광이네. 자네와 공부하게 된 걸 기쁘게 생각하네."

그 때부터 베토벤은 모차르트에게 열심히 배웠습니다.

그리고 고향으로 돌아온 후, 베토벤은 아주 명랑해졌습니다. 사람들과 웃고 떠들기도 했습니다. 그러나 연주를 할 때나 작곡을 할 때는 음악에만 전념했습니다.

그러던 어느 날이었습니다.

"베토벤, 반가운 소식이네. 이번에 하이든 선생님이 연주 여행 중 여기에 들르신다네."

베토벤은 기뻐했습니다.

이번에는 하이든을 볼 수 있었기 때문입니다.

음악의 대가들을 잇달아 만난다는 것은 크나큰 기쁨이 아닐 수 없었습니다.

마침내 하이든을 만난 베토벤은 반가움에 겨워 자신을 소개했습니다.

"자네가 베토벤이군. 자네 이야기는 모차르트를 통해 많이 들었네. 자네가 세상에 이름을 떨칠 거라고 말하더군. 자, 자네의 연주를 한 번 듣고 싶네."

"네."

베토벤은 기쁜 마음에 연주를 하겠다고 자신 있게 말했습니다.

베토벤은 하이든 앞에서 연주를 하기 시작했습니다.

하이든은 감탄사를 쏟아 내기도 하고 고개를 끄덕이기도 하며 베토벤의 연주를 끝까지 들었습니다.

"모차르트가 말한 그대로군. 정말 대단해."

베토벤의 연주를 들은 하이든은 칭찬을 해 주었습니다.

그리고 얼마 후, 베토벤은 하이든에게 음악을 배우기 위해서 빈으로 갔습니다.

"어? 이상해. 나와 하이든 선생님과는 음악을 추구하는 게 너무 달라. 난 느낌으로 연주를 하고 싶은데 하이든 선생님은 정해진 틀에서만 연주하길 바래. 내가 원하는 건 이게 아니야."

베토벤은 하이든과 음악을 추구하는 게 달랐습니다. 그래서 하이든에게는 더 이상 배울 게 없다는 판단을 내렸습니다.

"난 돌아가겠어."

다시 돌아온 베토벤은 자신의 연주와 작곡에 힘을 기울였습니다.

그러나 뜻하지 않은 일이 일어났습니다.

"이상해. 소리가 잘 들리지 않아."

베토벤은 자신이 너무 열중해 있기 때문에 잘 들리지 않았던 거라고 생각했습니다. 그러나 베토벤에게 귓병이 생겼던 것입니다. 그리고 점점 소리가 들리지 않게 되었습니다. 음악가에게 소리가 들리지 않는다는 것은 아주 큰 장애였습니다. 베토벤은 절망했습니다.

"귀머거리 음악가는 있을 수 없어. 이제 난 삶의 의미를 잃은 거라고!"

베토벤은 모든 것을 포기했습니다.

'난 이제 끝장이야. 난 끝이라고.'

베토벤은 유서를 쓰기로 했습니다.

사랑하는 가족들 앞으로 재산을 남기며 자신의 일생에 대한 반성의 글을 적었습니다. 그리고 동이 틀 무렵 유서를 완성한 베토벤은 긴 한숨을 쉬었습니다.

'어김없이 아침이 오는구나.'

베토벤은 다시 한 번 주위를 둘러보았습니다.

'그래, 난 음악가야. 들리지 않으면 작곡을 하면 되는 거야. 난 아직 젊어.'

베토벤은 다시 꿈을 가졌습니다. 그리고 음악을 해야겠다는 의욕이 생겼습니다.

그래서 빈으로 다시 돌아왔습니다. 자리를 잡은 베토벤은 작곡을 열심히 했습니다. 그리고 마침내 완성된 작품이 불후의 명작인 〈교향곡 제5번(운명)〉과 〈교향곡 제6번(전원 교향곡〉〉이었습니다.

그리고 자신의 음악 활동을 계속하기 위해서 베토벤은 그 때 상황에 알맞은, 유행하는 음악을 만들어 돈을 벌기도 했습니다.

그리고 〈교향곡 제9번(합창)〉이 완성되었습니다.

마침내 공연하는 날이었습니다. 사람들은 베토벤의 지휘와 연주에 감동을 받았습니다.

우레와 같은 박수 소리가 울렸습니다.

그러나 베토벤은 악장을 넘기고 있었습니다. 사람들의 박수 소리를 들을 수 없었기 때문입니다.

한 연주자가 베토벤을 돌려 세웠습니다.

사람들이 모두 일어서서 보내는 박수 소리가 베토벤에게는 들리지 않았지만 그 느낌은 고스란히 전해졌습니다. 베토벤의 눈에서 눈물이 떨어졌습니다. 귀가 들리지 않는 음악가 베토벤은 모든 사람들의 박수 소리를 가슴으로 하나씩 새기고 있었던 것입니다.

모차르트

어렸을 때부터 재능을 나타내어 4세 때 건반 지도를 받고 5세 때 소곡을 작곡하였다. 아버지는 그의 뛰어난 재능을 각지의 궁정에 알리기 위하여 아들이 6세 되던 해부터 여행을 계획하여 1762년 7월 바이에른 선거 후의 궁정이 있는 뮌헨에 가서 연주했다.

작곡가로서 그의 활동에 커다란 자극과 영향을 준 것은 서유럽을 거의 일주하다시피 한 여행이었다. 여행에서는 파리에서 알게 된 J.쇼베르트, 런던에서 알게 된 J.C.바흐(J.S.바흐의 막내아들)로부터 많은 영향을 받았다. 또 파리에서는 바이올린 소나타를, 런던에서는 최초의 교향곡 등을 작곡했는데, 이 교향곡은 8세 때의 작품이었다.

여행에서 돌아온 후 궁정 음악가로서의 활동을 계속하였으나, 1780년 말 뮌헨 궁정으로부터 의뢰받은 오페라 《크레타의 왕 이도메네오》의 상연을 위하여 잘츠부르크를 떠난 것이 계기가 되어, 그 때까지 마음 속에 품고 있던 대주교 히에로니무스와의 불화가 표면화되어, 모차르트는 아버지의 반대와 사표의 반려에도 불구하고 빈에서 살기로 결심하였다.

그가 빈에 머무르는 동안에 작곡한 교향곡이나 현악4중주곡은 하이든의 것과 함께 고전파 시대의 전형적인 스타일을 확립하는 작품이 되었다.

36세도 채 되지 않은 짧은 생애였으나, 어려서부터 창작 활동을 해왔기 때문에 모차르트가 남긴 작품은 성악·기악의 모든 영역에 걸쳐 다채롭다. 그의 공적은 하이든과 함께 빈고전파의 양식을 확립한 데 있다.

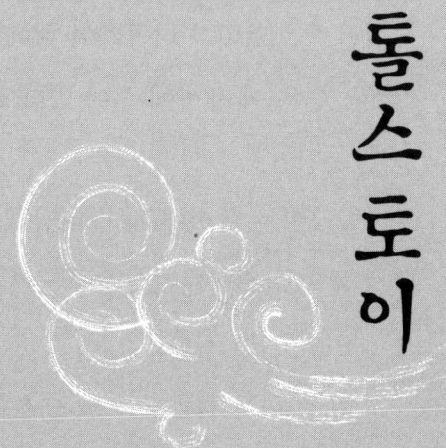

톨스토이

톨스토이(1828년~1910년)

러시아의 소설가이며 사상가다.
처녀작인 《유년 시대》부터 《전쟁과 평화》 《안나 카레니나》
《부활》 《참회록》 등 불후의 명작들을 남겼다.
그러나 저작권의 포기 문제로 가족과 빈번한 다툼이 있었고,
결국 이 일로 가출하여 차가운 기차역에서
쓸쓸한 죽음을 맞았다.

어린 톨스토이가 니콜라이 형에게 물었습니다.
"형, 형은 이 세상에 신이 있다고 생각해?"
"물론이야."
니콜라이는 확신에 차서 대답했습니다. 그러자 톨스토이가 다시 물어 보았습니다.
"신이란 어떤 건데?"
"신은 우리를 행복하게 해 주시는 분이란다."
톨스토이는 그 말을 이해할 수 없었습니다.
"형, 난 잘 모르겠어. 우리는 돈이 많은 귀족집에 태어나서 그런 거잖아. 그럼 저 사람들에겐 신이 없는 거야? 밭에서 죽도록 일만 하는 저 농노들에겐 말이야."
"저들은 농노의 운명을 타고난 거고, 우린 귀족으로 편히 살 운명을 타고 나서 그래."
"조금 전에 형이 말했잖아. 신은 사람들을 행복하게 해 주신다고. 그럼 저 사람들도 행복하게 해 줘야 하는 거잖아."
니콜라이는 동생의 말을 듣고 너무 놀랐습니다. 언제까지나 어릴 것만 같았던 동생이 벌써 이런 생각까지 하고 있었던 것입니다.
톨스토이는 대학에 들어가 공부를 시작했지만, 권위적이고 개성이 없는 대학 교육에 실망했습니다.

"아, 이 곳은 너무 숨이 막혀."

자유로운 정신을 가진 톨스토이는 대학에 흥미를 잃고 말았습니다. 그리고 밤마다 무도회에 가거나 도박판에 갔습니다. 그 뒤, 톨스토이는 도박판에서 발을 뺐지만, 다시 학교로 돌아가진 않았습니다.

1847년 봄, 톨스토이는 고향으로 돌아왔습니다. 부모가 돌아가셨기 때문입니다. 그에겐 부모가 죽으면서 남긴 땅과 재물이 있었습니다. 330명의 농노도 있었습니다. 이제 톨스토이는 지주가 된 것입니다.

톨스토이는 책임감을 느꼈습니다. 그리고 방탕했던 생활도 반성했습니다.

"아, 뙤약볕 아래서 땀 흘려 일하는 농노들의 삶은 얼마나 비참한가! 난 반드시 선량한 지주가 되겠어. 저들의 삶을 나아지게 하는 데 힘쓰겠어."

하지만 톨스토이는 금세 좌절하고 말았습니다. 농노 제도는 러시아에 뿌리 깊게 박혀 있는 사회 제도였기 때문에 개인의 의지로 쉽게 바뀌지 않았던 것입니다.

톨스토이는 스스로 작업복을 입고 밭으로 나가 일을 했습니다. 농노들과 지주는 평등하다는 걸 이해시키기 위해서였습니다. 하지만 농노들은 그런 톨스토이의 행동을 비웃기만 했습니다.

농노들은 톨스토이의 정성을 오해해서 받아들였습니다.

톨스토이는 새롭고 편리한 농사법을 개발하여 농노들에게 알리기도 했습니다. 하지만 농노들은 콧방귀를 뀌며 자신들이 하던 방식을 지켜 나갔습니다.

농노와 인류를 위해 일하고 싶었던 톨스토이는 실망하지 않을 수 없었습니다. 법학 공부를 하기도 했지만, 삶이 무료해지기만 했습니다.

"그래, 카프카스로 가자!"

톨스토이는 당시 전쟁 중이던 카프카스로 갔습니다. 그 곳에는 형 니콜라이가 포병 장교로 있었습니다. 삶과 죽음이 엇갈리는 곳이었지만, 카프카스 지방의 멋진 경관은 톨스토이를 감동시키기에 충분했습니다.

톨스토이는 군인 생활을 하면서 소설을 썼습니다. 그리고 1852년, 톨스토이의 첫 소설 《유년 시절》이 드디어 발표되었습니다. 사람들은 톨스토이의 작품을 칭찬하느라 입에 침이 말랐습니다.

톨스토이가 런던에 있을 때, 러시아에 농노 해방령이 선포되었습니다. 톨스토이는 크게 기뻐하며 고국으로 돌아왔습니다. 드디어 자신의 이상이 실현된 듯했습니다.

하지만 사실을 알고는 기가 막혔습니다.

황제는 농노들에게 땅을 나누어 준다고는 했지만, 농노들은 실제 가격보다 비싼 값에 땅을 사야 했습니다. 농노들은 49년 동안 매년 땅값의 60%를 이자로 물어야 했습니다.

톨스토이는 조정관이 되어 귀족과 농노들 사이를 조정해 주었습니다.

농노들은 자신들의 편에 서 있는 톨스토이를 의아하게 생각하면서도 고마워했습니다.

톨스토이는 소피야라는 여자와 결혼을 하였습니다.

톨스토이는 그 때 장편《전쟁과 평화》를 쓰고 있었습니다. 톨스토이는 유명한 악필이어서, 아무도 그 글씨를 알아볼 수 없었습니다. 소피야는 남편을 위해 그 긴 작품을 몇십 번씩 정성들여 써 주었습니다.

톨스토이는 어떤 것이 진정으로 불쌍한 사람들을 돕는 일인가에 대해 깊이 생각했습니다. 어느 날은 이런 일도 있었습니다. 소설가 투르게네프가 이렇게 자랑을 했습니다.

"내 딸은 헌 옷을 기워서 가난한 사람들에게 나누어 주고 있다오. 하하하. 딸 자랑하기는 뭐합니다만, 남에게 자비를 베푸는 것은 훌륭한 일이지요."

그러자 톨스토이가 불쑥 나섰습니다.

"자신은 호화로운 옷을 입고 있으면서, 입다 버리는 옷을 남에게 주는 것이 뭐가 훌륭하다는 말이오? 그건 위선이오. 가난한 사람을 도우면서 우월감에 사로잡혀 있는 거 아닙니까?"

그 말을 들은 투르게네프는 화를 내며 바깥으로 나가 버렸습니다. 톨스토이의 지적에 할 말이 없었기 때문입니다.

이렇듯 톨스토이가 인류를 위하는 모습을 이해하는 사람은 드물었습니다.

아내 소피야 역시 그랬습니다. 나이차가 많이 나는 그녀도 결정적인 부분에서 톨스토이와 부딪혔습니다. 농노를 위해 돈을 쓰고, 이상한 종교책을 읽는 톨스토이를 이해하지 못했던 것입니다.

톨스토이는 자신의 작품에 대한 저작권도 포기하기에 이르렀습니다.

"당신은 미쳤어요. 당신이 거지로 살든 말든 저는 아이들을 키워야 해요. 돈이 필요하다고요."

톨스토이는 할 수 없이 아내와 자녀들을 위해 일부 저작권을 남겨 두었습니다.

정치계와 종교계에서도 톨스토이의 행동을 수상히 여겼습니다. 모두가 평등하다는 톨스토이의 말이 정부와 교회를 부정하는 것이라고 생각했기 때문입니다.

당시 러시아에는 두호보르 교도들이 많았습니다. 두호보르파는 교회의 한 종파로, 전쟁과 폭력을 싫어하여 군대에 가기를 거부했습니다.

그들은 톨스토이의 글 "전쟁과 폭력은 하느님의 뜻에 어긋난다."를 읽고 감명받아, 적극적으로 종교 운동을 일으켰습니다. 하지만 러시아 정부는 수천 명의 두호보르 교도들을 처형하였습니다.

톨스토이는 자신 때문에 벌어진 이 일로 우울해졌습니다.

그래서 돈을 벌어 두호보르 교도들이 다른 나라로 이주할 수 있도록 돕기로 했습니다.

이렇게 탄생한 작품이 《부활》입니다. 톨스토이는 《부활》로 벌어들인 모든 돈을 두호보르 교도들에게 기부했습니다. 이 돈으로 배를 마련한 300명의 교도들은 캐나다로 이주할 수 있었습니다.

하지만 이 일로 결국 톨스토이는 러시아 교회에서 파문당했습니다.

여러 가지 힘든 시련이 있었지만, 톨스토이는 자신의 뜻을 굽히지 않았습니다. 그의 작품 속에는 이렇게 인류를 사랑한 마음이 가득 담겨 있습니다.

바보 이반

〈바보 이반〉은 톨스토이가 1886년에 발표한 짧은 이야기로, 톨스토이의 무저항주의와 반전주의 사상이 잘 드러나 있다.

어떤 부유한 농부에게 세 아들과 딸이 하나 있었다. 군인인 세몬, 배불뚝이 타라스, 바보인 이반, 그리고 벙어리 말라냐였다.

큰도깨비는 이 삼 형제가 싸우지 않고 재산을 나누는 것을 보고 화가 나서, 작은도깨비들에게 삼 형제를 갈라 놓으라고 명령한다.

세몬과 타라스는 작은도깨비들이 의도한 대로 망하고, 이반의 집으로 들어와 주인 행세를 한다. 하지만 이반은 반갑게 웃으며 형들을 받아 주었다.

작은도깨비들은 이반에게 달려들어 그를 방해하지만, 우둔하고 성실한 이반에게 오히려 당하고 만다. 이반은 도깨비들에게 배운 마법을 써서 세몬에겐 군대를, 타라스에겐 금화를 주어 내보낸다.

얼마 후, 형들은 다시 돌아와 더 많은 것을 요구하지만, 이반은 형들이 남에게 피해를 주며 산다는 걸 알고 거절했다.

이반은 우연히 병에 걸린 공주를 살리고 왕이 되었다. 이반은 왕이 되자 좋은 옷은 벗어 두고 다시 밭을 갈기 시작했다. 공주 역시 남편을 따랐고, 온 국민이 밭을 갈며, 남을 속이지 않고 성실하게 살았다.

이 모습을 지켜보던 큰도깨비는 직접 나서서 전쟁도 일으키고, 많은 금화로 사람들을 유혹해 보지만, 이반을 닮아 우둔하고 착하기만 한 이반 나라의 국민들을 꼬일 수 없었다. 큰도깨비는 땅 속으로 도망가고, 완전히 망한 두 형들도 이반 나라로 와서 같이 행복하게 살게 되었다.

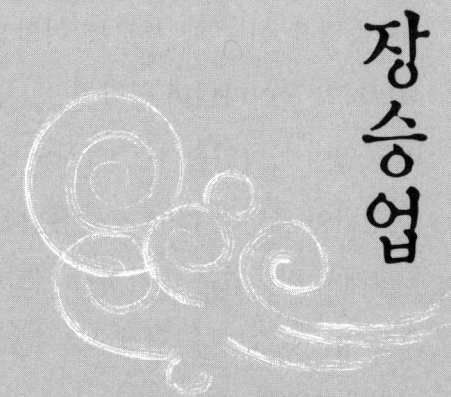

장승업

장승업(1843년~1897년)

조선 후기의 화가다.
남의 집에서 머슴살이를 하면서 몰래 그림을 익혔다.
후원을 받아 그림을 그리기 시작했는데,
술을 무척이나 즐겨 자주 문제를 일으켰다.
그러나 힘차고 대담한 그의 그림은
장승업을 조선 시대 3대 화가로 만들어 주었다.

장승업은 어릴 때 부모를 여의었습니다. 처음엔 친척집을 이리저리 돌아다니며 살았지만, 친척들 눈치 보기도 여간 어려운 일이 아니었습니다. 당시의 조선은 홍수와 흉년, 돌림병과 민란이 끊이질 않아 몹시 혼란한 때였기 때문입니다.

그래서 장승업은 여기저기 떠돌다가, 어느 날 홀연히 한양으로 들어왔습니다. 한양으로 왔어도 아는 사람 하나 없기는 마찬가지였습니다.

그러다가 수표교에 있는 이응헌이란 사람 집에 살면서 머슴 노릇을 해 주게 되었습니다.

이응헌의 집은 항상 사람들로 북적거렸습니다.

"어서 오십시오, 대감."

"이번에 새로 중국에서 들여온 그림이 있다길래 보러 왔소이다."

"허허허, 이쪽으로 드시지요."

이응헌은 잘 그린 그림이나 글씨를 수집하는 취미가 있었습니다. 사람들은 그 수집품을 보려고 이응헌의 집을 문턱이 닳도록 드나들었습니다.

덕분에 장승업도 어깨 너머로 훌륭한 그림들을 훔쳐볼 수 있었습니다.

"예, 승업아. 이리 와서 심부름 좀 해 다오."

장승업이 문을 열고 들어가면, 방 안 가득 그림들이 펼쳐져 있었습니다. 승업은 재빨리 그 그림들을 외웠습니다. 중국 화가들과 조선 화가들의 그림이 잔뜩 있던 이응헌의 방은 좋은 그림 학교였습니다.

손님들이 다 돌아가고, 승업은 청소를 하러 방에 들어갔습니다. 벽에는 유명 화가들의 산수화가 걸려 있었고, 바닥에는 그리다 만 그림과 먹이 놓여 있었습니다.

"아직 깨끗한 종이를 버릴 순 없지."

승업은 자기도 모르게 붓을 집어 들었습니다. 어깨 너머로 보아 왔던 나무 그림과 바위 그림들을 버려진 화선지 위에 그려 보았습니다.

그 때였습니다.

"무얼 하고 있는 게냐!"

이응헌이 손님을 배웅하고 돌아오다가, 그만 이 모습을 보고 말았습니다.

장승업은 놀라서 몸을 바들바들 떨었습니다. 버리는 종이지만, 주인의 허락 없이 물건을 건드렸으므로 어떤 불호령이 떨어질지 모를 일이었습니다.

이응헌은 바닥에 놓여진 그림을 바라보았습니다. 또 아직도 승업의 손에 쥐어진 붓을 바라보았습니다.

"이걸 네가 그렸단 말이냐?"

장승업은 가만히 고개를 끄덕였습니다.

"허허허, 천재 화가가 우리 집에 있었구나, 허허허!"

불호령이 떨어질 줄 알았던 장승업은 이응헌의 웃음소리를 듣고 깜짝 놀랐습니다.

"아직 서투르지만 조금만 다듬으면 아주 훌륭한 그림이 되겠구나. 넌 이제 머슴일을 하지 않아도 된다. 내가 돌봐 줄 테니 그림 공부를 해 보거라."

그 날부터 장승업은 주인의 도움으로 본격적인 그림 공부를 시작하게 되었습니다.

장승업의 소문은 금세 장안에 퍼졌습니다. 사람들은 이제 유명 화가의 그림이 아니라, 장승업을 보러 이응헌의 집을 드나들었습니다.

그러나 그 때까지는 남의 그림을 흉내낸 정도였고, 아직 장승업의 힘찬 화풍은 나타나지 않았습니다.

장승업은 이응헌의 집에 오래 머물러 있지 않았습니다. 한 곳에 묶여 있지 않는 자유로운 성격이 그의 천성이었던 것입니다.

그는 그림을 그리고 그 그림을 팔아 술을 마셨습니다. 누구든 기분 좋게 술 한 사발을 건넨다면 장승업의 그림을 얻을 수 있었습니다.

　그림을 팔아 술을 마시고, 술에 취해 그림을 그리고, 그 그림을 팔아 또 술을 마시는 이 기이한 천재 화가에 대한 소문은 고종 임금에게도 전해졌습니다.

　고종은 그를 궁으로 불러들였습니다.

　"넌 이제 도화서(조선 시대, 그림에 관한 일을 하던 관청)의 화가니라. 나를 위해 10폭짜리 병풍을 하나 그려 오라."

　고종은 장승업이 병풍 작업에 열중할 수 있도록, 특별히 방 하나를 내주었습니다.

　그러나 장승업은 매일 술만 마시고 곯아떨어져 그림을 그리지 않았습니다.

　그 말을 들은 고종은 염려가 되었습니다.

　"이러다간 10폭은커녕 한 폭도 얻을 수 없겠구나. 지금부터 그에게 절대 술을 갖다 주지 말라!"

　왕의 명령이라 어쩔 수 없이 술을 마시지 않았지만, 장승업의 참을성은 한계로 치닫고 있었습니다.

　그러던 어느 날, 문을 지키고 있던 수문장에게 가서 말했습니다.

　"여보쇼, 나 쓰던 물감이 다 떨어져서 그러니 얼른 물감만 사 가지고 돌아오리다."

수문장은 아무 의심 없이 승업을 내보내 주었습니다.

그러나 장승업은 그대로 주막으로 달려가 술을 퍼마시고 쓰러져 버렸습니다.

고종은 다시 그를 잡아들이라 명령했습니다.

"저자의 옷을 모두 빼앗아라. 이제 다시는 도망을 못 가겠지. 어서 병풍 그리는 일을 마무리하라!"

그러나 승업은 포졸들이 벗어 놓은 옷을 입고 또 도망쳤습니다.

고종은 더 이상 참을 수 없어 그를 감옥에 가두었습니다. 그 때 고종의 총애를 받던 신하 민영환이 나서서 말렸습니다.

"장승업은 본래 배운 것이 없어 예의를 모릅니다. 하지만 저자의 재주가 아까우니 한 번만 더 용서해 주십시오."

그러나 민영환의 노력에도 불구하고 장승업은 또다시 도망을 치고 말았습니다.

장승업에게 술은 단지 취하기 위함이 아니었습니다. 술을 통해 예술을 완성하고자 했던 것입니다.

장승업은 항상 취해 있었고, 흥이 나면 아무 데서나 그림을 그렸습니다. 벼루가 없으면 방바닥에 물감을 풀어 그림을 그리기도 했습니다. 그래서 장승업의 그림에는 미완성이 많았습니다. 찌그러진 항아리 그림도 있고, 꽃과 줄기만 그려 놓은 그림도 있었습니다. 심지어 말의 다리를 세 개만 그려 놓은 것도 있었습니다.

장승업은 자신의 호를 '오원'이라고 지었습니다. 당시 유명했던 김홍도의 호가 '단원'이었고, 신윤복의 호가 '혜원'이었습니다.

"내가 그들보다 못한 게 뭐가 있어? 나도 '원' 자를 써 보는 거야."

그래서 '나도 원이다.'라는 뜻으로 '오원'이라는 호를 지었다고 합니다.

장승업은 그의 기이한 삶처럼 알 수 없는 죽음을 맞았습니다. 장승업은 어느 날 홀연히 사라졌다고 합니다. 그가 어디서 어떻게 죽었는지는 아무도 모르지만, 어떤 이는 붓과 술단지만으로 살아온 장승업이 드디어 신선이 되었을 거라고도 했습니다.

빈센트 반 고흐

장승업(1843~1897)과 같은 시기에 활동한 화가로 네덜란드의 빈센트 반 고흐(1853~1890)가 있다.

고흐는 자신의 귀를 자르고, 결국 밀밭에서 권총으로 자살했다. 그 때문에 지금까지도 미치광이 화가라고 불린다.

그렇지만 고흐는 단지 그림을 그리는 데 미쳐 있었던 것뿐이다.

고흐는 전인생에 걸쳐 계속된 실패를 맛보아야 했다. 그토록 많은 그림을 그렸지만 한 번도 풍족한 적이 없었고, 그토록 사랑을 원했지만 누구의 관심도 받지 못했다.

아무에게도 인정받지 못하는 고흐에게 유일한 피난처는 그림이었다. 그는 평생 800점 이상의 유화와 700점 이상의 데생을 남겼지만, 생전에 팔린 것은 데생 한 점뿐이었다.

고흐의 그림 속에는 소용돌이치는 그의 번뇌와 열정이 그대로 녹아 들어가 있다.

태양처럼 불타는 해바라기와 쓸쓸한 자화상, 별이 빛나는 어두운 강변, 춤추는 밀밭 위를 나는 까마귀……. 고흐는 자신의 영혼을 담아 그림을 그렸다.

이 우울한 천재 화가의 작품 가치는 그의 죽음 뒤에 점점 높아져, 〈해바라기〉는 1987년 런던에서 삼천육백만 달러 이상에 판매되는 기록을 세웠다.

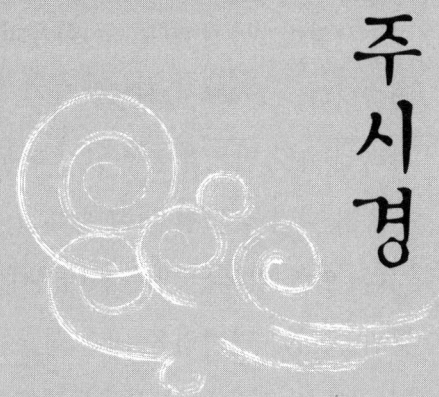

주시경

주시경(1876년~1914년)

우리 나라 최초로 조선 어학 연구를 시작한 한글학자다.
한글 연구야말로 우리 민족의
자긍심과 주체성을 세울 수 있는 일이라 생각했다.
한글 맞춤법을 통일했고,
《조선어문법》《국어문법》《말의 소리》
《국문초학》등의 책을 펴냈다.

주시경이 '독립 신문'의 회계와 교정을 맡아 보고 있던 때였습니다. 그 때는 나라가 몹시 위험했습니다. 일본이 우리 나라에 온갖 만행을 저질렀기 때문입니다.

우리 나라 국모인 명성 황후를 칼로 베어 죽이기까지 했습니다. 또한 일본은 자기네 마음대로 음력을 양력으로 바꿨을 뿐만 아니라 단발령을 내려 상투를 자르게까지 했습니다. 그런 일들은 우리 나라 사람들에게 모욕적인 일이었습니다. 그렇지만 힘이 약한 우리 나라 사람들은 일본인들의 무자비한 행동을 참고 당할 수밖에 없었습니다.

선각자들은 자주 독립 의식을 북돋우기 위해 무엇인가가 필요하다고 느꼈습니다. 그래서 '독립 신문'은 독립문을 세우자는 것과 독립 협회를 만들자는 계획을 내세웠습니다.

마침 그 때 전국 각지에서는 의병들이 일어났습니다. 온 나라가 의병들에 의한 시위로 들썩였습니다.

독립 협회가 결성된 목적은 사람들의 의견을 모아 정치에 반영하고 나라의 귀중한 자원을 밖으로 내보내지 말자는 것이었습니다. 귀중한 자원으로 경제를 발전시키는 노력을 하자는 것이었습니다.

독립 협회가 생긴 지 석 달도 안 되어 회원수가 만 명이 넘게 되었습니다.

주시경은 이 때 무척 바빴습니다.

주시경은 서재필에게 만국 지지를 배워야 했고, '독립 신문'의 교정을 봐야 했을 뿐만 아니라, 독립 협회 일의 뒤처리를 다 해야 했기 때문에 몸이 열 개라도 부족했습니다. 그러면서도 국어 연구를 게을리하지 않았습니다.

1897년, 주시경은 드디어 독립 협회를 위해 밤낮없이 일한 것을 인정받아 독립 협회 위원으로 뽑히게 되었습니다.

주시경의 한글 연구는 매우 깊어져 독립 신문에 네 차례나 '국문론'을 발표하기도 했습니다. 주시경은 서재필, 이상재, 남궁억 등과 함께 나라를 구하기 위한 더 적극적인 민중 운동을 벌이기로 했습니다.

독립 협회는 종로 네거리에서 '만민 공동회'라는 민중 대회를 개최하여 정부가 저지른 잘못을 들춰 내 시정할 것을 요구했습니다.

나라에서는 사람들의 힘이 점점 독립 협회에 모아지는 것이 두려워진 나머지, 독립 협회에 관련된 서재필 등을 몰아내기로 했습니다. 서재필은 미국으로 가면서 제자인 주시경에게 말했습니다.

"내가 비록 지금 미국으로 가지만, 독립 협회 일은 자네가 계속해 주었으면 하네. 여기서 그만두면 절대 안 되네."

주시경은 서재필의 결연한 의지가 담긴 눈을 보고 고개를 끄덕였습니다.

"예, 걱정 마십시오. 제가 선생님이 안 계시는 동안 독립 협회를 잘 지키고 있겠습니다."

주시경은 서재필이 없는 독립 협회를 맡아 살림뿐 아니라 기사를 쓰고 글을 고치는 일을 했습니다. 나라에서는 독립 협회를 막기 위해 황국 협회를 만들기도 했습니다. 그러나 그것에도 아랑곳하지 않자, 독립 협회의 윤치호에게 해를 입혔습니다. 영국 공사관으로 몸을 피한 윤치호는 주시경을 불러 말했습니다.

"자네의 목숨도 위협을 받을 수 있네. 그러니 잠시 몸을 피해 있게."

그리고 얼마 후, 영국 공사의 도움으로 정치적으로 사건이 마무리되었습니다.

주시경과 윤치호는 다시 만민 공동회를 통하여 정부의 잘못을 비판할 수 있게 되었습니다. 주시경은 신문 사설을 통해, 또 강연회의 연설을 통해 옛날 것을 고집하려는 벼슬아치들을 공격하는 데 앞장섰습니다.

그러다가 잡혀가 감옥에 갇히기도 했습니다. 그러나 풀려난 후에는 감옥에 갇힌 동지들을 구해 내려고 다시 만민 공동회를 개최하는 데 앞장서고 독립 신문을 통해 정부를 비판했습니다.

그러나 결국 1898년 정부의 탄압이 극에 달해 많은 지도자들은 외국으로 망명하거나 도망을 갈 수밖에 없었습니다. 그리고 독립 협회의 활동은 끝이 났습니다.

그러나 주시경은 그 가운데에서도 1906년 '대한 국어 문법'을 엮어 학생들을 가르치는 교재로 사용하기도 했습니다. 그리고 국어 연구를 계속해 1910년 '국어 문법'을 완성시켰습니다. 주시경은 늘 말했습니다.

"말과 글을 가꾸고 또 가꾸어 제 나라 민중의 지식과 기술을 차츰 더 깊이 갈고 닦는 민족은 다른 나라 민중을 억누르고 복종시켜 잘 살게 된다."

주시경은 또한 나라와 말을 기둥으로 보아 기둥이 쓰러지면 집이 허물어지듯이, 자기 나라의 말과 글을 잘 가꾸지 못하는 민족은 멸망하게 된다는 생각을 가진 글을 1907년 4월 1일부터 6일 사이에 '황성 신문'에 발표하기도 했습니다.

주시경은 국어 연구가 독립 신문이나 독립 협회의 활동과 마찬가지로 나라를 일으켜 세우는 데 꼭 필요한 일이라고 생각했던 것입니다.

주시경은 국어 문법을 가르치면서 다른 것을 배우는 데도 열심이었습니다. 측량술과 영어, 의학, 수학, 기계학, 종교학 등 여러 분야의 학문에 관심을 가져 열심히 배웠습니다.

좁고 어두운 방에 촛불을 밝혀 놓고 책을 빌려다가 붓으로 베끼며 한글 연구를 했습니다. 요즘처럼 인쇄술이 발달하지 않았기 때문에 모든 것을 손으로 일일이 베낄 수밖에 없었던 것입니다.

"저기, 주 보따리 온다."

주시경은 언제나 한 보따리씩 책을 싸 가지고 다니기 때문에 동네 어린아이들은 주시경을 만날 때마다 그렇게 부르곤 했습니다.

"두루때글 지나간다."

두루때글은 주시경의 이름으로 순수한 우리말입니다. 주시경은 순수한 우리말을 찾으려고 노력했기 때문에 그렇게 불렸습니다.

또한 주시경은 다 헤진 두루마기에 머리에는 제주도 사람들이 말총으로 만든 총모자를 썼습니다. 버선발에 낡은 구두를 신거나 미투리를 신고는 한 손에는 산더미만 한 책 보따리를 들고 다녔습니다. 또 한 손에는 노끈으로 꼰 망태가 들려 있었는데 그 안에는 밥을 담은 놋주발을 넣고 그 위에는 반찬이 담긴 주발을 넣고 놋으로 만든 수저를 꽂은 점심 도시락이 있었습니다.

 이런 주시경의 노력이 헛되지 않았는지 1907년 정부에서는 학부 안에 국문 연구소를 설치하여 주시경을 연구 위원으로 뽑았습니다.

 주시경은 '국어 문전 음학', '국어 문법', '말의 소리' 같은 책을 펴내는 등의 활발한 활동을 했습니다.

 주시경은 우리 나라에서 맨 처음으로 우리말의 소리에 관심을 가지고 세밀하게 분석을 한 사람으로 유명하게 되었습니다.

 주시경의 이론은 국제 언어학과 떨어진 가운데 혼자서 생각해 낸 것인데도 어떤 것은 서양 학자들보다 10년은 앞서서 발견한 것이 있다고 합니다.

한글학회

1921년 12월 3일 국어학과 국어 운동의 선구자 주시경의 문하생인 최두선, 이규방, 권덕규, 장지영, 신명균 등 10여 명이 한국 최초의 민간 학술 단체인 조선어연구회를 창립하였다.

1931년 1월 학회의 이름을 조선어학회로 고쳤고, 1949년 9월 현재의 한글학회로 개칭하였다. 이 학회에서 1933년 확정 발표한 '한글맞춤법통일안'은 오늘날까지 국어표기의 준거가 되었다. 그 뒤 1980년 8월 전면적으로 수정 개편한 '한글맞춤법'이 발표되었다.

한글학회는 8·15광복 후부터 계속하여 한글만 쓰기 운동, 국어의 순화운동, 한글의 기계화 운동을 벌이고 있으며, 1929년 조직된 조선어사전 편찬회의 사업을 넘겨받아 1947년 10월《큰 사전》첫 권을 발간한 이래, 1957년 10월 6권 규모로 완간하였다. 그 밖에 1958년《중사전》, 1960년《소사전》, 1965년《새 한글사전》, 1967년《쉬운 말 사전》을 발간하였고, 1981년《국어학 사전》과《우리말 발음사전》의 편찬 작업에 착수하였다.

그 밖에 수시로 학술발표회를 주관하고《한글》(계간)을 1927년 이래 계속 발간하고 있다. 1972년에는《한글 새소식》(월간)을 창간, 발행하고 있다.

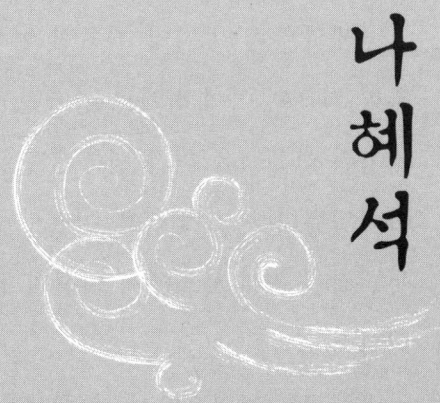

나혜석

나혜석(1896년~1949년)

우리 나라 최초의 여성 서양화가다.
조선 미술 전람회 제1회부터 제5회까지 입선하였고,
1921년에는 국내 여성 화가로서는 처음으로
개인전을 갖기도 했다. 그밖에도 《경희》 《정순》 등의 소설을
발표하기도 했다. 사생활 때문에 그녀의 업적이
과소 평과되어 왔으나, 요즘 들어 재평가되고 있다.

나혜석은 우리 나라 최초의 여성 서양화가이며, 한국 근대 문학 최초의 여성 작가로 평가받고 있습니다.

이런 나혜석을 더 유명하게 만든 것은 그녀의 자유로운 생각이었습니다. 나혜석은 여성도 하나의 인간임을 주장하며, 봉건적인 조선 사회에서 여성의 권리를 진보시키고자 하였습니다.

나혜석은 여성으로서 살기보다는 한 '사람' 으로 살고자 했습니다. 이렇듯 나혜석은 여성에게도 인간적 권리가 있음을 주장한 여성 운동가이기도 한 것입니다.

나혜석은 수원의 한 부잣집에서 태어났습니다. 어려서부터 그림그리기를 좋아해 칭찬을 많이 받았습니다.

유복한 집에서 자랐지만 집안에 문제가 없었던 것은 아니었습니다. 아버지는 딸 나이의 젊은 여자들을 집에 들였고, 이 일로 어머니와 싸움이 잦았습니다. 또 시집 간 언니도 같은 이유로 남편과 갈등을 겪고 있었습니다. 어린 나혜석은 이런 일들을 이해하기가 힘들었습니다.

'왜 어머니는 아버지처럼 할 수 없는 걸까? 어머니도 아버지처럼 좋아하는 남자들과 살면 될 텐데…….'

나혜석은 어머니와 언니의 고통을 보면서, 여성의 삶에 대한 의문을 어렴풋이 하게 되었습니다.

나혜석은 여학교를 수석으로 졸업하고, 도쿄로 유학을 가서 유화를 배웠습니다.

그 곳에서 나혜석은 중요한 글을 읽게 되었습니다. 엘렌 케이라는 스웨덴 사상가의 글이었습니다.

"연애에 기반한 결혼만이 도덕적인 것입니다. 법적으로는 결혼을 했더라도, 연애가 없으면 그것은 부도덕입니다."

나혜석은 이 말에 깊은 감동을 받았습니다. 당시 우리 나라에서는 부모가 정해 주는 사람과 결혼을 하고, 여성의 의견은 존중받지 못했기 때문입니다. 이 글을 통해 나혜석은 본격적으로 여성 문제에 관심을 갖기 시작했습니다.

나혜석은 《이상적 부인》《경희》《나의 여교원 시대》란 글을 발표했습니다. 나혜석은 여성에게 현모양처가 되기보다는 자유로운 신여성이 되라고 주장했습니다. 그리고 자유로이 연애하고, 자유로이 이혼하라고 했습니다.

하지만 부모님은 나혜석을 불러 놓고 이야기했습니다.

"너도 이제 결혼해야지. 훌륭한 신랑감도 있잖니. 어서 그 남자와 약혼하거라."

"하던 공부는 마쳐야지요."

"남자도 아니고, 원. 여자애가 배워서 어디다 쓰게?"

아직 보수적인 사람이 많던 때라, 나혜석의 생각은 좋게 받아들여지지 않았던 것입니다.

　나혜석은 일본에서 오빠의 친구이며 시인인 최승구를 만났습니다. 두 사람은 서로 사랑하였고, 또 예술면에서도 잘 통했습니다. 그러나 최승구는 요절하고 말았습니다. 나혜석은 그 충격에서 벗어나는 데 오랜 시간이 걸렸습니다.

　나혜석은 독립 운동에도 참가했습니다. 그 일로 5개월 간 옥살이를 했고, 그 뒤 어머니가 돌아가셨습니다. 많은 일들이 겹쳐 의지할 곳 없던 나혜석은 1920년, 항상 주위에서 자신을 돌봐 주던 김우영과 결혼을 하였습니다.

　나혜석은 김우영에게 말했습니다.

　"평생 동안 지금처럼 저를 사랑해 주십시오. 또 내가 그림 그리는 것을 방해하지 마시고, 시어머니와 따로 살게 해 주십시오."

　시집살이 때문에 자신의 능력을 개발하지 못한다는 걸 용납할 수 없었기 때문입니다.

　또 신혼 여행은 자신의 옛사랑 최승우의 묘에 비석을 세우는 것으로 대신했습니다.

　이렇듯 나혜석은 남들과 달리 살고 싶어했습니다. 그러나 사람들은 나혜석을 보며 콧방귀를 뀌었습니다.

　"감히 결혼하면서 남편에게 조건을 다는 경우가 어딨어?

거기다 신혼 여행을 옛날 남자의 무덤으로 가다니."

"지금은 아무리 그래도 나중엔 별 수 있겠어? 결국 남과 똑같이 살게 될걸."

그러나 나혜석은 그런 말들을 무시해 버렸습니다.

결혼한 지 5개월째 되었을 때였습니다. 왠지 속이 더부룩하고, 입맛이 없었습니다. 원래 평소에도 소화 불량 증세가 있어서 신경쓰지 않고 있는데, 옆에서 보던 어떤 사람이,

"그거 임신 아니에요?"

하고 얘기하자, 나혜석은 깜짝 놀랐습니다.

"아니, 아닐 거야. 난 다른 여자들과는 달라. 난 결혼을 하더라도 생활과 아이에 얽매이지 않을 거라고 생각했어. 절대로 그렇게 되지 않을 거야. 억울해, 정말 억울해."

나혜석은 이렇듯 엄마가 될 마음의 준비가 되어 있지 않았던 것입니다. 사람들은 나혜석을 위로했습니다.

"출산의 고통이 아무리 힘들더라도 아이를 기르다 보면 다 잊게 돼요. 그게 여자의 본능이거든."

하지만 나혜석은 그 말을 이해하지 못했습니다. 어머니가 되는 것은 행복이 아니라 공포였고, 되도록 피하고 싶은 일이었습니다. 나혜석은 너무나 당연하게 여성에게 강요되어 온 모성애에 의심을 갖게 되었습니다.

커다란 고통 속에 첫딸 김나열이 태어났습니다. 나혜석은 《모(母) 된 감상기》에서 출산의 고통을 '자식이란 어머니의 살점을 떼어 가는 악마'라고 표현했습니다. 이 글은 사람들 사이에 커다란 논쟁거리로 떠올랐습니다.

나혜석은 차츰 안정을 찾아갔습니다. 신문이나 잡지에 '일과 가정을 조화롭게 꾸려 나가는 진정한 신여성'으로 자주 소개되었습니다.

남편인 김우영은 한 마디로 '선량한 남편'이었습니다. 그러나 나혜석의 예술을 이해할 만한 예술적 취미를 가지고 있진 않았습니다. 그렇지만 나혜석과 김우영이 이룬 가정은 완벽한 '신가정'으로 보였습니다.

나혜석은 그림으로 이름을 떨치기 시작했습니다. 도쿄에서 배운 유화의 기본을 조선의 특수성에 맞게 소화시켜 나갔습니다.

나혜석과 김우영은 좋은 기회가 생겨 유럽으로 여행을 떠났습니다. 나혜석은 그 곳의 자유로움에 흠뻑 빠졌고, 그림 공부에 열중했습니다.

유럽에서 많은 것을 보고 배웠지만, 돌아온 곳은 식민지 조선의 부산 땅, 시집이었습니다. 아무것도 변하지 않은 그 곳에서 답답함을 느낀 나머지, 유럽에서 알게 된 최린에게 편지를 보냈습니다. 하지만 이 일로 이혼을 당하고 맙니다. 나혜석은 아이들을 위해 이혼을 하지 않으려 했고, 심지어 현모양처가 되겠다고도 했습니다. 그러나 아무 소용이 없었습니다.

돈 한 푼 받지 못하고 시집에서 나온 나혜석은 앞길이 막막했습니다. 무엇보다 네 남매가 눈에 걸렸습니다. 예전엔 모성을 부정했던 나혜석이었지만, 네 아이들을 기르면서 그 마음이 바뀌었던 것입니다.

"그래, 해 보자. 사람이 노력해서 안 되는 게 어딨어."

나혜석은 다시 그림을 그렸습니다. 그녀가 그린 그림은 좋은 평을 받았습니다. 나혜석은 그림을 판 돈으로 생활을 꾸려 갈 수 있었습니다.

또한 글에도 노력을 기울였습니다. 사람들은 이제 그림보다 그녀의 글에 더욱 좋은 평가를 내렸습니다. 그러나 나혜석을 보는 사람들의 시선은 여전히 껄끄러웠습니다.

"아, 파리로 돌아가고 싶어."

그러나 나혜석은 파리로 돌아가지 못했습니다. 점점 사람들 기억 속에 잊혀지고, 그저 다른 남자와 정을 통하여 남편에게 이혼당한 그런 여자로 가끔 이야기될 뿐이었습니다.

인형이 아니라 한 사람으로 살기를 원했던 나혜석은 1948년, 추운 겨울날 행려병자로 삶을 마감했습니다.

신여성

1900년도를 전후하여, 외국 문물과 개화 사상이 흘러들어오면서, 신교육을 받게 된 여성들은 다방면에서 두각을 나타내기 시작했다. 이들을 전통적이고 구시대적인 여성과 비교하여 '신여성'이라고 부르기 시작했다.

서구 사상이 들어오기는 했지만, 아직 그것이 완전한 조선 것이 되지 못한 때였다. 그 때 자유 연애를 부르짖고, 서양식 복장을 한 여성들은 대개 구경거리가 될 뿐이었다. 유교 이념이 팽배한 사람들은 남자들과 동등하게 서 있는 신여성들을 비난하기도 했다.

신여성들에게는 '최초'라는 수식어가 잘 따른다.

나혜석은 우리 나라에서 서양 미술을 했던 최초의 여성이었다.

윤심덕은 우리 나라 최초의 소프라노 가수다. 그녀의 노래 '사의 찬미'는 전통 음악만 고수하던 조선 사람들에게 인식 전환을 가져왔다.

우리 나라 최초의 여류 작가 김명순은 여성 해방의 의지를 드러낸 작품을 썼다.

최은희는 최초의 여기자다. 그녀는 기사를 통해 여성에게 불리한 사회 제도를 바꾸고자 노력했다.

최승희는 신무용의 선구자다. 조각 같은 움직임과 신비로운 분위기로 대중을 사로잡고, 일제 시대에 '코리안 댄서'로서 세계 무대에 서기도 했다.

사회 진출을 통해 자아에 눈을 뜨긴 했으나, 여전히 보수적인 사회에서 갈등을 겪어야 했던 신여성들. 이젠 그들의 사생활보다는 선각자적 위치에 대해 논의해야 할 것이다.

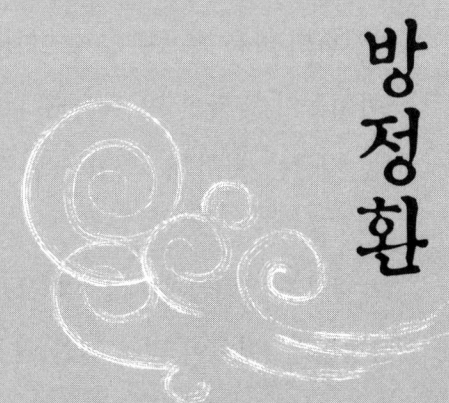

방정환(1899년~1931년)

아동 문학가이며, 아동 운동가다.
아동 문화 운동 단체인 색동회를 만들고
아동의 권리 보호 운동을 펼쳤다.
우리 나라 최초의 아동 잡지 《어린이》 외에도
《신청년》《신여성》등의 잡지를 창간했고,
어린이날을 만들었다. '새싹회'는 1957년부터
나라와 어린이를 사랑하는 사람에게
'소파상'을 수여하고 있다.

방정환의 마음 속에는 늘 아이들밖에 없었습니다.

'아이들이 자라면 이 나라를 짊어지고 갈 어른이 되는 거야. 지금은 철이 없고 힘도 없지만 그들의 존재도 인정해 줘야 해.'

그 때까지 아이들에 대한 명칭도 없는 우리 나라였습니다.

방정환은 '어린이' 라는 말을 만들었습니다.

우리 나라에서는 어린 사람을 '아이' 또는 '아해' 라고 불렀습니다. '어린 것', '애놈' 등으로 얕잡아 보는 말을 사용하곤 했습니다.

방정환은 고심 끝에 '어린이' 라는 말을 생각해 낸 것입니다. '어린' 은 '어리다' 는 말입니다. 그리고 어린이 운동에 앞장서기로 다짐했습니다.

방정환은 사람들을 만나면 아이를 '어린이' 라고 부르도록 권했습니다.

1921년 여름 방학 때였습니다.

방정환은 서울로 올라와 천도교 학생회를 조직했습니다. 그러자 많은 학생들이 모여들었습니다.

방정환은 그들에게 자신의 뜻을 잘 전달했습니다. 학생들은 방정환의 뜻을 알고 모두 동참할 것을 다짐했습니다.

방정환과 이 학생들을 중심으로 어린이 운동이 전국적으로 번져 갔습니다.

 방정환은 전국을 돌아다니며 사람들을 모아 놓고 강연을 했습니다.

 "아이들은 어른들의 심부름꾼이 아닙니다. 어린이들을 존중해야 합니다. 어린이들에게 높임말을 사용하도록 합시다. 어릴 때 존중받고 자란 어린이들은 남을 존중할 줄 알게 됩니다."

 방정환의 말에 사람들은 콧방귀를 뀌었습니다.

 "흥, 어린이들이 무슨 힘이 있다고. 말썽만 안 피우면 다행이지."

 어른들은 방정환의 말이 가당치도 않다고 여겼습니다.

 "여러분, 우리들도 어린이였던 적이 있습니다. 이 어린이들이 자라면 모두 어른들이 됩니다."

 방정환은 더욱 힘을 주어 말했습니다.

 "그렇다고 꼬마들에게 존댓말을 하라는 건 너무하잖아?"

 그러나 방정환은 뜻을 굽히지 않고 열심히 어린이 운동을 벌였습니다.

 방학이 끝나면 일본으로 건너갔고, 방학 때면 바다를 건너와 어린이 운동을 계속했습니다.

 그러던 중, 방정환은 새로운 것을 깨닫게 되었습니다.

'우리 어린이들이 읽을 책이 하나도 없구나. 그래 재미있는 동화책을 엮어야겠어.'

그 때부터 방정환은 외국의 재미있는 동화를 번역해서 엮기 시작했습니다.

일본의 불기 하나 없는 차가운 자취방에서 동화책 만드는 일에 열심이었습니다.

처음으로 만들어 낸 책이 《사랑의 선물》이었습니다.

작은 책이지만 동화책을 읽어 보지 못한 우리 나라의 어린이들은 읽고 또 읽어 책을 외울 정도였습니다. 어린이들이 책을 읽는 모습을 본 방정환은 보람을 느꼈습니다.

그 다음 해, 방정환은 《어린이》라는 잡지를 펴냈습니다. 그리고 1923년 3월, 창간호가 나왔습니다. 그러나 잡지는 잘 팔리지 않았습니다.

'어린이 잡지를 어린이가 읽지 않으면 무슨 소용이 있나?'

방정환은 잡지를 가지고 나가 어린이들을 모았습니다. 그리고는 재미있는 이야기를 들려준 다음에 잡지를 한 권씩 나누어 주었습니다.

"저 사람 미쳤군 그래. 저런 쓸데없는 짓을 왜 하는 걸까?"

사람들은 방정환을 보며 혀를 차기도 하고 비웃기도 했습니다.

그러나 어린이 잡지는 시간이 흐를수록 인기가 좋아졌습니다. 그리고 몇 달이 지나자 날개 돋친 듯이 팔려 나갔습니다.
 방정환의 얼굴에 환한 미소가 번졌습니다. 그리고 더 좋은 잡지를 만들려고 노력했습니다.
 방정환은 어린이 운동에 더 적극적으로 나섰습니다.
 '어린이를 위해 할 일이 너무 많다.'
 방정환은 가까운 친구들도 이 운동에 참여하도록 설득했습니다. 그러나 친구들은 걱정을 하며 주저했습니다.
 "지금은 우리 나라가 일본의 지배하에 있어서 잘못 보이면 큰일을 당할지도 모르잖은가?"
 그러나 방정환은 더욱 힘을 주어 말했습니다.
 "우리는 젊네. 그리고 우리 어린이들이야말로 우리 나라를 책임질 수 있단 말일세. 이 나라는 곧 독립이 될 거야. 그렇게 되면 우리 어린이들이 이 나라의 주인이 되는 것일세."
 방정환의 굳은 의지에 친구들은 감동을 받았습니다.
 "그래, 자네의 뜻을 잘 알았네. 우리 모두 동참하겠네."
 방정환은 친구들과 손을 맞잡으며 기뻐했습니다.
 "그런데 우리가 모임을 만들면 이름이 하나 있으면 좋겠는데, 어떤 이름이 좋을까?"
 한 친구의 말에 방정환은 골똘히 생각에 잠겼습니다.

"글쎄? 어린이들이 명절날에 즐겨 입는 옷이 있잖은가?"

방정환의 말에 친구들은 모두 한 목소리로 말했습니다.

"색동옷?"

"그래, 거기서 따서 색동회로 하면 어떨까?"

친구들은 모두 방정환의 의견에 찬성했습니다.

색동회 회원들은 모두 잡지를 만드는 일을 도왔고, 어린이를 위한 동화 대회, 강연회 등의 행사를 가지기도 했습니다.

그러던 어느 날, 방정환은 한참을 생각한 뒤에 이렇게 말했습니다.

"음, 우리 나라의 어린이들을 위해 일 년에 한 번 쉬는 날을 만드는 것은 어떨까?"

"그래, 아주 좋은 생각이야."

친구들은 너도나도 찬성했습니다.

"어린이가 그 날 하루만큼이라도 주인공이 되어 마음대로 뛰놀 수 있는 날이 되도록 하자."

방정환과 친구들은 어린이날을 정하기 위해 이리저리 뛰어다녔습니다.

방정환의 장인이며 천도교 교주인 손병희에게 부탁하자 적극적으로 도와 주었습니다.

어린이날의 날짜는 푸른 잎들이 무성한 5월이 좋다는 의견으로 5월 1일로 정해졌습니다. 색동회가 정해진 1923년 5월 1일이 첫 번째 어린이날이 되었습니다.

  그 날 방정환과 친구들은 기념식장에 모였습니다. 그리고 어른들에게 드리는 글과 어린이들에게 주는 글을 발표하며 행사는 아주 성대하게 거행되었습니다.

  '어린이날 노래'가 행사장에 울려 퍼지자, 그 동안 고생한 일이 생각난 방정환은 눈시울을 적셨습니다.

  단상에 올라간 방정환은 모든 사람들에게 말했습니다.

  "어린이 여러분 축하합니다. 오늘 하루만이라도 즐겁게 뛰어놀기 바랍니다."

  행사가 끝난 후, 방정환은 앞장서서 거리를 거닐었습니다. 그 뒤를 어린이들이 쫓아갔습니다. 모두의 얼굴에는 즐거움이 넘치고 있었습니다.

  어린이 운동은 전국적으로 퍼졌습니다.

색동회

1923년 3월 16일 발족하여 1923년 5월 1일 일본 도쿄에서 방정환을 중심으로 손진태, 정순철, 고한승, 진장섭, 정병기, 강영호, 조준기 등이 창립하였다. 그 뒤에 조재호, 윤극영, 최진순, 마해송, 정인섭, 이헌구, 윤석중 등이 가입하였다.

1923년 3월 20일 2주간 아동잡지 《어린이》를 창간하였으며, 1923년 5월 1일을 어린이날로 제정하였다. 1923년 7월 23일 천도교대강당에서 아동예술강습회를 가졌으며, 1924년 어린이날에는 가극공연과 동화·동요회를 열었다. 1927년부터 5월 첫째 월요일로 어린이날을 변경하고 1928년 10월 2일에는 세계아동예술전람회를 개최하였다. 일제의 탄압이 가중되자 1934년 《어린이》가 폐간되었으며, 1937년 일제에 의해 어린이날 행사가 금지되었다.

1946년 《어린이》를 속간하고 어린이날을 5월 5일로 변경하였다. 1956년 소파상을 제정하고 1957년 5월 5일 어린이헌장을 선포하는 데 앞장섰다. 그 뒤 명맥만 유지하다가 1967년 어린이날을 기해 활동을 재개하고 1969년 방정환 동상을 건립하였다.

1975년 5월 5일 어린이날을 공휴일로 지정하는 데 앞장섰으며, 전국어린이동화구연대회를 개최하였다. 1976년부터 색동회상을 제정하였다.

박수근

박수근(1914년~1965년)

한국 근대 화가의 한 사람이다.
가난한 살림 때문에 혼자 공부해야 했지만,
오히려 그 점이 그의 독특한 화풍을 완성시켜 주었다.
우둘투둘한 질감의 캔버스와 무표정한 사람들,
그리고 나목을 주로 그렸으며,
현재 가장 고가로 거래되고 있는 한국 미술 작품이다.

2003년 3월, 반가운 신문 기사가 났습니다.

"박수근 화백의 작품 《한일(한가한 날)》이 미국 경매에서 112만 7500달러(우리돈 약 13억 원)에 낙찰되었습니다."

이는 국내외를 통틀어 한국 현대 미술품 중 가장 비싼 가격에 팔린 것입니다.

박수근은 독특한 질감을 살린 그림을 그려, 가장 한국적인 서양화가라고 불립니다. 분명히 캔버스에 유채 물감으로 그림을 그리지만, 그 느낌은 동양화와 닮았습니다.

하얀 옷을 입은 무표정한 사람들, 움직임이 느껴지지 않는 것 그리고 벌거벗은 나무는 박수근 그림의 두드러진 특징입니다.

하지만 그보다 먼저 눈에 띄는 것은 우둘투둘한 거친 표면입니다. 화강암같이 거친 표면과 무채색의 그림은 너무나 잘 어우러져 한 폭의 작품을 완성합니다.

박수근 그림의 소재는 일하는 사람들, 여인과 아이, 나무 등으로 한정되어 있습니다. 또 항상 조용하고 정적인 구도를 취했습니다.

박수근은 어려서부터 그림을 잘 그린다는 소리를 자주 들었습니다. 또한 학교 수업 중에서 미술 시간을 가장 좋아했습니다. 선생님들도 수근의 그림을 칭찬하며, 수업이 끝나면 항상 그의 그림을 뒷칠판에 붙여 놓았습니다.

하지만 아버지의 사업이 실패했기 때문에 그림을 그리기 위해 물감을 산다는 생각은 하지도 못했습니다. 박수근은 직접 뽕나무로 목탄을 만들어 그림을 그려야 했습니다.

항상 조용히 앉아서 그림을 그리던 소극적인 아이, 그 아이가 그림을 그리기로 마음을 굳히는 계기가 있었습니다.

어린 수근은 어느 날 우연히 화집을 보게 되었습니다.

그 화집에서 처음으로 프랑스의 화가 밀레가 그린 《만종》을 본 것입니다. 《만종》이란, 저녁 들녘에 선 농부 부부가 교회 종 소리를 듣고 감사의 기도를 올리고 있는 장면을 그린 그림입니다.

"특별하지도 않은 농부들을 소재로 그림을 그렸다니……. 그래, 밭에서 일을 하는 우리 어머니도, 장터에서 물건을 파는 이웃 아낙도 모두 그림의 소재가 될 수 있어."

밀레는 소박한 농촌의 풍경을 소재로 그림을 그린 화가였습니다. 당시, 특별하고 화려한 것만 그려야 한다고 생각해 왔던 사람들에게 밀레는 이상하게 비쳐졌습니다.

하지만 어린 수근에게 밀레의 작품은 너무나 커다란 감동이었습니다.

수근에게 이러한 소재는 특별한 것이 아니었습니다. 매일 보는 농촌의 풍경, 그리고 매일 열심히 일하는 사람들, 항상 보는 모습이었습니다.

수근은 밀레의 그림을 보고 매일 보는 익숙한 풍경을 그려도 위대한 화가가 될 수 있다는 희망과 자신감을 갖게 되었습니다.

"하느님, 저도 커서 밀레처럼 훌륭한 화가가 될 수 있도록 도와 주세요."

수근은 진심으로 기도를 드렸습니다. 그림 공부도 게을리 하지 않았습니다.

박수근은 단지 돈이 없어서 상급 학교에 진학하지 못했습니다.

그러나 그의 실력을 알아본 사람들의 후원으로 그림을 그릴 수 있었습니다. 그들은 물감이나 종이를 사다 주면서 박수근에게 용기를 북돋아 주었습니다.

그러나 그림만으로 생계를 잇긴 어려웠습니다. 박수근은 결혼하고 4개월 뒤, 도청의 말단 관리로 취직했습니다. 당장 먹고 살 궁리는 하지 않아도 되었지만, 아내와 떨어져 살아야 했습니다.

그러던 어느 날, 수근의 아내는 고운 양산을 하나 선물 받았습니다. 하지만 수근의 적은 월급으로 살 순 없는 것이었습니다.

"고생하는 당신을 위해, 안 좋은 일인 줄 아오만 양산을 하나 훔쳤소."

아내는 양산을 받아들고 눈물을 흘렸습니다. 남편이 도둑질까지 해야 하는 어려운 살림에 가슴이 아팠던 것입니다.

박수근은 전쟁 후, 다시 생계를 위해 그림을 그리게 되었습니다. 미8군 PX에서 병사들의 초상화를 그리는 일을 하게 된 것입니다.

그 곳에서 일을 하면서 비교적 높은 수입을 얻을 수 있었습니다.

박수근은 아침 아홉 시부터 오후 여섯 시까지 PX에서 서양 사람의 얼굴을 열심히 그렸습니다.

그 곳에서 함께 일을 하던 박완서는 박수근의 그림을 보고 깊은 감동을 받았습니다.

박완서의 첫 소설 《나목》에는 그 때 박수근에게 받았던 깊은 인상이 고스란히 그려져 있습니다.

PX에서 박수근이 그린 초상화는 자주 퇴짜를 맞았습니다.

"내 얼굴이 어떻게 이렇단 말이오? 뻣뻣하고, 굴곡도 없소. 원 이래 가지고서야 초상화가라고 할 수 있겠어?"

박수근은 눈코입이 확실치 않고, 매우 평면적인 그림을 그렸습니다. 하지만 초상화는 최대한 사실적인 그림을 그려야 했기 때문에 박수근은 아무리 노력해도 재미를 찾을 수 없었습니다. 그래서 금세 초상화 그리는 일에 싫증이 나고 말았습니다.

돈을 벌기 위해 그림을 그리는 그의 마음은 무겁기만 했습니다.

"마음 없는 붓을 들고 오늘도 오고 가고, 그림은 더디고 세월은 빠르구나. 못 오는 청춘이라 허송하기 서러워라."

수근은 결국 초상화 그리는 일을 그만두었습니다. 살림은 점점 곤궁해졌습니다. 할 수 없이 팔리는 그림, 즉 작은 소품 그림들을 그렸습니다.

소품들은 제법 많이 팔렸습니다. 그 그림을 본 사람들은 박수근이라는 화가에 대해 다시 생각하게 되었습니다.

박수근의 그림에 대한 평가가 점점 올라갔습니다. 외국 사람들은 박수근을 "가장 한국적인 화가"라고 하며, 비싼 값을 주고 그림을 사 갔습니다.

그러나 박수근의 몸은 예전 같지 않았습니다. 지나친 음주로 인해, 한쪽 눈은 이미 실명한 상태였습니다. 하지만 박수근은 술 마시기를 멈추지 않았고, 결국 그것으로 인해 사망하게 되었습니다.

박수근이 죽은 뒤, 그림의 가치는 더욱 높아졌습니다.
한때는 쌀 한 말 값이던 그림이, 지금은 최고가로 팔리고 있습니다.

밀레

밀레(1814~1875)는 바르비종파의 화가다. 바르비종이란 파리의 퐁텐블로 숲 근처의 작은 마을 이름이다. 다른 미술 화파와는 달리 바르비종 파에 속한 화가들은 그림을 그리는 기법이 같았던 것도 아니고, 일정한 목표를 향해 함께 나아가는 것도 아니었다. 그저 우정으로 맺어진 집단이었다. 오직 주변의 풍경을 주로 그렸다는 공통점이 있을 뿐이다. 그러나 밀레는 풍경보다는 그 속에 살고 있는 농민들의 생활에 주목했다.

밀레의 대표작으로는 〈만종〉과 〈이삭 줍기〉가 있다.

〈만종〉은 부부가 밭에 서서 조용히 기도를 드리고 있는 그림이다. 멀리 보이는 교회의 첨탑이 그림의 제목을 설명해 주고 있다. 힘들게 하루의 일과를 마친 부부가 멀리서 들려오는 저녁 종 소리를 들으며 잠시 일손을 놓고 무사히 하루를 보낸 것에 대해 감사를 드리고 있다. 텅 비어 있는 밭과 지쳐 있는 아낙의 표정에서 어떤 쓸쓸함이 묻어 나온다.

〈이삭 줍기〉에는 추수가 끝난 텅 빈 밭에서 이삭을 줍고 있는 세 여인이 등장한다. 그들은 풍요의 계절에 기쁨을 누리지 못하고, 미처 거두지 못한 낱알들을 모으고 있다. 묵묵히 단순한 작업을 수행하고 있는 여인들의 모습에서 가난한 농민들의 지친 삶이 엿보인다.

그러나 서정적이고 종교적인 분위기는 전세계 사람들이 쉽게 이해할 수 있는 분위기였고, 이 때문에 작품에 보편성을 지닐 수 있었다. 바로 이 점이 밀레를 세계에서 가장 유명한 화가 중 한 사람으로 만든 것이다.

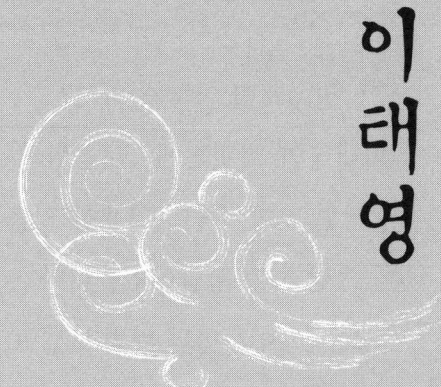

이태영

이태영(1914년~1998년)

우리 나라 최초의 여성 변호사이며, 여성 운동가다.
한국 가정 법률 상담소를 세우고,
여성에 대한 불평등과 인습에 맞서 싸웠다.
이러한 공로를 인정받아, 막사이사이상과 유네스코 인권 교육상,
국민 훈장 무궁화장, 제1회 법을 통한
세계 평화상 등을 수상했다.

이태영은 가슴이 조마조마했습니다.

"또 떨어지면 어떻게 하지?"

이태영의 머릿속에 그 동안의 일이 주마등처럼 스쳤습니다. 남편과 아이들이 고생한 것을 생각하면 이번에는 반드시 붙었으면 하는 바람이었습니다.

'고등 고시 사법과 합격자 발표.'

벽보에 커다랗게 써 있는 글씨가 한눈에 들어왔습니다. 깨알 같은 합격자 명단은 이태영의 눈에 들어오지 않았습니다.

그러나 두근거리는 가슴으로 합격자 명단을 자세히 살폈습니다.

"이태영."

있었습니다. 이태영이라는 이름 석 자가 합격자 명단에 있었습니다.

"있어, 내 이름이 있어."

이태영의 기쁨은 가족의 기쁨이었습니다.

서른두 살의 나이로 시작했던 법 공부가 드디어 성공을 이룬 것이었습니다.

그 날 신문에는 커다란 기사가 실렸습니다.

'별을 딴 여성이 나왔다. 가정 부인으로서 당당히 고등 고시 사법과에 합격했다.'

이태영에게 축하 인사가 쏟아졌습니다. 그러나 이태영은 이것은 단지 시작이라고 생각하고 있었습니다. 다시 판사나 변호사나 검사가 되기 위해서는 공부를 해야 했습니다.

이태영은 계절이 바뀌는 것도 모르는 채 열심히 공부를 했습니다. 그리고 좋은 성적을 거두었습니다.

그러나 다른 사람은 다 임명이 되고 있는데 이태영만 임명이 되지 않고 있었습니다.

이태영은 자신이 여자이기 때문에 판사나 검사가 될 수 없다는 것을 알게 되었습니다.

"도대체 여자라는 이유로 임명이 되지 않는다는 게 말이나 되는 겁니까?"

이태영은 따지듯 물었습니다.

"여자는 안 돼. 그리고 야당 국회 의원 아내가 판사가 되면 어떤 일이 일어날지 어떻게 알아?"

대법원장은 이태영에게 쌀쌀맞게 말했습니다.

'그래, 어차피 판사 임용이 안 되면 변호사를 하자.'

이태영은 마음을 다잡고 변호사가 되기로 결심했습니다. 그래서 집에다 변호사 사무실을 열었습니다.

'자, 이제부터 시작이야. 난 우리 나라 첫 여성 변호사야. 나 혼자 잘 먹고 잘 살려고 변호사가 된 게 아니야. 이제부

터 여성들을 위해 일을 하자. 억울한 일을 당하는 여성들을 위해 일을 하는 거야.'

이태영이 변호사 사무실을 열자마자 많은 여성들이 밀려들기 시작했습니다.

이태영에게 어떤 법률적 해결을 위해 찾아오는 것이 아니라 단지 하소연이라도 하려고 찾아오는 사람들이 대부분이었습니다.

"예, 말씀하세요. 예, 예."

이태영은 전혀 귀찮아하지 않고 사람들의 이야기를 들어 주었습니다.

이태영네 집의 안방, 건넛방, 마루 등 자리를 잡을 수 있는 곳이면 여자들이 자리를 잡고 앉았습니다.

"제가 동네북도 아니고 허구한 날 때리니 어쩌라고요. 힘이 없는 여자니 어쩌지도 못 하고."

눈가가 시퍼렇게 멍든 여자가 눈물을 뚝뚝 떨어뜨리며 말했습니다.

이태영은 고개를 끄덕이며 같이 슬퍼해 주었습니다.

"흑흑흑, 글쎄 아들을 못 낳았다고 시어머니가 저를 쫓아 냈습니다."

몸이 가냘픈 여자의 하소연에 이태영은 가슴이 찢어지는

것 같았습니다. 같은 여자이면서 어떻게 아들을 못 낳았다고 쫓아 낼 수 있는지 알 수 없었습니다.

어쩌면 여자의 가장 가까운 적은 여자일지도 모른다는 생각이 들어 그것부터 변화시키려고 노력했습니다.

'그래, 이제부터 내가 이들에게 힘이 되어 주는 거야. 이들의 억울한 사정을 법에 호소해 보상을 받을 수 있도록 하는 거야.'

이태영은 무료 법률 상담을 해 주기로 결심했습니다.

그러기 위해서는 여러 사람들의 도움이 필요했습니다. 뜻을 같이할 사람들을 찾아다닌 이태영은 '여성 문제 연구원'의 황신덕 원장을 찾아가 도움을 청했습니다.

"이 변호사의 뜻에 당연히 참여를 해야지요."

황신덕 원장의 반가운 말에 이태영은 눈물이 나올 것 같았습니다.

그래서 힘을 합쳐 세운 것이 여성 문제 연구원 부설 '여성 법률 상담소'였습니다. 이렇게 설립해 놓고도 많은 여성이 모른다고 판단한 이태영은 상담이 필요한 여성들을 찾아다니며 이를 직접 알렸습니다.

'이동 무료 법률 상담'을 해 주었지만 결코 쉬운 일이 아니었습니다.

이태영은 몇 번이고 그만두고 싶은 생각이 들었지만, 남편의 격려로 어려움을 이겨 나갔습니다.

그렇게 십 년 동안 무료로 법률 상담을 해 주었던 이태영은 10주년이 되던 날 사람들을 모아 놓고 이야기를 했습니다.

"여러분의 도움 없이는 이 무료 법률 상담을 더 이끌어 가기가 힘들어집니다. 여러분이 진정 여성들의 삶을 더 좋게 하기를 원한다면 이렇게 가만히 있으면 안 됩니다."

그 자리에서 눈물을 쏟아 내자 그 자리에 있던 사람들은 하나둘 고개를 끄덕였습니다. 그 후로 이태영을 도와 주는 사람들이 늘어 갔습니다. 이태영의 '무료 법률 상담'은 차차 자리를 잡아갔습니다.

그리고 20주년이 되던 날, 이태영은 결심했습니다.

'그래, 여성들의 힘으로 이것을 이끌어 가는 거야.'

이태영은 미국으로 가서 여성 교민의 힘을 빌리고 여성들의 적극적인 도움을 청했습니다. 그 결과로 여성들의 도움이 많아졌습니다.

그리고 또 한 가지 기쁜 일이 있었습니다.

1975년, 필리핀은 막사이사이 대통령을 기념하여 만든 막사이사이 상을 이태영에게 시상하기로 결정했던 것입니다.

이태영은 상금으로 받은 돈으로 집을 지을 수도 있었습니다. 또 자신의 이름을 밝히지도 않은 사람들이 이태영을 돕기도 했습니다.

마침내, 1977년 '여성 백인 회관'이 지어졌습니다.

여성 백인 회관은 '여성을 위한, 여성에 의한, 여성의 집'이었던 것입니다.

이태영은 또한 남녀가 불평등하게 되어 있던 가족법을 바꾸기 위해 노력했습니다.

"가족법 개정은 여성과 남성을 함께 위하는 일입니다. 한 가정의 행복을 위해서는 남편과 아내는 동등한 입장에 있어야 합니다. 가정이 행복해야 나라가, 더 나아가 인류가 행복해집니다."

이태영의 노력으로 가족법은 몇 번이 바뀌어 오늘날까지 이어지고 있습니다,

호주제

호주제란 관리, 공시 제도의 한 가지 종류다. 호주제는 곧 호적 제도를 말하는 것으로 한 가족을 단위로 그 가족을 하나의 공적부에 기록을 하는 것을 말한다. 가족의 관계를 설명하기 위해서는 기준자가 필요한데 그것이 지금의 호주제다. 즉, 현행 호주는 곧 기준자를 말하는 것이다. 국민을 따로따로 관리, 공시하지 않고 가족 단위로 묶어서 하나의 공적부에 기록한 것이 곧 호적이고, 이 제도가 호주제이다. 과거에는 가계 승계라는 의미가 있었지만, 법률 개정에 의해서 이제는 사라졌다.

이 법이 사회 문제로 떠오른 것은 경제 발전과 함께 여성의 사회적 지위가 향상되면서 기존의 가부장적 남성 위주의 사회 제도, 가족 제도가 새롭게 인식되고 있기 때문이다. 이혼율의 급증에 따라 재혼하는 여성도 크게 늘고 있는데, 전 남편의 미성년 자녀를 데리고 재혼하기 때문에 친양자 문제가 생긴다. 현행 민법에 따르면, 재혼한 여성의 자녀는 새 남편의 성을 따를 수 없어 법률상으로 아이와 양부의 관계는 동거인이다.

또 이혼할 때 여성이 법원으로부터 아이의 양육자이자 친권자로 승인받았다 하더라도 아이의 여권을 만들 때에는 호주인 전 남편의 동의가 필요하고, 특히 재혼 여성의 자녀가 학교에 입학할 경우 전 남편의 성을 그대로 사용하기 때문에 현실적으로 친권자인 새 남편과 성이 달라 고통받는 아이들을 구제해야 한다는 주장이 요즘 강하게 제기되고 있다.

백남준(1932년~2006년)

비디오 아트를 예술 장르로 편입시킨 비디오 아티스트다.
텔레비전을 쌓아 두고, 로봇과 레이져를 등장시키는 등,
미술의 개념을 한 단계 발전시켰다는 평가를 받는다.

백남준은 피아노를 치고 싶었습니다. 그러나 아버지는 남자가 피아노를 치면 안 된다며 아주 싫어했습니다. 그럴 때마다 백남준은 아버지 몰래 더욱더 열심히 피아노 연습을 했습니다. 땅바닥에 건반을 그려 놓고 피아노 연습을 하기도 했습니다.

학교에 들어가서도 피아노에 대한 애정은 식을 줄 몰랐습니다. 그런 백남준에게 신재덕 선생님은 음악적으로 많은 도움을 주었습니다. 신재덕 선생님은 백남준의 누나 친구로 백남준에게 음악적인 영향을 많이 끼쳤습니다. 그리고 백남준은 피아노만 배운 게 아니라 이건우 선생님에게서 작곡도 배웠습니다.

백남준의 집은 무척 부자였지만, 백남준은 검소한 생활을 했습니다. 친구들은 아무도 백남준이 부잣집 아들이라는 사실을 모를 정도였습니다. 백남준은 헌책방을 잘 들렀습니다. 백남준은 책을 좋아해서 학교가 끝나면 인사동에 있는 헌책방으로 가곤 했습니다.

그러던 어느 날이었습니다.

"남준아, 너 영어 잘 하지?"

아버지가 남준이의 방에 와서 대뜸 물었습니다.

"잘 하지는 못하지만 대화는 할 수 있어요."

아버지는 남준이의 말에 고개를 끄덕였습니다.

"그럼, 나하고 홍콩에 가자."

무역을 하는 아버지는 남준이를 데리고 홍콩에 갔습니다. 호기심이 많은 남준이는 신나기만 했습니다.

아버지는 남준이가 커서 자신처럼 국제 무역을 하기를 바랐습니다. 그런 여러 가지 생각을 가지고 남준이를 데리고 홍콩에 온 것입니다. 그러나 남준이는 거짓말을 해야 하는 무역 일이 싫었습니다.

"남준아, 너는 큰 곳에서 공부를 하는 게 좋을 것 같다."

아버지는 영국에서 세운 학교로 남준이를 데리고 갔습니다. 아버지의 뜻이었지만 남준이는 불평을 하지 않았습니다. 새로운 환경에서 공부를 하는 것도 괜찮을 듯싶었습니다.

영어만 쓰는 곳이었기 때문에 남준의 영어 실력은 금방 늘었습니다.

그리고 얼마 후, 6·25 전쟁으로 일본에 건너와 생활을 하던 남준은 일본 최고의 명문 대학인 도쿄 대학에 들어갔습니다.

"장하다, 난 네가 자랑스럽다."

아버지는 남준이를 자랑스러워했으나 남준이는 고개를 숙였습니다. 아버지는 남준이가 상과에 입학을 했다고 생각했기 때문입니다. 그러나 남준이는 자신이 공부를 하고 싶었던 미학과에 다니고 있었습니다.

그러나 얼마 안 있어 아버지가 알게 되었습니다.

"너에게는 학비를 주지 않겠다."

아버지는 화가 나서 말했습니다. 그러나 남준이의 형과 누나들은 남준이에게 큰 힘이 되어 주었습니다.

일본에서 공부하면서 남준이는 많은 것을 배웠습니다. 예술을 하기 위해서는 철학도 공부해야 하는 것도 알았습니다.

"남준, 존 케이지라는 사람을 아는가?"

남준을 아끼고 남준도 따르는 노무라 요시오 교수가 물었습니다.

남준은 모른다는 듯이 고개를 저었습니다.

"지금 미국과 유럽에서 명성을 얻고 있는 전위 예술가(전에 있던 예술 형태에서 벗어나, 새롭고 실험적인 창작을 하는 첨단 예술가)야."

그 말에 남준은 케이지를 꼭 한 번 만나 보고 싶었습니다. 그 때 이후로, 남준은 전위 예술에 대한 관심을 가지게 되었습니다.

백남준은 새로운 것을 찾아 공부하기를 좋아했으며 남들보다 앞서는 예술, 전위 예술을 해야겠다고 다짐했던 것입니다.

그 후 미국과 유럽을 돌아다니며 전위적이며 실험적인 미술 집단, 플럭서스의 일원으로 활동하면서 테이프리코더와 피아노 음악 공연(1959), 피아노포르테 연구 공연(1960), 심플 공연(1961), 뮤직일렉트로닉 TV전(1963) 등 많은 공연과 전시회를 가졌습니다.

또한 1963년에는 독일 화랑에서 첫 개인전을 열었습니다. 그 때 백남준은 비디오 예술의 창시자로 세계 미술계의 주목을 받게 되었습니다. 1969년에는 미국에서 샬롯데 무어맨과의 공연을 통해 비디오 아트를 예술 장르로 만든 선구자라는 평을 듣게 되기까지 했습니다. 처음에는 백남준의 비디오 예술이라는 것이 일반인들에게는 받아들여지기가 쉽지 않았습니다. 텔레비전을 아무렇게나 놓은 모습을 보고 의아해하기도 했습니다.

1977년에는 위성 텔레비전 쇼 《굿모닝 미스터 오웰》을 발표하였습니다. 그리고 1993년에는 베네치아 비엔날레에서 황금사자상을 수상했습니다.

그러나 그렇게 열심히 예술 창작 활동을 하던 백남준에게 시련이 찾아왔습니다.

1996년 6월 뇌졸중으로 쓰러져 몸의 왼쪽 신경이 모두 마비되었던 것입니다. 그러나 백남준은 의지가 굳은 사람이었습니다. 신체 장애를 극복하고 국내외에서 도시와 영상전 (1996), 교과서 미술전(1997), 독일 비디오 조각전(1997), 97 바젤 국제 아트 페어(1997), 개인전(1997), 98 서울 판화 미술제(1998), 한국 현대 미술전-시간(1998) 등 많은 전시회를 열었습니다.

또 1996년 10월 독일 《포쿠스》지가 선정한 '올해의 100대 예술가' 중에 뽑혔습니다. 1997년 8월에는 독일 경제 월간지 《캐피탈》이 선정한 '세계의 작가 100인' 가운데 8위로 오르기도 했습니다. 1998년 미국 프랫 인스티튜트에서 미술 명예 박사 학위를 받았습니다.

현대 예술과 비디오를 접목시키는 데 결정적 기여를 한 공로로 '98년도 교토상'을 수상하였고, 한국과 독일의 문화 교류에 기여한 공로로 '괴테 메달'을 받기도 했습니다. 또 2000년 금관 문화 훈장을 받았습니다.

그런 그의 옆에는 늘 함께하는 사람이 있었습니다. 그는 바로 그의 아내였습니다. 그의 아내는 사랑으로 그의 옆에 늘 있어 주었습니다.

비디오 아트의 창시자인 백남준은 피카소, 모네, 뒤샹과 어깨를 나란히 한 한국인인 것입니다.

백남준은 그 동안 살면서 참 많은 만남을 가졌습니다. 그러나 무엇보다도 몇 사람과의 중요한 만남은 백남준이라는 사람을 만드는 데 많은 영향을 끼쳤습니다.

 누나의 친구인 신재덕에게 피아노를 배웠고, 이권우에게 작곡을 배웠습니다. 또한 케이지와의 만남은 백남준의 예술과 인생의 방향을 바꾸게 하기도 했습니다. 백남준에게 있어서 정신적인 쌍둥이라고 하는 요셉 보이스는 퍼포먼스를 함께 열어 자신과 동등한 위치에서 예술가의 길을 갈 수 있게 해 주었습니다. 백남준의 뒤에는 언제나 많은 예술가들이 버티고 있었던 것입니다.

 사람과의 만남을 소중히 여기는 마음은 살아가는 데 아주 큰 힘이 될 것입니다.

비디오 아트

비디오 아트는 1970년대 전반부터 성행한 현대 예술의 한 경향이다. 비디오 아트는 크게 나누어 테크놀로지(과학 기술)의 예술적 가능성의 추구에서 생겨난 것과 형식주의적인 예술에 대한 반발에서 생겨난 것이 있다. 그러나 어느 쪽이나 제작자보다도 감상자의 주체를 중시하는 정보의 개념에 기초를 둔 표현을 추구하고 있다.

그러나 비디오 아트는 아직 확실한 형식이 이루어지지 않고 있다. 한편으로는 영화의 연장, 또 한편으로는 예술의 연장이라고도 할 수 있으며, 거기에 공간이나 환경의 구성과도 결부되어 있어 어떤 방향에 더 가능성이 있으며, 또 어느 방향으로 결정이 날지 아직 미지수다.

그러나 비디오 아트는 현대 예술의 새로운 장르로서 미술관이나 화랑 등에 전시되어 '움직이는 전자 회화'라는 애칭으로 조용한 붐을 일으키고 있다.

비디오 아트의 종류에는 비디오 영상을 특수 처리하여 호소하는 것, 비디오를 도시와 건축의 요소로 간주하며 환경 영상화하는 것, 컴퓨터 그래픽에 의한 '카메라 없는' 비디오 작품 등등 전혀 새로운 발상의 작품이 있다.

독일의 시사 경제지 《캐피탈》에서 세계 100대 작가 중 5개 작가로 선정한 한국의 백남준을 비롯하여 케이드 소니어, 레스 레바인, 비토 아콘시 등이 유명하다.

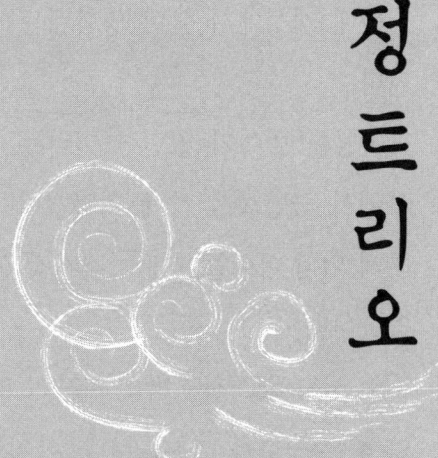

정 트리오

정 트리오(정명화 1944년~, 정경화 1948년~, 정명훈 1953년~)

우리 나라에서 가장 유명한 클래식 음악인 가족이다.
정명화는 첼로를, 정경화는 바이올린을,
그리고 정명훈은 피아노와 지휘로써
세계에 이름을 날리고 있다.
서로의 역할을 정확히 파악하여 균형감을 잃지 않고,
조화로운 음악을 표현하고 있다.

원래 개성에서 살던 명화네는 서울로 이사를 오게 되었습니다.

마땅한 벌이가 없던 어머니는 아이들과의 생계를 위해 시장에서 국밥집을 하게 되었습니다. 하지만 시장에서 장사를 하게 되니 아이들에게 이것저것 신경을 써 줄 여유가 별로 없었습니다.

또 시끄럽고 잡스러운 시장의 분위기는 아이들의 정서에도 안 좋은 영향을 끼쳤습니다. 아이들은 떠들고 노는 일에만 바빴던 것입니다.

"이렇게 아이들을 내버려 두어서는 안 되겠어."

어머니는 결심했습니다.

그러던 어느 날이었습니다. 명화네 작고 낡은 집에 피아노가 한 대 들어왔습니다.

"명화야, 이건 피아노라는 거야. 이제부터 이 악기를 가지고 음악을 연주해 보렴."

"와, 이게 피아노예요?"

명화의 눈은 휘둥그레졌습니다. 어머니는 값비싼 피아노를 사 줄 수가 없어서, 한 달에 얼마간의 돈을 내고 피아노를 빌려 온 것이었습니다.

피아노를 처음 본 명화였지만 피아노 앞에 앉아 연주하는 명화의 모습은 매우 의젓해 보였습니다. 복잡한 시장거리에 아름다운 화음이 울려 퍼졌습니다.

1950년 6월 25일, 전쟁이 터져서 부산으로 피난을 갔을 때도 어머니는 피아노를 챙겨 가셨습니다.

정경화는 다섯 살 때부터 바이올린을 배우기 시작했습니다. 경화는 바이올린에 강한 애착을 보이며, 열심히 연습했습니다.

그리고 연주를 시작한 지 8개월이 되었을 때, 연습삼아 나간 콩쿠르에서 입상을 했습니다. 아이들은 물론 어른들까지 모두 혀를 내두를 정도로 뛰어난 연주 실력을 보여 주었던 것입니다.

"난 아직도 한참 실력이 모자라. 이 모자람을 메울 수 있는 건 오직 노력뿐이야."

경화는 칭찬에 자만하지 않고 더욱 열심히 연습했습니다.

명화는 초등 학교에 입학한 후, 경화처럼 바이올린을 배우기 시작했습니다. 그러나 좋아하는 악기가 아니라서 그런지 실력이 늘지 않았습니다. 점점 연습에 소홀해지고, 시큰둥해졌습니다.

그러나 어머니는 절대 명화를 나무라지 않았습니다. 대신 중학교를 입학할 때 첼로를 선물해 주었습니다. 명화는 그 때부터 첼로를 연주하기 시작했습니다. 그리고 겨우 2년여 만에 음악 콩쿠르에서 특상을 받았습니다. 드디어 자신에게 맞는 악기를 발견했던 것입니다.

그리고 1953년, 정명훈이 태어났습니다. 어머니는 정명훈에게도 피아노를 치게 했습니다. 정명훈은 학교도 그만두고 피아노만 쳤습니다.

1960년, 열여섯 살인 명화와 열두 살인 경화는 이미 실력을 인정받는 음악가가 되어 있었습니다. 어머니는 이 두 자매를 세계적인 음악 학교인 줄리어드 음대에 보내기로 결심했습니다.

하지만 비행기삯이 모자랐습니다.

어머니는 고민을 했습니다.

"아이들을 큰 무대에 서게 해야 해. 하지만 가지고 있는 돈이 모자라는구나. 어떻게 하지?"

어머니는 절대 좌절하지 않았습니다. 어머니는 어떻게 해서든지 줄리어드 음대에 보내야겠다는 생각으로 홀트 아동 복지회로 갔습니다. 그 곳에서는 버려진 아이들을 미국으로 입양 보내는 일을 하고 있었습니다. 어머니는 입양될 아이들 중 다섯 명을 데리고 가는 조건으로 비행기표를 얻었습니다.

드디어 명화와 경화를 줄리어드 음대에 보낼 기회가 생긴 것이었습니다. 미국에서도 정명화와 정경화의 실력은 인정을 받았습니다. 학교에서도 장학금을 주었습니다.

그러나 두 자매는 절대 자만하지 않고, 게으름을 피우지 않았습니다.

"연습만이 살 길이야."

명화와 경화는 학교 학생들 누구보다 더 열심히 노력했습니다.

특히 경화는 완벽주의적인 성격을 가지고 있었습니다. 조금이라도 자기 맘에 들지 않으면 남 앞에서 연주를 하지도 않았습니다. 학생들은 그런 경화에게 '호랑이'라는 별명을 붙여 주었습니다.

경화는 사람들이 이렇게 말하는 걸 들었습니다.

"여자 바이올리니스트들은 한계가 있어요. 아무리 기교를 부려도, 소리가 너무 작거든요."

경화는 그런 말이 듣기 싫었습니다. 그래서 더욱 힘을 주어 소리를 냈습니다.

몸집도 작고 소극적인 경화가 무대에만 오르면 불을 뿜는 듯 연주를 했습니다. 활을 놀리는 솜씨는 마력과 같았습니다. 사람들은 그런 경화를 보고 '동양의 마녀'라고 불렀습니다.

미국에 있는 명화와 경화를 뒷바라지하기가 힘들어지자,

어머니는 명훈과 가족 모두를 데리고 미국으로 이민을 갔습니다.

정명훈은 9세 때 뉴욕 타임즈가 주최한 피아노 콩쿠르 대회에서 1위를 했습니다.

그러나 갓 이민 온 가족의 생활은 항상 곤궁했습니다. 월부로 들여놓은 피아노의 값을 제때 못 낼 정도였습니다. 가게 주인은 당장 피아노를 가져가겠다며 으름장을 놓았습니다.

"우리도 더 이상은 곤란해요, 아주머니. 사정이 안타까운 건 알겠지만 더 봐줄 순 없어요. 다음 주에 피아노를 가지고 가겠습니다."

"조금만 더 기다려 주시면 곧 돈을 마련할 수 있습니다."

명훈은 자신을 위해 사정을 하는 어머니 보기가 미안했습니다.

그런데 마침, 명훈은 쇼팽 콩쿠르에서 1등을 하고 1,000달러를 받게 되었습니다. 명훈은 당당히 대회 관계자들에게 가서 말했습니다.

"피아노의 월부금을 제때 내지 못하는 바람에 피아노를 빼앗길 위기에 있습니다. 장학금을 받지 않고, 대신 피아노 값을 지불하고 싶습니다."

관계자들은 어려운 상황에서도 용기를 잃지 않는 명훈을

칭찬해 주었습니다. 그리고 기꺼이 피아노 값을 지불해 주었습니다.

열아홉 살이 된 경화는 레벤트리트 콩쿠르에서 1위를 하게 되었습니다. 이 대회에서 우승을 하면 세계적인 음악가로 인정받을 수 있었습니다.

후에 작곡자 스트라빈스키는 정경화가 연주하는 자신의 콘체르토를 듣고 '내 작품이 이렇게 아름다운 줄은 몰랐다.' 며 절찬했다고 합니다.

유명해진 경화는 바쁜 나날을 보냈습니다. 한국에서도 연주 요청을 해 왔습니다. 또 유명한 레코드 회사에서 녹음을 하고 싶다는 연락도 왔습니다.

그러나 남들보다 늦게 첼로를 시작한 정명화는 늦게까지 두각을 나타내지 못했습니다.

그러던 어느 날, 명화와 어머니는 함께 첼로 연주회를 가게 되었습니다. 모두들 정숙하게 앉아서 음악을 감상하고 있는데, 어디선가 훌쩍거리는 소리가 들렸습니다. 바로 정명화가 우는 소리였습니다.

"아니, 명화야, 왜 그러니? 어디 아픈 거야?"

"아니에요, 엄마. 나는 언제쯤이나 저렇게 연주할 수 있을까요?"

어머니는 우는 명화를 꼭 껴안아 주었습니다.

"걱정 마라, 얘야. 너도 곧 세계적인 첼리스트가 될 거야."

"정말 그렇게 될 수 있을까요?"

"물론이지. 자, 어서 눈물을 닦아라."

어머니는 명화의 어깨를 조용히 토닥여 주었습니다.

그리고 1971년, 정명화는 동생 정명훈을 반주자로 하여 제네바 국제 음악 콩쿠르에 참가해서 1등을 차지했습니다. 이 일로 드디어 정명화의 이름이 유럽 무대에 알려지기 시작한 것입니다.

그리고 1989년, 정명훈은 프랑스의 자랑이자 세계 정상의 오페라단인 바스티유 오페라단 음악 총감독 겸 상임 지휘자가 되었습니다. 그의 나이는 불과 서른일곱이었습니다. 세계 정상급의 오페라단을 지휘하게 된 첫 번째 한국인으로 기록된 것입니다.

이렇게 해서 음악가 정명화, 정경화, 정명훈 남매는 사람들의 관심을 끌며, 방송과 언론의 스포트라이트를 받게 되었습니다.

1992년에는 유엔 마약 퇴치 기구(UNDCP)의 친선 대사로 임명되어 5년여 동안 활동을 하기도 했습니다. 정 트리오의 이름으로 마약 퇴치를 위한 음악회를 열었습니다.

또 정명화는 1999년, 한국 유니세프 친선 대사로 임명되기도 했습니다.

정 트리오는 동양인이라는 불리한 입지를 극복하고 세계에 우뚝 선 훌륭한 한국의 음악가입니다.

크로스오버

음악에서 크로스오버란, 다른 범주에 속하는 두 가지 이상의 장르가 섞여 이루어진 음악을 말한다.

크로스오버는 1980년대부터 본격적으로 쓰인 용어다. 즉 장르를 무너뜨린 음악이란 뜻이다.

그러나 이 말이 있기 이전부터 장르를 넘나드는 새로운 시도는 항상 있어 왔다.

크로스오버 음악은 두 가지 장르가 합쳐져 제3의 음악을 창조해 낸 것이므로, 익숙하면서도 새롭다.

초창기의 크로스오버 음악은 클래식 악기로 팝 음악을 연주하는 데에 그쳤지만, 근래에 와서는 다양한 양상으로 발전하고 있다.

성악 테너가 대중 가수와 함께 가요 앨범을 내기도 하고, 신나는 락 비트의 밑으로 익숙한 클래식 음악이 흐르며, 감미로운 재즈 음악에 화려한 기교의 랩이 섞인다.

따라서 음악을 듣는 재미가 강하고, 듣는 사람이 매우 신선하게 받아들일 수 있다.

유행을 타지 않고, 여러 장르의 음악을 접할 수 있게 해 주기 때문에 편안히 오래 들을 수 있다.

크로스오버 음악은 다양성을 추구하는 현대 사회의 경향과 새로운 것을 찾는 현대인의 취향과 더불어 각광받고 있다.

대중들이 거리를 느꼈던 클래식이 친숙하게 다가온다는 점도 크로스오버의 강점이다.

스티븐 스필버그

스티븐 스필버그(1947년~)
미국의 영화 감독이다.
식인 상어와 인간의 싸움을 그린 《조스》로
주목받기 시작해서, 《인디애나 존스》 시리즈와
《쉰들러 리스트》《컬러 퍼플》《E·T》《쥬라기 공원》 등의
성공으로 세계적인 감독으로 인정받고 있다.

스티븐 스필버그는 어려서부터 영화라면 사족을 못 쓸 만큼 좋아했습니다. 대학에 들어가서도 늘 영화만 생각했던 스필버그는 전공인 영문학이 재미가 없었습니다. 수업에 들어가지 않고 잔디밭에 누워 영화 생각만 하기 일쑤였습니다.

마침 그 때, 스필버그의 친구가 헐레벌떡 달려왔습니다.

"우리 유니버설 스튜디오 관광 가자. 이번에 그런 기회가 생겼어."

스필버그는 뛸 듯이 기뻤습니다. 유니버설 스튜디오는 아무나 들어갈 수 없는 곳이었기 때문입니다.

"땅땅땅!"

유니버설 스튜디오에 도착한 스필버그의 눈은 휘둥그레졌습니다. 영화 속에서만 보았던 것들을 눈앞에서 보니 너무나 신기했던 것입니다.

커다란 차가 폭발음을 내며 터지고 있었고, 큰 건물이 활활 불타고 있는 장면을 보며 스필버그는 그 곳에서 자신이 감독이 된 상상을 했습니다.

스필버그는 직접 내려가 보고 싶었지만 차 안에서만 볼 수 있었기 때문에 답답하기만 했습니다.

"자, 화장실에 다녀오실 분은 얼른 다녀오세요."

스필버그는 '이 때다!' 싶어 친구의 손을 잡고 버스에서 내렸습니다.

"난 화장실 안 가고 싶어."

친구가 짜증스런 목소리로 말하자 스필버그는 눈을 찡긋했습니다.

"망 좀 봐."

"친구는 눈을 동그랗게 뜨고 물었습니다.

"뭐라고?"

그러자 스필버그는 눈을 반짝이며 말했습니다.

"난 저것들을 직접 가서 보고 손으로 만져 보고 싶어. 그러지 않으면 직성이 풀리지 않을 것 같아."

스필버그는 화장실에 가는 척하면서 소품을 쌓아 놓은 곳에 숨어 들어갔습니다.

버스가 떠나자 스필버그는 혼자서 스튜디오 안을 돌아다녔습니다. 눈앞에 펼쳐진 모든 것들이 신기하기만 했습니다. 스필버그는 아주 흥분이 되었습니다.

'이 곳에서 얼른 영화를 찍고 싶다.'

스필버그가 몇 달 동안 그렇게 했더니 수위 아저씨조차 스필버그에게 인사를 할 정도로 익숙해지게 되었습니다.

그러던 어느 날이었습니다.

"어? 여긴 뭐지?"

거미줄이 쳐져 있고 비어 있는 사무실을 우연히 발견했던 것입니다.

"그래, 여기다 사무실을 차리자."

스필버그는 비어 있는 방에 사무실을 차리고 2년 동안 머물렀습니다. 그 덕분에 감독, 편집자, 각본가 등과도 친하게 지낼 수 있었습니다.

그러다가 스필버그는 자신이 찍은 8mm 영화를 들고 유니버설 영화 관계자의 사무실에 찾아갔습니다.

"하하하, 8mm라고? 16mm든지, 35mm 영화를 만들어 온다면 자네의 영화를 봐 주겠네."

그러고는 스필버그를 쫓아 냈습니다.

'그래, 16mm를 만들어 와야지.'

스필버그는 그들의 말을 믿고 16mm 영화를 만들기로 결심을 했던 것입니다.

그리고 약속대로 다시 영화를 들고 유니버설 스튜디오를 찾아갔습니다.

열심히 찍은 그의 영화를 본 사람들은 칭찬을 아끼지 않았습니다.

그리고 그의 재능을 발견한 어떤 사람이 텔레비전 제작자인 시드 샤인버그에게 그를 소개시켜 주었습니다. 스필버그의 작품을 본 그는 당장 계약을 하자고 했습니다. 계약금은 얼마 되지 않았지만, 스필버그는 꿈을 이룰 수 있는 기회를 얻게 된 것입니다.

스필버그는 당당하게 말했습니다.

"저는 꼭 감독이 될 것입니다."

그 말에 샤인버그는 고개를 끄덕이며 인정해 주었습니다.

스필버그는 우연한 기회에 텔레비전 감독으로의 일을 맡게 되었지만, 아주 형편 없는 영화를 만들고 말았습니다. 스필버그는 이 일로 스스로에게 실망을 했습니다.

스필버그는 포기해 버릴까 생각도 했지만 입술을 깨물며 다시금 다짐했습니다.

그리고 시작한 영화가 《조스》였습니다. 조스를 찍을 때 몇 달 동안 매일 바다에 나가 촬영을 했지만, 악몽에 시달릴 뿐 영화는 마무리되지 않았습니다.

엎친 데 덮친 격으로 기계로 만든 상어 한 마리가 바닷속으로 가라앉았습니다. 스필버그는 크게 실망하여 모든 것을 포기할 생각까지 했습니다.

"이렇게 안 좋은 일만 계속 되는 건, 영화를 그만두라는 징조가 아닐까?"

그러나 《조스》에 출연하는 배우가 스필버그에게 큰 힘을 주었습니다. 스필버그는 힘을 얻어 다시금 영화 제작에 힘을 쏟았습니다.

그리고 완성된 《조스》는 대단한 성공을 거두었습니다.

사람들은 모이기만 하면 《조스》 이야기를 했으며, 여기저기 방송에서도 《조스》 이야기가 화제였습니다.

《조스》는 영화 사상 최고의 흥행 수입을 올린 영화가 되었습니다.

그것에 힘을 얻은 스필버그는 새로운 영화를 만들려고 노력했습니다.

그 다음에 제작된 것이 바로 《E·T》였습니다. 《E·T》는 외계인과 한 소년과의 우정을 다룬 영화로 모든 아이들에게 사랑을 받았습니다.

그리고 그 후에 제작된 것이 바로 《쥬라기 공원》입니다. 《쥬라기 공원》은 기존에 만들었던 영화와 달랐습니다. 《조스》나 《E·T》는 로봇을 만들어 찍었지만 《쥬라기 공원》은 컴퓨터 작업으로 몇만 년 전에 사라진 공룡을 만들어 냈습니다.

사람들은 모두들 스필버그의 그 발상이 실패할 것이라고 했습니다.

그러나 스필버그의 공룡을 되살리는 노력은 성공을 거두었습니다.

흥행의 귀재라 불리는 스티븐 스필버그는 1993년 《쥬라기 공원》을 시작으로 1997년 《잃어버린 세계》, 2001년 《쥬라기 공원 3》까지 모두 흥행시켰습니다.

공상 과학 영화

공상 과학 영화란 특수한 촬영법을 써서 지구의 미래나 천체에 관한 공상적인 세계를 사실처럼 나타낸 영화다.

영화가 기록 필름 단계에서 벗어나 극적인 요소가 가미되기 시작할 때부터 공상 과학적인 소재는 자주 채택되었다.

소재로는 미래나 우주에 대한 이야기 등 우리가 아직 확인할 수 없는 이야기를 자주 소재로 끌어들였다.

1960년대의 대형화를 중심으로 한 영화 기술의 진보는 공상 과학 영화의 새로운 장을 여는 계기가 되었다. 미국의 S.큐브릭은 《2001년 스페이스 오디세이》(1968년)와 《시계 장치의 오렌지》(1971년)를 통해 좋은 성과를 거두었다.

그 후 1977년에는 조지 루카스의 《스타 워즈》가 발표되어 대성공을 거두자 이에 자극되어 1970년대 말기에는 공상 과학 영화가 선풍적 인기를 불러일으켰다.

이후 1980~1990년대에는 컴퓨터 그래픽 등의 기술 발전과 더불어 한층 실감나는 화면을 만듦으로써 관객에게 즐거움을 주었다.

공상 과학 영화의 대표적 감독인 미국의 스티븐 스필버그가 만든 《E·T》(1982년), 《쥐라기 공원》(1993년)은 선풍적 인기를 끌었다.

오늘날 공상 과학 영화는 미래의 인류 운명이 어떻게 될 것인가라는 공통된 주제를 다루고 있다.

우리 나라에서도 새로운 시도를 보이며 공상 과학 영화에 도전하고 있다.

경제와 사업에서
업적을 남긴 위대한 인물

사람들은 저마다 다양한 재능을 가지고 태어납니다.
그 중에서 경제적인 면에 뛰어난 능력이 있는 사람들이 있습니다.
그런 사람들은 대개가 부지런하고 성실하고 노력하는 사람들입니다.
또 약속을 잘 지키고 믿음을 주는 사람들입니다.
언제나 게으르고 약속도 안 지키는 사람들이 사는 나라는
어떻게 될까요?

정주영
이건희
빌 게이츠

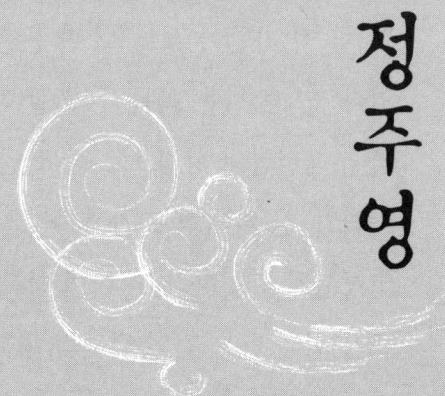

정주영(1915년~2001년)

우리 나라 현대 그룹의 창업자다.
오직 가난에서 벗어나기 위해 가출했고,
1950년엔 현대 건설 주식 회사를 설립하고,
1971년엔 현대 그룹의 회장이 되었다.
그리고 1998년 '소 떼 방북'으로 분단 이후
관리 동행 없이 판문점을 통과한 최초의 민간인이 되었다.
또 금강산 관광을 성사시켜, 대북 사업의 문을 열었다.

"어릴 적 가난이 싫어 소 판 돈을 갖고 무작정 상경한 적이 있다. 그 후 나는 묵묵히 일 잘 하고 참을성 있는 소를 성실과 부지런함의 상징으로 삼고 인생을 걸어왔다. 이제 그 한 마리가 천 마리의 소가 되어 그 빚을 갚으러 꿈에 그리던 고향산천을 찾아간다. 이번 방북이 단지 한 개인의 고향 방문을 넘어 남북 간의 화해와 평화를 이루는 초석이 되길 진심으로 바란다."

1998년 6월, 통일소와 함께 판문점을 통해 북한을 방문할 때 기자 회견에서 정주영이 한 말입니다.

정주영에게는 꿈이 있었습니다. 장안의 제일 가는 부자가 되겠다는 꿈이었습니다.

시골에서 아버지 몰래 소를 판 돈 70원을 가지고 도망 나온 정주영은 '복흥 상회'라는 쌀 가게에 배달원으로 취직을 한 후, 그 누구보다도 열심히 일을 했습니다.

정주영은 월급을 받으면 적은 월급이었지만, 반드시 그 절반을 저금했습니다.

새벽같이 일어나 가게의 문을 열고 청소를 하며 정리를 하는 정주영을 보면서 복흥 상회 주인은 정주영에게 믿음을 가졌습니다.

"자, 빗길이니 조심하게."

주인이 자전거에 쌀을 실어 준 뒤 말했습니다.

그러나 쌀을 싣고 가던 정주영은 그만 빗길에 넘어지고 말았습니다. 싣고 가던 쌀이 엉망이 된 정주영은 주인에게 가서 고개를 푹 숙였습니다.

"괜찮아. 사람이면 실수도 할 수 있는 거야."

주인은 아주 너그러운 마음으로 말했습니다.

정주영은 더욱더 열심히 일했습니다. 낮에는 일하고 밤에는 자전거 타는 연습을 했습니다.

그런 모습을 본 주인은 결국 복흥 상회를 물려주었습니다. 정주영의 정직과 성실이 주인의 마음 속에 신뢰를 쌓아 주었기 때문입니다.

가게를 인수한 정주영은 누구보다도 열심히 일했습니다. 그리고 사업을 더욱 번창하게 하기 위한 노력을 게을리하지 않았습니다.

또한 뭐든지 아끼는 생활을 했습니다.

열아홉 살에 고향을 떠난 정주영에게는 절약하는 생활이 습관화되어 있었던 것입니다. 먼 거리도 차비가 아까워 걸어 다녔으며, 구두가 닳을까 봐 구두 밑바닥에 징을 박기도 했습니다. 옷 한 벌로 사계절을 보내는 알뜰한 정주영이었습니다.

복흥 상회에서의 장사 수완을 밑천으로 절약과 검소한 생활이 몸에 밴 경제 의식으로 정주영은 마침내 자동차 수리 공장과 건설업을 시작했습니다.

정주영은 성격이 당차고 자신의 물건 하나하나에 대한 애착이 많았습니다. 그런 성격은 무슨 사업을 하더라도 많은 도움이 되었습니다.

정주영은 '현대 건설 주식 회사'를 세웠습니다. 그리고 '현대 건설 주식 회사' 사옥을 중구 필동에 짓고 본격적으로 일을 시작했습니다.

그러나 설립한 지 얼마 되지 않아 6·25 전쟁이 터지고 말았습니다. 제대로 일을 해 보지도 못하고 피난을 가야 하는 일이 생기고 만 것입니다.

그러나 정주영은 실망하지 않았습니다.

부산으로 피난 간 정주영은 거기에서도 미군을 상대로 한 건설 일을 맡아 많은 돈을 벌었습니다.

그리고 전쟁이 끝난 후 서울로 올라온 정주영은 본격적인 사업을 시작했습니다. 특유의 뚝심과 신용으로 무슨 일이든 했습니다.

도저히 가능성 없어 보이는 일도 정주영은 해냈습니다. 그의 재치와 성실함 때문에 누구든지 일을 맡겼고 정주영은 해냈던 것입니다.

전쟁 후의 무너진 다리나 건물에 대한 복원 등의 공사를 정주영은 맡아서 잘 해냈습니다.

자신이 비록 손해를 볼지라도 약속 날짜를 지키려고 노력했습니다. 정주영에게는 돈과 몸보다 소중하다고 여기는 것이 신용이었기 때문입니다.

그가 지키는 철저한 약속 덕분에 많은 공사가 정주영에게 주어졌습니다.

그 덕분에 현대 건설은 우리 나라에서 큼직한 공사를 하는 건설 회사로 이름이 나게 되었습니다.

그러나 여기서 멈추지 않았습니다. 정주영은 더욱 욕심을 냈습니다.

"우리 나라의 좁은 땅덩어리에서는 안 돼. 넓은 세계로 나가야 한다. 해외의 큰 공사를 따내 건설 기술을 익히고, 외화도 벌어야 해. 그래야 기술력도 다른 나라를 앞지를 수 있고 부강한 나라가 될 수 있는 거야."

그리고 얼마 후, 정주영은 태국의 고속 도로 공사를 따내 우리 나라 건설 업체로는 처음으로 해외에 진출하게 되었습니다.

그러나 해외 공사는 결코 쉬운 일이 아니었습니다.

그 나라의 기후나 풍속, 언어가 다르기 때문에 많은 어려움이 뒤따랐습니다.

그런데도 정주영은 약속 시간을 맞추기 위해 밤에도 직접 나와 인부들을 감독하고 격려했습니다.

그 모습을 본 태국 사람들은 감탄했습니다.

그리고 서울로 돌아온 정주영은 우리 나라의 고속 도로 건설을 시작했습니다.

'호랑이'로 불릴 정도로 작업에 있어서는 철두철미했던 정주영을 인부들은 모두 무서워했습니다.

건설업으로 돈을 번 정주영은 배와 자동차를 만드는 일에도 뛰어들었습니다. 그러나 그 일은 결코 쉬운 일이 아니었습니다.

현대 건설은 조선소와 자동차 공장을 짓는 데 투자를 너무 많이 해서 회사 사정이 조금 어려워졌습니다.

"새로운 길을 찾아야 해."

그 때 정주영의 머리에 번쩍이는 생각이 있었습니다.

"중동으로 가는 거야. 모든 달러가 석유 때문에 중동으로 모이고 있어."

그러나 모두들 반대했습니다.

"중동은 안 됩니다. 세계의 선진 건설 회사들이 이미 들어와 일을 하고 있습니다. 건설 기술이 부족한 우리로서는 어려운 일입니다."

그러나 정주영은 한번 입에서 나간 말에 대해서는 꼭 이루고야 마는 성격이었습니다.

"해 봤어? 안 해 봤잖아."

그리고 결국, 현대 건설은 어려움을 다 겪으며 '20세기 최대의 역사'로 알려진 사우디아라비아의 주베일 산업항 공사를 따냈습니다. 거기에서 벌어들이는 돈은 우리 나라의 총예산의 4분의 1이나 되는 많은 돈이었습니다.

열심히 사는 사람에게는 신도 도와 준다는 말처럼 정주영에게는 행운이 따랐습니다.

그리고 계속해서 고속 가도를 달리는 정주영에게 고향에 대한 생각이 떠나지 않았습니다.

소를 판 돈 70원을 가지고 떠나왔던 고향.

그리고 남과 북으로 나뉘어 고향으로 갈 수 없는 정주영은 다시 큰 꿈을 꾸게 되었습니다. 그것은 고향으로 간다는 것이었습니다. 북한을 자유롭게 여행할 수 있는 길을 만들고 싶었던 것입니다.

"그래, 소를 가지고 같이 가는 거야."

정주영의 꿈은 그랬습니다.

자신이 가지고 왔던 소 한 마리의 값 70원. 그것을 몇십 배

되도록 갚고 싶었습니다.

마침내 정주영은 소 천 마리를 데리고 판문점을 통과하는 계획을 세웠습니다.

정주영의 계획에 모두들 놀랐습니다. 그런 생각은 아무나 할 수 있는 것이 아니었습니다. 모두들 실현 가능성이 없다고 했습니다.

그러나 정주영은 해 보지도 않고 포기하는 것은 있을 수 없는 일이라고 생각했습니다.

"난 1,000마리의 소를 가지고 갈 거야."

그리고 결국, 정주영의 바람대로 소 1,000마리는 판문점을 지나게 되었습니다. 아니 정확하게 말하면 1,001마리였습니다. 1이라는 숫자는 시작을 의미하는 것으로, 이로써 남북 화해의 길을 튼 것입니다.

그 날, 트럭에 실린 소들을 데리고 자랑스럽게 판문점을 통과하는 정주영을 보고 우리 나라 사람들의 마음은 뭉클했습니다. 50년 동안이나 닫혀 있었던 그 문을 정주영이 열었던 것입니다.

"대단한 사람이야."

"아무도 할 수 없는 일을 하는 훌륭한 사람이야."

사람들 저마다의 마음 속에는 새로운 희망이 싹트고 있었습니다.

정주영과 소 떼가 판문점을 통과하는 모습을 보면서.

정주영의 성공 비결

1. 내 몸이 담보요
가난한 농촌에서 태어난 정주영은 막노동판을 전전하다가 서울의 쌀가게에 취직을 했다. 자신이 가진 것이라곤 몸뚱이와 신용밖에 없다고 생각한 정주영은 누구보다 성실하게 일하게 되고, 그 결과 쌀가게 주인과 주위 사람들에게 신용을 얻게 되었던 것이다.

2. 국 한 그릇, 반찬 하나
17년 전 작업복을 입었던 정주영. 그는 젊은 시절부터 아끼는 데 있어서는 누구 못지 않은 사람이었다고 한다.

3. 새벽 닭을 깨우며
정주영은 새벽 3시면 어김없이 일어났다. 그리고 그 날의 업무를 시작했다.

4. 빈대도 머리를 쓰는데……
파격적인 아이디어는 곧바로 성공으로 이어진다고 생각한 정주영은 생각을 많이 해서 새로운 아이디어 창출에 노력했다.

5. 오백 원으로 빌린 사천 만 달러
정주영의 별명은 불도저. 그것은 한번 마음먹은 사업을 무섭게 밀어붙이는 추진력 때문이었다.

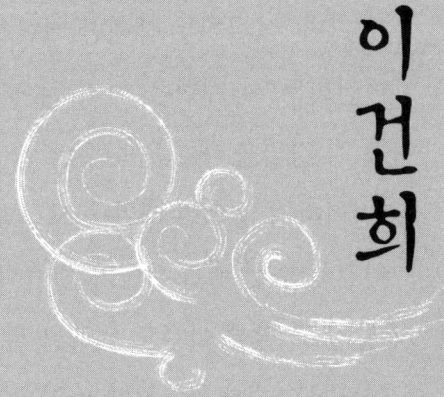

이건희(1942년~)

삼성 그룹 창업자 이병철 회장의 셋째 아들로 태어나, 1987년부터 현재 삼성 그룹의 회장이다. 인간 중심, 기술 중심, 자율 경영, 사회 공헌을 경영의 축으로 삼아 세계 초일류 기업으로 도약했다. 2003년, 미국 '뉴스 위크'지가 선정한 세계 8대 경영인 중 하나로 선정됐다.

1993년, 이건희는 중대한 결단을 내렸습니다.

이건희는 신 개혁을 하지 않으면 살아남지 못한다는 판단 아래 질 경영을 내세운 신 경영을 하기로 한 것입니다.

"변화하지 않으면 생존을 보장받을 수 없다."

이건희의 말에 모두들 놀랐습니다. 그러나 이건희의 의지가 담긴 그 말에 아무도 뭐라고 할 수 없었습니다.

이건희는 구태의연하게 만연되어 있는 우리 나라의 게으른 풍조를 바꾸려고 했던 것입니다. 품질을 좋게 하기 위해서 회사의 문을 닫아도 좋다는 신념으로 완벽한 제품을 위해 노력하도록 했고 7시에 출근, 4시에 퇴근이라는 근무 방침을 세워 직원들에게 스스로의 능력 향상에 도움이 될 수 있도록 하였습니다. 이 방침은 어느 기업에서도 하지 않았던 말 그대로 개혁이었습니다. 7시에 일을 시작하고 4시나 5시 정도에 일을 끝낸 다음, 자신의 개발을 위해 힘쓰라는 뜻이 담겨진 내용이었습니다. 이 방침은 그 동안 이건희가 아무리 개혁을 울부짖었지만 소용없었던 것을 일축하는 방침이었던 것입니다.

그리고 얼마 후, 삼성이 끊임없이 따라가려고 노력했던 일본의 소니 회장이 "삼성을 배워라."고 할 정도로 삼성은 눈부시게 발전했던 것입니다. 삼성의 전 직원의 노력과 삼성이라는 큰 배를 잘 운항한 이건희의 탁월한 경영이 성과를 얻을 수 있었던 것입니다.

이건희가 프랑크푸르트에서 라인강의 기적을 되새기며 선택한 것은 큰 성과를 얻을 수 있었습니다. 1992년 삼성은 2,300억원에 지나지 않았던 삼성의 자본은 2002년에는 66배가 증가한 15조 원이 되었습니다.

이건희가 이끄는 삼성이 우리 경제를 주도해 간다고 해도 과언이 아닐 정도로 삼성이 우리 경제적인 면에서 차지하는 비율은 아주 높았습니다.

삼성 전자 등 10대 기업의 매출액은 2,083억 달러로 국내 총생산(GDP) 4,574억 달러의 46%를 차지합니다. 또한 삼성전자는 휴대폰 사업으로 2003년 3/4분기 동사 총 매출의 40%를 차지하고 있을 뿐만 아니라 총 영업 이익의 약 2/3를 차지하고 있습니다. 이건희 회장의 취임으로 1987년 13.5조 원에 지나지 않았던 매출이 2002년에는 137조 원으로 증가했습니다.

이건희는 직접 냉장고 밑바닥도 살펴볼 만큼 질에 대한 고민을 많이 하는 경영자였습니다. 양보다는 질을 더 중요하게 생각하는 이건희였던 것입니다. 그런 이건희 뜻을 삼성의 임원들이 잘 이해하지 못할 때, 이건희는 호통을 쳤습니다.

"내가 그렇게 질 경영을 강조했는데 제대로 이뤄지지 않는 겁니까? 회장이 말해도 안 되는 겁니까?"

이런 이건희의 노력 덕분에 삼성은 세계적인 브랜드 가치에서 2003년, 108억 달러로 평가되었다고 합니다. 이것은 지난 2002년보다 31%나 증가한 것입니다.

또 하나 이건희의 인간적인 면을 엿볼 수 있는 부분은 IMF 체제하에서 구조 조정이 불가피했을 때 사람들을 무조건적으로 정리하지 않았습니다. 경력개발센터를 두어 퇴직 직원들에게 새로운 일자리를 알선해 주는 기회를 주었던 것입니다. 어느 기업에서도 하지 않은 것을 삼성에서는 했던 것입니다. 아니, 이건희가 하도록 지시를 내렸던 것입니다. 이건희는 스스로를 버렸기 때문에 삼성의 구조 조정이 성공적으로 이루어질 수 있었습니다.

포기할 줄 아는 용기와 올바른 판단이 이건희에게는 있기 때문입니다. 지금도 포기할 줄 아는 용기와 결단력이 계속되고 있다고 합니다.

이건희는 무엇보다도 사람을 아주 중요하게 생각하는 사람이었습니다.

"그래, 잘 있지? 몸은 어떤가?"

삼성의 임직원들은 대개가 이건희로부터 이런 전화를 받았다고 합니다. 퇴근 후나, 휴일에 집에 있으면 이건희는 이런 안부 전화를 걸어 회사 일이 아닌 오래 된 친구처럼 다정스럽게 통화를 했다고 합니다.

그런 전화를 받은 임직원들은 이건희에게 감동을 받기도 했습니다. 대기업을 이끌어가는 사람이 이런 잔정이 있다고 사람들은 잘 생각하지 못합니다. 언제나 커다란 의자에 앉아 지시만 하고 큰 소리만 지르는 것이 대기업의 회장이 하는 일이라고 생각할지 모르나 이건희는 아니었습니다. 이건희는 사람을, 사람과의 관계를 아주 소중하게 여겼던 것입니다.

또한 어떤 일을 시작할 때, 철저한 조사를 바탕으로 진행해 나가는 철두철미한 모습을 지니고 있었습니다.

'마누라와 자식 빼고는 다 바꾸자.' 라고 말한 이건희의 말은 이 사회에 널리 퍼져 있는 한국인들의 습관을 고치고자 노력하려는 의지일지도 모릅니다.

또한 이건희는 우리 나라의 교육을 바꾸고 싶었습니다. 초, 중, 고등 학교를 지내면서 단순히 암기만 잘 하면 좋은 대학을 가고, 좋은 직장에 취직을 하는 그런 단순한 사람을 만드는 게 아니라 창의적이고 상상력이 풍부한 사람을 키우고 싶었던 것입니다.

신춘문예 당선자를 삼성 계열의 기획사에서 채용했다는 이야기는 유명한 이야기입니다. 그만큼 한 분야에서 뛰어난 재능을 보이는 인재를 키우고 싶었던 것입니다. 교육이 그 동안 단순 암기적인 것을 지배해 왔다고 판단해 그 약점을 바꾸려고 노력했습니다. 그러면서도 인간적인 면을 아주 중요하게 생각하는 이건희였습니다. 이건희는 컴퓨터로 대화하고 편지를 하는 요즘, 즉 기계가 모든 것들을 해결해 주는 이 때 따뜻한 인간미가 살아 있는 문화를 만들고 싶었던 것입니다.

또한 직원을 먼저 감동시키지 못하는 최고경영자(CEO)는 고객도 감동시킬 수 없다고 생각한 이건희는 그 생각을 경영에 그대로 도입했습니다. 정기적인 간담회를 열어 임직원들의 고민을 받아들이고 해결할 수 있도록 했던 것입니다.

이건희는 '21세기는 사람의 머리로 싸우는 두뇌 전쟁 시대' 라고 했습니다.

어디에든 일등만이 살아남고, 나머지는 일등 국가와 일등 기업에 신세지면서 근근이 살아가게 된다는 것이 이건희의 말입니다. 지금은 수십 명, 수백 명이 물건을 만들지만 인재 한 사람이 모든 것을 대신할 날이 온다는 것입니다. 그 인재는 바로 천재인 것입니다.

이 회장은 전체 국민소득을 높이기 위해서도 천재가 필요하다고 무척 조심스럽게 얘기했습니다.

그리고 이건희는 '믿으면 버리지 않는다.' 로 유명합니다.

삼성을 이끄는 이건희 삼성 회장은 서울 태평로 본관에 거의 출근하지 않습니다. 한남동 자택과 영빈관인 승지원이 집무실입니다.

그렇다면 이건희 회장의 리더십은 어디에서 오는지 모두들 궁금해 합니다. 아마도 그것은 이건희는 한 사람을 믿으면 결코 그 사람을 버리지 않는 데서 오는 게 아닌가 싶습니다. 그렇게 때문에 오늘날의 삼성이 존재하고 우리 나라 경제를 이끌어가는 데 큰 힘이 된 것입니다.

'미덥지 않으면 맡기지 말고, 썼으면 믿고 맡긴다.' 는 이건희의 경영이 그대로 반영된 것입니다.

국립 현대 미술관

현대 미술 작품의 구입·보존·전시 및 국제 교류에 관한 사항을 관장하기 위하여 문화공보부(현재 문화관광부)장관 소속하에 설치되었다. 국립 현대 미술관은 1969년 10월 20일 경복궁에서 개관한 이후, 1973년 덕수궁으로 옮겼다가(덕수궁 현대 미술관), 1986년 8월 경기도 과천시 막계동에 있는 대지 면적 7만 3360.9㎡, 총건축면적(연면적) 3만 4006㎡의 현 건물로 이전하였으며, 1998년 12월 덕수궁에 미술관 분관을 개관하였다.

2001년 현재 약 4,000여 점의 작품을 소장하고 있다.

부서별 조직은 관장을 중심으로 사무국과 학예 연구실로 대별된다. 사무국은 관리과·전시과·섭외 교육과로 구성되었고, 학예 연구실은 조사·연구·기획·자료 정보·작품 관리를 포괄한다. 그외 도서실, 자료실, 보존 과학실 등이 운영되고 있다.

주요 활동으로는 한국 근대 미술 60년전(1972년), 한국 현대 미술 100인전(1973년), 재외 작가 초대전(1982년), 한국 근대 미술 자료전(1984년)을 비롯하여 1986 아시아 현대 미술전, 프랑스 20세기 미술전, 와이즈만 컬렉션전 등의 전시회 개최와 토요 미술 강좌, 미술관학 강좌, 초등 교사 미술 연수 등의 교육프로그램을 운영하고 있다.

현재도 많은 미술 작품이 전시 중이며 매월 첫째 주 일요일은 가족과 함께 한다는 의미로 관람료가 무료이다.

빌 게이츠

빌 게이츠(1955년~)

미국의 프로그래머이며, 사업가다.
세계적으로 유명한 마이크로소프트사의 창업자다.
직접 프로그램용 언어와 프로그램을 개발하기도 했지만,
현재는 프로그래머보다 사업가로서 활동하고 있다.
개인용 컴퓨터 시장의 확장으로 인해,
1994년과 1995년에 미국 갑부 1위에 선정되었다.

빌은 친구들과 밤마다 컴퓨터실로 향했습니다. 학교에 설치된 컴퓨터는 많은 아이들이 같이 이용해야 했기 때문에 빌이나 빌의 친구들은 밤에 주로 이용했습니다.

"정말, 신기한 것 같아. 이 기계는 대단해."

빌과 친구들은 시간 가는 줄 모르고 컴퓨터에 빠져 있었습니다.

그 때의 컴퓨터는 커다란 방에 가득 찰 만큼 커다란 기계였습니다. 모든 사람들에게 하나씩 공급된 컴퓨터가 아닌 아주 비싼 컴퓨터였습니다. 그래서 컴퓨터는 한 나라에 몇 대 되지 않았습니다.

그래서 빌과 친구들은 잠을 줄이더라도 컴퓨터하고 좀더 오랜 시간 같이 있고 싶었습니다.

"이 기계에 내가 명령을 하면 내 명령을 받아 여러 가지 일을 해."

빌은 좀더 컴퓨터에 대해 잘 알기 위해서 스스로 공부를 했습니다. 낯선 컴퓨터 언어를 익히고 컴퓨터 프로그램을 공부했습니다.

비록 고등 학생인 빌이었지만 전문가들이 보는 책을 구해 읽기도 했습니다. 그러나 쉽게 이해가 되지 않았습니다. 그러나 누구에게 물어 볼 사람도 없었습니다. 빌은 자신이 좋아서 하는 공부였기 때문에 알 때까지 읽고 또 읽었습니다.

"이게 뭐니, 빌?"

어느 날 빌의 방에 들어온 빌의 어머니가 깜짝 놀라며 물었습니다.

빌이 보고 있는 책들은 다 대학생들이 보는 책이었기 때문입니다.

"제가 보는 책들이에요. 컴퓨터를 알기 위해서는 꼭 봐야 하는 책이죠."

어머니는 고개를 끄덕였습니다. 그러나 빌이 대학을 들어가기 위해 공부를 하기를 더 바라고 있었습니다.

"아버지와 나는 네가 법과 대학에 들어가 아버지처럼 변호사가 되길 바란다."

그러나 빌은 그러고 싶지 않았습니다. 어머니, 아버지 뜻에 따라 법과 대학을 들어가는 건 컴퓨터를 많이 할 수 없다는 뜻이기도 했기 때문입니다.

"전 제가 하는 일이 재미있어요."

"그래, 하지만 네가 법관이 된 후에 컴퓨터 프로그램을 만드는 일을 해도 늦지 않잖니."

"예, 알겠습니다."

그렇게 대답하는 빌이었지만 빌의 머릿속에는 컴퓨터에 대한 생각뿐이었습니다.

그런데 일이 발생했습니다.

"빌, 이제 우리 컴퓨터를 만질 수 없게 되었어."

학교에서 사용했던 컴퓨터를 예산 부족으로 더 이상 사용할 수 없게 되었기 때문입니다. 그러나 빌과 친구들은 컴퓨터에 대한 꿈을 포기할 수 없었습니다.

"우리가 회사를 세우자."

빌이 제안하자 친구인 폴 앨런이 적극 찬성했습니다.

그러던 중 빌에게 좋은 기회가 왔습니다.

"빌, 네 친구들과 함께 컴퓨터 회사에 가서 일을 하거라. 내가 다 말을 해 두었으니, 거기에 가서 맘껏 너희들이 좋아하는 일을 하거라."

컴퓨터 회사에 간 빌과 친구들은 너무 놀랐습니다. 학교에 있는 컴퓨터보다도 더 좋은 컴퓨터가 있었기 때문입니다.

"너희들은 이제 우리들이 회사를 퇴근하고 나면 그 후에 와서 얼마든지 컴퓨터를 이용해도 된다. 이 컴퓨터가 안고 있는 문제점을 기록하는 게 너희들의 일이니까."

그 후, 빌과 친구들은 학교가 끝나자마자 회사로 출근을 했습니다. 그리고 시간 가는 줄 모르고 일을 했습니다. 때때로 학교에 못 가는 일도 생겼습니다.

"얘들아, 이것 봐."

빌이 소리쳤습니다.

그 동안 암호 프로그램을 풀기 위해 애쓰던 빌이 드디어 암호를 알아 냈던 것입니다.

"암호가 풀렸다."

"안 돼, 빌. 그건 안 돼."

그 회사의 비밀들이 컴퓨터 화면에 떠올랐습니다. 그러다가 갑자기 컴퓨터 화면이 나가면서 전원이 꺼졌습니다.

"이를 어쩌지?"

빌과 친구들은 모두 당황해했습니다.

그리고 컴퓨터는 다시 켜지지 않았습니다.

아침에 출근한 회사 직원들은 빌과 친구들이 해 놓은 일을 보고 깜짝 놀랐습니다.

"아니, 도대체 이게 어떻게 된 일이야? 뭘 건드린 거야?"

"제가 혼자서 했습니다. 다른 친구들은 아무 잘못이 없습니다."

"빌, 네가 한 일은 무척 큰 일이다. 감옥에 갈 수도 있는 일이야."

결국, 빌과 친구들은 회사에서 쫓겨나고 말았습니다.

이 사실을 알게 된 빌의 어머니와 아버지는 빌에게 말했습니다.

"다시는 컴퓨터 근처에도 가지 말아라. 앞으로 대학 입학 공부에만 힘을 쓰거라."

빌은 무거운 마음으로 알겠다고 대답을 했습니다.

그 때부터 빌은 학교 공부에만 열심이었습니다.

그러던 어느 날, 빌과 같이 컴퓨터를 했던 앨런에게서 연락이 왔습니다.

"빌, 어떤 회사에서 프로그램 개발을 의뢰해 왔어. 그런데 너의 도움이 필요해."

빌은 어떤 망설임도 없이 기꺼이 앨런의 의견을 받아들였습니다.

빌과 친구들은 회사에서 의뢰한 프로그램을 만드는 일에 열심이었습니다. 그러나 그것은 쉬운 일이 아니었습니다.

빌은 아버지의 도움을 받으며 프로그램을 개발하는 일에 몰두했습니다.

한참 동안의 노력으로 빌과 친구들은 프로그램을 개발했습니다.

그들에 대한 소문은 널리 퍼져 여러 회사에서 일을 부탁해 왔습니다. 대학을 다니던 폴은 학교를 그만둘 수밖에 없었습니다.

빌과 앨런은 여러 회사에서 의뢰한 일들을 척척 잘 해 주었습니다.

"우리가 꿈꾸던 세상이 곧 올 거야. 컴퓨터가 온 세상에서 꼭 필요한 존재가 될 거라고."

빌과 폴은 손을 맞잡고 웃었습니다.

그리고 얼마 후, 빌은 하버드 대학 법학과에 입학하기로 결정했습니다.

그러나 빌에게는 법 공부가 맞지 않았습니다. 머릿속에는 온통 컴퓨터 생각뿐이었기 때문입니다.

"빌, 개인용 컴퓨터가 나왔대."

폴의 말에 빌은 무척 반가워했습니다.

"그래? 그렇다면 프로그램이 있어야 하잖아."

개인에게 한 대씩 주어지는 컴퓨터를 사람들이 제대로 사용하기 위해서는 프로그램이 필요했습니다.

빌은 마음이 급했습니다.

"서둘러야 해. 이제 우리가 해야 할 일이 생긴 거라고."

빌과 폴은 급한 마음에 개인용 컴퓨터가 나온 회사의 사장을 만나러 갔습니다.

그리고 당당하게 말했습니다.

"저희들이 프로그램을 만들고 싶습니다."

그 날부터 빌과 폴은 잠을 안 자며 프로그램 개발에 힘을 기울였습니다.

"됐어. 됐다고."

피나는 노력으로 결국 프로그램을 개발했던 것입니다.

그리고 그들이 개발한 프로그램은 불티나게 팔렸습니다.

'학교를 그만두고 이 일에만 매달려야겠어.'

결국, 빌은 학교를 그만두고 폴과 함께 마이크로소프트사를 설립했습니다. 그리고 그들은 잠도 자지 않고 프로그램 개발에 열심이었습니다.

그들은 잠을 안 자며 노력했지만 돈을 많이 벌지는 못했습니다. 프로그램을 복사해서 사용하는 사람들이 많았기 때문입니다.

"이래서는 안 돼. 이건 옳지 못한 거야."

빌은 공개적으로 편지를 썼습니다.

> 프로그램 하나가 완성되기 위해서 우리는 피나는 연구와 노력을 합니다. 그것을 그대로 복사해서 쓰는 행위는 도둑질이나 다름없습니다.

빌의 편지에 반발하는 사람도 있었지만 격려하는 사람들이 더 많았습니다.

 이렇게 돈을 벌게 된 빌은 또한 아주 훌륭한 일에 돈을 썼습니다. 어려운 사람들을 돕는다거나 돈 없는 학생들에게 장학금을 전달하는 등의 도움을 주었습니다. 우리 나라 서울 대학교에도 지원금을 주는 등, 노력하는 사람들에게는 언제나 도움을 주는 빌이었던 것입니다.

컴퓨터를 발전시킨 인물들

스티브 잡스와 워즈니악은 작은 지하 창고에서 만든 컴퓨터를 '애플 컴퓨터'라고 이름지어 상품화했다. 매킨토시의 시작이었다. 이들은 컴컴한 컴퓨터 화면을 그림으로 바꾸어 놓아 사람들을 컴퓨터와 좀더 친근하게 하였다.

마이크로소프트의 빌 게이츠와 폴 앨런은 컴퓨터 운영 체제 DOS를 IBM 컴퓨터에 기본 탑재해서 공급했고, 1995년 윈도우 95를 내놓으면서 급성장했다.

제리 양과 데이비드 파일로는 1994년 교과 과정별로 홈페이지를 분류한 웹 목록을 만들었다. 그 목록은 금세 광범위하게 퍼져, 세계적으로 가장 유명한 검색 엔진 '야후'가 탄생하게 되었다.

일리노이 대학원생이었던 마크 앤드리센은 인터넷 브라우저인 모자이크를 개발했다. 그리고 짐 클라크와 함께 회사를 차리고, '넷스케이프'를 만들었다. 넷스케이프는 1994년에 등장하여, 인터넷을 크게 활성화시켰다.

DBMS란 데이터베이스를 관리, 보관, 갱신할 수 있게 해 주는 프로그램이다. 현재 가장 유명한 DBMS는 '오라클'인데, 그 오라클을 개발한 사람이 바로 래리 앨리슨이다. 그는 세계 최고의 연봉을 받는 CEO로도 유명하다.

세계 최고의 인터넷 서점 amazon.com의 창립자이며 CEO인 제프 베조스는 전자 상거래 발전에 핵심적인 인물이다. 재일 한국인 3세이며, 소프트뱅크의 사장인 손정의는 인터넷 제국의 지배자라 불린다.

희생과 봉사에서
업적을 남긴 위대한 인물

내가 아닌, 내 가족이 아닌 사람들을 위해
나를 희생하는 삶을 사는 것은 결코 쉽지 않습니다.
또 아무나 할 수 있는 일도 아닙니다.
그런 사람들은 정말 타고난 착한 사람들일 것입니다.
그런 사람들이 있기 때문에 세상이 살 만하고 아름답다고 말하는지 모릅니다.
희생하는 마음이 없다면 이 세상이 얼마나 삭막해질까요?

슈바이처
헬렌 켈러
테레사

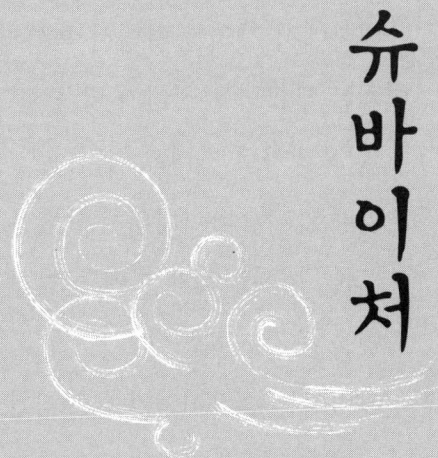

슈바이처

슈바이처(1875년~1965년)

프랑스이 의사이며 사상가, 신학자, 음악가다.
아프리카의 안타까운 사정을 알고,
프랑스령인 랑바레네로 건너가 병원을 개설하고 원주민을 도왔다.
원시림의 성자로 불리며 존경을 받았고,
1952년에는 노벨 평화상을 수상하였다.
지은 책으로는 《물과 원시림 사이》가 있다.

대학에서 강의를 하면서 책쓰기에 몰두하던 알베르트 슈바이처는 부모님을 찾아가 말을 할 결심을 굳혔습니다.
"아프리카로 가려고 합니다."
알베르트 슈바이처의 부모님은 깜짝 놀랐습니다.
"너는 아프리카가 어떤 곳인지 알고 있느냐? 네가 가서 무엇을 하려고 하느냐?"
아버지는 슈바이처가 아프리카로 가는 것을 좋아하지 않았습니다.
"아버지, 아무도 아프리카로 가려고 하지 않습니다. 제가 가서 그들에게 위생법, 소독법, 전염병을 알려 주고 싶습니다. 그 곳의 병든 사람들을 도와 주고 싶습니다."
슈바이처의 굳은 의지를 알게 된 아버지와 어머니는 슈바이처가 아프리카로 가는 것을 허락해 주었습니다.
"그럼, 넌 의학 공부를 시작해야 한다. 할 수 있겠느냐?"
아버지의 물음에 슈바이처는 눈을 반짝였습니다.
슈바이처는 늦은 나이로 다시 의과 대학에 입학 신청서를 냈습니다.
사람들은 모두 놀랐습니다.
"아니, 슈바이처 박사가 학생들과 공부를 한다고?"
이미 교수인 슈바이처가 전공을 달리 하여 어린 학생들과 함께 공부를 시작한다는 것을 다른 사람들은 이해할 수 없었습니다.

"슈바이처 박사, 다시 한 번 생각해 보시오. 왜 다 늦게 공부를 시작한다는 거요?"

슈바이처는 눈을 반짝이며 말했습니다.

"저는 돈을 벌기 위해서나 명예를 위해서 의사가 되려는 것이 아닙니다."

슈바이처의 끈질긴 설득에 학장은 허락해 주었습니다.

서른 살에 시작하는 의학 공부는 무척 힘들고 어려웠습니다. 아프리카에 가기 위해서는 내과, 외과, 피부과, 소아과 등 모든 과목을 배워야 했기 때문에 몇 배나 힘들었습니다.

슈바이처는 신학 강의를 해야 했고, 의학 공부도 해야 했습니다. 거기에 책도 냈습니다. 몸이 열 개라도 부족할 지경이었습니다. 그러나 슈바이처는 포기하지 않고 공부를 계속 했습니다.

그리고 1911년 마침내, 의사 국가 시험에 합격하여 의사 자격증을 따냈습니다.

슈바이처는 아프리카로 가기 위해 서둘렀습니다. 대학 교수직도 그만두었습니다.

"왜 거길 가시려고 하는지요?"

친구들이나 제자들은 슈바이처를 이해할 수 없었습니다.

슈바이처는 아프리카로 가기 위해 많은 준비를 해야 했습니다. 아프리카에 병원을 지을 자금도 마련해야 했습니다.

그리고 얼마 후, 슈바이처 부부는 사람들의 배웅을 받으며 아프리카를 향해 떠나는 배에 올랐습니다.

배에서 슈바이처 부부는 많은 꿈을 꾸었습니다.

얼마 후, 배는 아프리카에 도착했습니다.

열대 지방에서만 볼 수 있는 푸른 식물들과 이름 모를 꽃들이 정말 아름다웠습니다.

그러나 이런 아름다운 면만 있는 게 아니라는 것을 슈바이처 부부는 금방 알게 되었습니다. 곳곳에서 아프리카의 가난을 알 수 있었습니다. 원주민들은 모두 맨발이었고 다 찢어진 옷을 입고 있었습니다. 그들은 너무 말라 뼈만 앙상하게 드러나 있었으며 먼 하늘을 멍하게 보고 있었습니다. 더운 날씨, 굶주림은 그들에게 일할 의욕도 웃음도 앗아 간 모양이었습니다.

"어머나! 제가 알고 있었던 것보다 더 심각한 것 같아요."

헬레네는 놀라며 눈물을 지었습니다.

슈바이처는 또한 이미 아프리카에 와 있는 백인들이 아프리카 사람들을 얼마나 무시하고 냉대하고 있는지를 알게 되었습니다.

'그래, 불쌍한 아프리카 사람들을 위해 일하자.'

슈바이처는 더욱 굳은 의지를 보였습니다.

슈바이처가 일하게 된 곳은 작은 교회였습니다. 교회 종 소리에 잠을 깬 슈바이처는 눈이 휘둥그레졌습니다.

새벽빛이 선명한데 벌써 흑인 환자들이 뜰을 가득 메우고 있었습니다.

"벌써 이렇게 많이 찾아왔으니 어쩌지요, 박사님?"

선교회 본부에서 일하는 사람이 서둘러 달려왔습니다.

"기구와 약품이 아직 구비되지 않았는데 어떻게 하지?"

슈바이처 박사는 난감해했습니다.

"오강가(아프리카 말로 마술사), 살려 주세요!"

흑인들은 아우성이었습니다.

"환자들을 돌려보낼 수도 없으니 진료를 시작합시다."

슈바이처는 오두막집 앞에서 진료를 시작했습니다. 환자들의 줄이 계속 이어졌습니다.

"큰일이군."

슈바이처는 땀을 닦으며 고민에 싸였습니다.

환자들은 다양한 병들을 호소했습니다.

손가락이 썩어 들어가는 병들이 있는가 하면, 불긋불긋한 점이 온몸에 퍼진 피부병을 앓고 있는 사람들도 있었습니다. 또 어떤 사람은 맹수에 물려 살점이 한꺼번에 떨어져 나가기도 했습니다.

그런 환자들을 보는 슈바이처는 가슴이 너무 아팠습니다.

환자는 끊임없이 몰려왔습니다. 슈바이처는 끼니도 잊은 채 치료하는 데 정신을 쏟고 있었습니다.

열대 지방의 햇볕은 무척 뜨거웠습니다. 그런 가운데도 슈바이처 부부는 몰려드는 환자에게 짜증스런 말 한 마디 안 하고 치료를 해 주었습니다.

슈바이처 부부는 아침부터 밤까지 쉬지도 않고 여기저기서 몰려드는 환자들을 진료해 주었습니다. 그러나 아프리카 날씨가 변덕스럽게도 비가 자주 내렸기 때문에 진료에 어려움을 겪어야 했습니다.

"이렇게 하면 안 되겠어. 진료실과 입원실이 필요해."

슈바이처는 결국 낡은 닭장을 고쳐 임시 진료실로 만들었습니다.

낡은 닭장이었지만 고치고 나니 제법 진료실다웠습니다.

슈바이처는 도착한 약품과 기구로 더 열심히 진료하고 치료해 주었습니다. 그의 부인 헬레네도 곁에서 말없이 도와 주었습니다.

그러나 닭장 진료실도 어느 새 좁아지게 되었습니다.

슈바이처는 선교사 협회에 병원을 지을 수 있도록 도와 달라고 요청했습니다.

병원을 짓는 일이 시작되자 슈바이처는 더욱 의욕적으로 일을 했습니다.

그러나 게으름이 몸에 밴 흑인들은 일을 아주 천천히 했습니다. 슈바이처는 답답하기만 했습니다. 슈바이처는 팔을 걷어붙이고 직접 일을 했습니다. 그 모습에 흑인들은 자극을 받아 달라지기 시작했습니다.

이런 노력의 결과 드디어 병원이 완성되었습니다.

슈바이처 박사는 결코 포기하지 않고 불쌍한 흑인들을 위해 사랑하는 마음과 봉사하는 마음으로 끝까지 최선을 다했습니다.

박애주의

박애주의란 인류의 모든 사람들은 평등하며 인종, 국가, 계급 등을 막론하고 모두 사랑해야 한다는 정신이다. 인종, 국적, 종교의 여하를 불문하고 사회적인 약자, 생활이 가난한 자에게 구원의 손길을 내미는 운동인 것이다.

박애적인 자선 행위, 평화주의, 돕기 운동이라는 인도주의적 활동은 불행한 사람들에 대한 동정이라든지 사회악에 대한 분노라는 감정적 요인이 동기가 되어 행해지는 경우가 많고, 그만큼 대중적 규모에서 순간적, 격정적으로 퍼지는데 반면 일시적인 감상으로 쉽사리 잊혀지기도 한다.

사회적인 어떤 영향으로 나쁜 일이 생길 수 있는데 이의 근본 원인을 찾아 그것을 없애려고 하는 것보다 어려운 사람을 도와 주고 구제함으로써 많은 관심을 가지는 경향이 있다.

그러한 인도주의적 운동이 커다란 사회적인 화제를 불러일으켜 그것이 사회 개혁 운동과 관계를 맺는 경우도 있다. 18세기 영국에서는 죄인에 대한 잔혹한 형벌의 폐지나 산업 혁명에 수반하는 노동 조건의 개선, 나이 어린 사람들에게 일을 시키는 것에 대한 반대 운동으로 행해졌다.

인도주의는 또한 톨스토이에 의해 문학상의 입장에서 주장되었는데, 로맹 롤랑의 평화 사상, 슈바이처의 아프리카에서의 의료 사업도 이에 해당된다.

헬렌 켈러

헬렌 켈러(1880년~1968년)

눈이 멀고, 귀가 먹고, 말을 못 하는 삼중고를 극복한
미국의 사회 사업가다. 설리번 선생의 노력으로
장애를 극복하고, 맹농아로서는 최초로
대학 교육을 받은 헬렌 켈러의 모습은
모든 장애인에게 힘과 희망을 안겨 주었다.
'빛의 천사', '기적의 사람'으로 불린다.

설리번 선생님은 펌프로 물을 끌어올렸습니다. 물이 콸콸 쏟아졌습니다.

설리번 선생님은 헬렌의 손에 '물'이라는 단어를 써 주었습니다.

헬렌은 한 손으로는 물을 만지며 다른 한 손에는 설리번 선생님이 써 주는 글을 익히며 모든 사물에는 이름이 있다는 사실을 깨닫게 되었습니다.

'이게 물이구나!'

헬렌 켈러는 물은 시원하고 매끄럽다는 사실을 알게 되었습니다.

그 날 이후, 헬렌은 설리번 선생님과 하는 모든 공부들이 즐거운 놀이처럼 되었습니다. 뭐든지 적극적으로 배우려고 했습니다.

자기 마음에 안 들면 소리를 지르고, 온통 집안을 뒹굴며 헤집어 놓던 포악한 모습의 헬렌이 이제는 어엿한 소녀로 변하고 있었던 것입니다.

헬렌은 계획을 세워 시간표대로 공부를 했지만, 생활하면서 배우는 여러 가지 일들이 헬렌은 더욱 즐거웠습니다. 또 그만큼 큰 도움이 되기도 했습니다.

눈이 안 보이고 들을 수 없고, 말할 수 없었던 헬렌에게 설리번 선생님은 글을 읽는 방법을 가르쳐 주려고 애썼습니다.

'어떻게 하면 헬렌이 글을 배울 수 있을까? 글을 가르쳐 주어야 해. 그래야 의사 소통을 할 수 있어.'

그리고 어떻게 하면 헬렌이 쉽게 글을 읽을 수 있을지 고민하고 또 고민했습니다.

설리번 선생은 종이에 바늘로 콕콕 찔러 구멍을 낸 것으로 헬렌에게 글자를 가르쳤습니다. 영리한 헬렌은 설리번 선생님이 가르쳐 주는 것을 잘 따라 했습니다.

어느 날, 설리번 선생님에게 헬렌이 편지를 써 왔습니다.

'이걸 어떻게 읽는 거야?'

설리번이 다정스럽게 묻자, 헬렌이 천천히 손가락으로 글씨를 썼습니다.

그러자 설리번도 헬렌의 작은 손에 써 주었습니다,

'우리 사랑스런 헬렌, 고마워.'

문장을 다 알지 못해도 단어를 아는 헬렌은 설리번이 시키는 것을 다 잘 했습니다.

헬렌이 점점 글을 익히게 되자, 설리번 선생님은 점자 카드를 이용해 공부를 시켰습니다. 집 안에 있는 물건들에 점자 카드를 붙이기도 하고 몇 개의 카드로 스스로 문장을 만들기도 했습니다.

어느 정도 익숙해지자 설리번 선생님은 헬렌에게 점자로 된 책을 선물해 주었습니다.

'고맙습니다.'

헬렌은 진심으로 고맙다는 것을 설리번 선생님께 표시했습니다.

헬렌은 설리번 선생님을 꼭 껴안아 준다거나 볼에 입을 맞추어 주는 등의 행동으로 고마움을 표시했습니다.

헬렌은 점자로 된 책이 너무 좋아 읽고 또 읽었습니다. 밤마다 가슴에 품고 자는 헬렌에게 설리번 선생님은 더 많은 것을 가르쳐 줘야겠다고 다짐했습니다.

'헬렌, 너에게 세상의 모든 것들을 알려 주고 싶구나. 넌 잘 할 수 있어. 넌 정말 영리한 아이거든.'

그런 설리번 선생님의 의도를 안 헬렌은 잘 따라 했습니다.

설리번 선생님은 헬렌에게 읽기뿐만 아니라 말하기도 가르쳐 주기 위해 노력했습니다. 헬렌이 말을 배우기 전에 들을 수 없게 되었기 때문에 말을 배우기가 쉽지 않았습니다. 그러나 헬렌의 노력이라면 충분히 배울 수 있다고 생각한 설리번 선생님은 손가락으로 말을 전할 수 있는 방법을 가르쳐 주었습니다.

헬렌은 곧잘 따라 했습니다.

헬렌은 손가락으로 말을 하게 되자 세상은 놀랄 정도로 신기하다는 것을 다시 느꼈습니다.

  그리고 곧 손가락으로는 말을 할 수 있는 게 제한되어 있다고 느끼게 되었습니다. 그래서 설리번 선생님은 소리를 내어 다른 사람들과 자유롭게 대화할 수 있게 된다면 헬렌이 가지고 있는 생각을 정확하게 전달할 수 있을 것이라고 생각하게 되었습니다.

  헬렌 역시 자신의 입술을 직접 움직여 이야기를 하고 싶었습니다.

  그래서 헬렌은 농아 학교에 들어가게 되었습니다. 그러나 말을 배우는 것은 쉬운 일이 아니었습니다.

  눈이 보이는 농아라면 선생님이 말하는 입술을 보고 좇아 할 텐데, 그렇지 못해 어려움을 겪어야 했습니다.

  농아 학교 선생님은 설리번 선생님이 헬렌을 직접 가르칠 수 있도록 도와 주었습니다.

  헬렌이 말을 배우기 위해서는 손가락이 하는 역할이 많았습니다. 발음을 알기 위해서 설리번 선생님의 입술과 혀를 만져야 했고 심지어는 선생님의 목구멍에 손가락을 집어넣어야 했습니다.

  설리번 선생님은 그 고통을 참고 이겨 냈습니다.

'그래, 헬렌이 말을 할 수만 있으면 이런 고통 따위는 아무 것도 아냐. 헬렌, 우리 노력해 보는 거야.'

설리번 선생님은 헬렌이 스스로 말을 할 수 있다면 무슨 일이든 할 자신이 있었던 것입니다.

어려운 말을 할 때는 한 자를 기억하기 위해 몇십 번, 몇백 번을 반복해야 했습니다. 공부가 끝나면 설리번 선생님과 헬렌은 온몸의 모든 힘이 빠져 그 자리에 쓰러질 정도로 힘들었습니다.

그러나 설리번 선생님은 용기를 주었습니다.

'넌 할 수 있어, 헬렌.'

헬렌은 열심히 노력했습니다.

그리고 얼마 후, 드디어 헬렌은 말을 할 수 있게 되었습니다. 헬렌이 말을 하게 되자 기뻐하는 사람은 한두 사람이 아니었습니다.

집으로 돌아온 헬렌이 어머니를 만나자 말을 했습니다.

"어머니, 안녕하셨어요? 제가 이제야 돌아왔습니다."

헬렌의 말에 어머니는 너무나 기뻐했습니다. 어머니의 뺨은 어느 새 눈물로 젖어 흥건했습니다. 동생 밀드렛도 언니 손을 잡고 빙빙 돌며 너무나 기뻐했습니다.

말을 할 줄 알게 된 헬렌은 여러 가지에 관심을 가지게 되었습니다. 그 가운데 헬렌은 어려운 사람에 대한 관심이 많았습니다.

그러다가 눈이 멀고 벙어리인 토미라는 아이를 알게 되었습니다.

"토미가 너무 불쌍해요. 토미를 돕고 싶어요."

헬렌은 가난하여 교육을 받지 못하는 토미가 자신처럼 교육을 받으면 말을 할 수 있게 될 것이라고 생각했습니다.

그러나 헬렌도 설리번 선생님도 어떤 방법으로 도와야 할지 막막했습니다. 헬렌이 교육을 받았던 학교에 들어가는 것이 최선이었지만, 그 학교에 들어가기 위해서는 많은 돈이 필요했습니다.

"아, 우리가 돈을 모아요."

헬렌은 용돈을 모으고 사람들에게 토미에 대한 이야기를 해 도움을 청했습니다.

헬렌이 토미를 돕는다는 사실이 다른 사람들에게 알려지자 많은 도움의 손길을 보내 주었습니다.

이제 헬렌은 많은 모금을 모을 수 있었습니다. 많은 돈을 모으게 된 헬렌은 그 돈을 토미에게 주었고, 토미는 그 돈으로 자신에게 맞는 교육을 받을 수 있었습니다.

헬렌은 생각했습니다.

'난 뭐든지 할 수 있어. 나처럼 어려운 사람을 위해 내가 노력하는 거야. 그래, 난 잘 할 수 있어.'

헬렌은 토미를 돕는 일을 계기로 뭐든지 잘 할 것 같은 자신이 생겼습니다. 이제 헬렌의 마음 속에는 어려운 사람을 도와야겠다는 마음이 싹텄던 것입니다.

그러던 헬렌은 하버드 대학에 들어가게 되었습니다. 하버드 대학에 들어가기 위해서 헬렌은 남들보다 몇 배, 몇십 배 노력해야 했습니다.

그리고 열심히 공부한 헬렌은 일반인들도 들어가기 어려운 하버드 대학을 일반인들과 겨뤄 당당하게 합격했습니다.

하버드 대학에 합격하고 나서도 공부를 쫓아가기 위해 잠을 자지 않는 때가 많았습니다.

그 결과로 우수한 성적으로 대학을 졸업한 헬렌은 설리번 선생님에게 자신의 결심을 이야기했습니다.

"불구자의 고통은 오직 불구자만이 알 수 있습니다. 그런 힘든 고통을 당하고 있는 사람들에게 밝은 희망을 주고 싶습니다."

그 말에 설리번 선생님은 크게 기뻐했습니다.

그 후, 헬렌은 장애인 구제 사업이라면 어떤 일이 있어도 서슴지 않았으며, 어느 곳이든 달려갔습니다.

헬렌은 여러 곳을 돌아다니며 강연회를 가지고 모금을 하여 모은 돈을 장애인들을 위해 썼습니다.

헬렌은 설리번 선생님에게서 받은 사랑을, 그리고 사람들로부터 받은 도움을 어려운 사람들에게 베풀려고 노력했던 것입니다.

점자책

점자(점으로 이루어진 맹인용의 글자로 두꺼운 종이 위에 도드라진 점들을 일정한 방식으로 나타내어, 맹인이 손가락으로 만져 읽을 수 있도록 한 것이다.)는 종이 위에 볼록 튀어나오게 점을 찍어 손가락 끝의 촉각으로 읽을 수 있도록 한 것이다. 즉 크고 작은 여섯 개의 점을 가지가지로 모아 맞추어 문자 및 부호를 나타내게 한 것인데, 현재 표음 문자를 쓰는 나라들은 이것을 그 나라 문자에 맞추어 사용하고 있다.

1829년 프랑스의 맹인 L.브라유가 고안한 것이어서 서양에서는 발명자의 이름을 따서 명칭을 브라유라고 한다.

그러나 점자에는 이와 같은 브라유식 6점 점자 외에 또 4점으로 된 '뉴욕 포인트'라는 것도 있다. 이것은 1870년경 미국인 W.B.웨이트가 처음 만들어 낸 것으로 한때 미국에서 널리 사용되었다. 그러나 지금은 거의 그 자취를 감추어 가고 있으며 6점 점자만이 세계 각국에서 통용되고 있다.

현재 한글 점자는 1926년 11월, 당시 재생원 맹아부(현 서울맹학교) 교사 박두성이 창안한 것으로 한글 풀어쓰기 원칙을 응용해서 받침도 글자 아래 쓰지 않고 가로쓰기를 한 것이 특색이라 할 수 있다. 점자는 '점자판(점자기라고도 한다)'이라는 도구로 점칸에 송곳처럼 생긴 점필을 이용하여 오른쪽에서 왼쪽으로 써 나가며, 읽을 때는 뒤집어서 왼쪽에서 오른쪽으로 읽어 나간다.

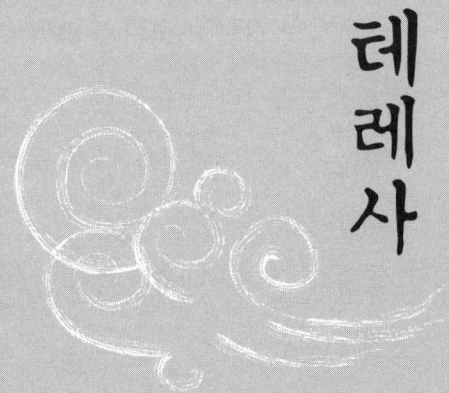

테레사(1910년~1997년)

인도에서 선교와 구호 활동을 펼친 유고슬라비아의 수녀다.
가난한 사람 중에 가장 가난한 사람을 돌보고,
종교를 초월하여 박애주의를 실천했다.
죽을 때까지 봉사와 희생의 삶을 살았고,
'빈자의 성녀' '마더 테레사' 등의 이름으로 불린다.

테레사 수녀는 수녀원을 나가 헐벗고 굶주린 인도로 갈 결심을 굳혔습니다.

"저는 이제 수녀원을 나가 불쌍한 사람들을 위해 일할 생각입니다."

테레사 수녀가 대주교에게 말하자 대주교는 깊이 생각하는 듯했습니다.

"수녀님의 뜻을 알겠습니다. 그러나 시간을 두고 기다려 보십시오. 교황님의 허락을 얻어 드리겠습니다."

그리고 한참 후, 드디어 허락이 떨어졌습니다.

테레사 수녀는 마음 깊이 감사하며 그렇게 하겠다고 말했습니다.

그리고 인도로 건너간 테레사 수녀는 힘든 일도 마다하지 않고 일했습니다. 끼니도 거르며 사람들을 돕는 테레사를 보고 사람들이 말리기도 했습니다.

"수녀님, 좀 쉬었다 하세요."

그러나 테레사는 사람들의 말을 듣지 않았습니다.

테레사는 어려운 사람들이 있는 곳을 발벗고 찾아 나섰습니다. 테레사는 간호일을 배워 환자들을 간호할 뿐 아니라 빈민 지구에 가 어려운 형편으로 공부를 할 수 없는 어린이들에게 글을 가르쳐 주기도 했습니다.

열심히 가르치다 보니 어린이의 숫자는 점점 늘어 갔습니다. 그리고 테레사 수녀를 돕겠다는 사람들도 하나 둘 늘어 갔습니다. 테레사 수녀를 도우려고 낡은 책상, 걸상을 가져다 주는 사람들도 있었습니다. 테레사 수녀는 작은 도시락통에 점심을 싸 가지고 다녔지만 마땅히 먹을 곳도 없었습니다. 어린이들을 가르치다 보면 목도 마르고 배도 몹시 고팠습니다. 그러나 테레사 수녀는 몸이 힘든 것을 꾹 참아 냈습니다.

그 날도 점심을 먹기에 적당한 곳을 찾아 헤맸습니다. 그러나 쉽게 찾을 수 없었습니다.

"죄송합니다. 아무 곳이나 좋으니 조용한 곳에서 점심을 먹고 갈 수 있도록 해 주세요."

테레사 수녀는 자신이 수녀라는 사실을 숨긴 채 수녀원에서 점심을 먹었습니다. 그 다음 날도, 그 다음 날도 그 곳에 가서 혼자서 점심을 먹었습니다.

그렇게 하면서 테레사 수녀는 진정으로 가난한 사람들의 고통이 얼마나 큰지 몸으로 마음으로 깨달을 수 있었습니다.

인도로 가 어려운 사람을 돕겠다던 테레사 수녀의 바람처럼 이제 테레사 수녀는 어려움을 겪고 있는 사람들을 도왔습니다.

처음에는 그런 테레사 수녀를 이해하지 못한 사람들로 인해 힘들고 외로웠지만 차차 테레사 수녀의 청빈한 삶과 봉사하는 삶을 보고 많은 사람들이 도와 주려고 했습니다.

"수녀님, 거처할 곳이 없으면 누추하지만 저희 집 2층을 사용하십시오."

그 말에 고마움을 느낀 테레사 수녀는 몇 번이고 감사하다는 말을 전했습니다.

테레사 수녀가 짐을 옮기는데, 가지고 있는 짐은 달랑 책상 하나와 의자 하나뿐이었습니다.

'그래, 이렇게 잘 곳도 생겼으니 이제 더 뜻있는 일을 하는 거야.'

테레사 수녀는 다짐했습니다.

테레사 수녀는 제대로 된 학교 시설을 마련하기 위한 기부금을 모으기로 했습니다. 또 아픈 사람들을 위해 약을 구하기도 했습니다.

돈이 없는 테레사 수녀는 약방에 가서 사정을 했습니다.

어떤 사람들은 테레사 수녀가 말을 꺼내기도 전에 문을 쾅 닫아 버리곤 했습니다.

"부탁합니다. 지금 당신과 같은 많은 인도 사람들이 아픔을 호소하고 있습니다. 그들은 약을 먹으면 살 수 있는데 가난하기 때문에 죽어 가고 있습니다."

"당신은 우리 인도 사람도 아닌데 인도 사람들을 위해 봉사하는 걸 보니 내가 참 부끄럽습니다."

테레사 수녀의 간절한 눈빛에 약방 주인은 약상자를 통째로 건네 주었습니다.

테레사 수녀는 그 약을 소중하게 받아들고 아픈 사람들의 고통을 덜어 주었습니다. 그런 테레사 수녀를 존경하는 수녀들이 찾아와 테레사 수녀를 도왔습니다.

테레사 수녀는 어려운 빈민가를 찾아 돌아다니며 아픈 사람, 굶주린 사람을 돕느라 자신은 물 한 모금 제대로 마시지 못할 때가 많았습니다.

"테레사 수녀님, 좀 쉬어 가면서 하세요. 병이라도 얻으시면 어떻게 해요?"

작은 몸의 테레사 수녀를 지켜보는 사람들은 걱정이 많았습니다.

그래서 억지로 모셔다가 침대에 눕혀 놓으면 테레사 수녀는 잠시 누워 있는 척하면서 도로 일어나 일을 했습니다.

"내가 누워 있는 동안 어떤 사람들이 굶어 죽거나 아픔을 호소할지도 모릅니다. 이렇게 누워 있을 수 없습니다."

테레사 수녀는 자신을 위한 것은 정말 먼지만큼도 생각하지 않았습니다. 그저 남을 위해 온몸과 마음을 바칠 뿐이었습니다.

결국, 테레사 수녀는 병에 걸려 누울 수밖에 없었습니다. 그러자 많은 사람들이 격려의 편지를 보냈습니다.

그것도 천주교가 아닌 인도의 힌두교를 믿는 사람들의 편지가 도착했던 것입니다. 테레사 수녀의 깊고 넓은 사랑은 종교를 넘은 사랑이었습니다.

테레사 수녀의 자선 활동 모임은 날이 갈수록 점점 규모가 커지고 참여하는 사람들도 많아졌습니다.

그리고 이 모임에 '사랑의 선교회'라는 이름이 붙여졌습니다. 이 선교회의 가장 큰 목적은 '가난한 사람들 가운데서도 가장 가난한 사람들에게 마음으로부터 봉사하는 것'이라고 밝혀 놓고 일을 했습니다.

그리고 얼마 후, '사랑의 선교회'가 로마 교황청으로부터 정식으로 인정을 받았습니다.

그리고 테레사 수녀의 이름도 마더 테레사로 불리게 되었습니다. 왜냐하면 사랑의 선교회 창립자이기 때문입니다. 사랑의 선교회는 몇 년 사이에 수녀가 많이 늘어났습니다.

그러나 언제나 좋은 일만 있었던 것은 아니었습니다.

인도의 칼리 사원에 있는 힌두 교도들이 마더 테레사의 행동에 반대를 했던 것입니다. 그러나 테레사는 꿈쩍도 하지 않고 자신의 일만 묵묵하게 실행했습니다.

그 후, 그들이 테레사에 대해 마음을 여는 계기가 있었습니다. 결핵으로 죽어 가던 칼리 사원의 승려를 테레사 수녀가 정성껏 치료해 주었고, 결국 세상을 떠나자 힌두 교 방식대로 장례를 치러 주었던 것입니다.

그 모습에 감동한 힌두 교인들은 테레사 수녀를 진심으로 받아들였습니다.

테레사 수녀를 비롯한 다른 수녀들 역시 자신들이 가지고 있는 것은 전혀 없었습니다. 오직 자신이 입고 있는 옷 몇 벌뿐이었습니다.

테레사의 소식이 전세계에 퍼지자 여러 나라에서 테레사를 돕겠다고 찾아오는 사람들이 많았습니다. 테레사 수녀는 한센병(나병) 환자, 마약 중독자, 정신병 환자 등 사람들이 꺼리는 환자들에게도 무한한 사랑을 베풀었습니다.

한센병은 보기에도 무서운 병이었지만, 테레사 수녀는 얼굴 한번 찡그리지 않고 열심히 돌보았습니다.

그러면서도 아이들에 대한 관심은 지속되었습니다. '때묻지 않은 어린이집'을 세워 불쌍한 아이들을 돌보며 더 어려운 사람을 찾아 나섰습니다.

템플턴상

미국의 사업가 템플턴이 노벨상에 종교 부문이 없는 것을 안타깝게 여겨 1972년 템플턴 재단을 설립하고 기금을 상금으로 내놓으면서 제정되었다.

종교계의 노벨상으로 불리며, 매년 종교 분야에서 인류를 위해 크게 이바지한 인물들에게 시상한다.

템플턴 재단에서 주관하며, 심사 위원은 9명으로 이루어져 있다. 시상식 행사는 크게 두 가지로 구분되는데, 해당 연도 수상자의 연설을 듣는 공식 행사는 매년 장소를 바꾸어 가며 거행되고, 수상패와 수상금 수여식만은 항상 영국 왕실인 버킹엄 궁전에서 이루어진다.

노벨상을 포함해 세계에서 상금이 가장 많은 상으로, 첫 번째 수상자는 테레사 수녀였다. 테레사 수녀는 후에 노벨 평화상을 수상했다. 제11회 수상자는 러시아의 노벨 문학상 수상 작가 A.솔제니친이다. 솔제니친은 무신론주의의 국가 소련에서 종교를 부활시킨 개척자라는 점이 인정되어 이 상을 받았고, 한국에서는 사회 복지와 복음 전파, 남북 화해 등에 기여한 공로로 1992년 한경직 목사가 수상하였다.

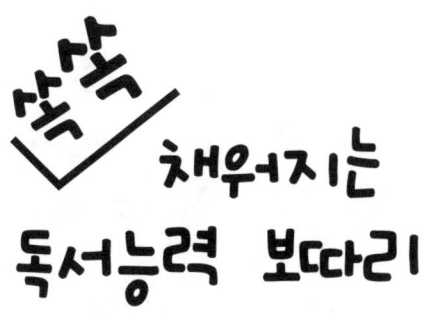

쏙쏙 채워지는 독서능력 보따리

독서능력
- 관찰력을 키워요
- 어휘력을 키워요
- 분석력을 키워요
- 요약력을 키워요
- 비판력을 키워요
- 창의력을 키워요
- 문제해결력을 키워요
- 표현력을 키워요

독서능력을 키워요!

　독서는 책을 읽는 것을 말합니다. 우리는 독서를 통해 많은 것들을 얻게 됩니다. 독서를 통해 얻을 수 있는 것 중 하나는 새로운 정보입니다. 새로운 정보는 우리가 살아가는 데 유용하지요. 이렇게 정보를 얻는 과정에서 필요한 것이 독서능력입니다. 독서능력이 제대로 갖추어져 있으면 우리는 책 속의 정보를 바르게 받아들일 수 있습니다. 하지만 독서능력이 부족하면 밑 빠진 독에 물을 붓는 것처럼 정보는 곧 머리 속에서 사라집니다. 그래서 많은 책을 읽는 것보다 중요한 것은 제대로 읽는 것이지요. 세종대왕은 한 권의 책을 백 번씩 읽었는데, 이것을 '독서 백편 의자통(讀書 百遍 義自通)'이라 하여 책 속의 뜻을 저절로 익히는 방법이라 했어요. 그만큼 책의 정보를 바르게 받아들이는 것이 얼마나 소중한 것인지 말해 주는 것입니다.

　이러한 독서능력을 기초학습능력이라고도 합니다. 어떤 공부를 하든지 꼭 필요한 능력이라는 뜻이지요. 그 능력은 크게 8가지로 나눌 수 있는데, 아래의 표를 잘 살피면 각 능력을 이해할 수 있을 것입니다. 이제 '쏙쏙 채워지는 독서능력 보따리'를 통해 그 독서능력들이 여러분의 능력이 될 거예요. 그리고 여러분이 앞으로 어떤 공부를 하든지 큰 힘이 되어 줄 것입니다.

능력의 과정	독서능력	능력에 대한 안내
책을 살피는 과정	관찰력	나오는 사람들, 일어난 일, 시대적 배경 등을 잘 살펴야 합니다.
	어휘력	책에 나오는 말을 정확하게 알지 못하면 책의 정보를 바르게 이해할 수 없습니다.
책을 이해하는 과정	분석력	사건의 연결, 원인과 결과, 글의 짜임새 등을 알아야 내용을 바르게 알 수 있습니다.
	요약력	글의 중요한 부분 알기, 주제와 핵심문장 알기 등 종합적인 능력을 말합니다.
	비판력	객관적인 입장, 옳고 그름에 대한 자기 생각이 있어야 합니다.
책을 자기 것으로 만드는 과정	창의력	새로운 생각, 새로운 방법 등을 통해 생각을 넓힐 수 있어야 합니다.
	문제해결력	만약에, 반대로, 나라면 등의 질문을 통해 뒤집어 생각해 보는 능력이 필요합니다.
	표현력	효과적으로 자신의 생각을 정리해 남에게 바르게 전달할 수 있어야 합니다.

독서능력

관찰력을 키워요
나오는 사람들, 일어난 일, 시대적 배경 등을 안다.

1. 〈알렉산드로스 대왕〉 알렉산드로스는 젊은 나이에 왕이 되어 지중해 연안의 유럽부터 중앙아시아, 아프리카 북부까지 방대한 땅을 정복했습니다. 이런 알렉산드로스가 다른 정복자들과 무엇이 달랐을까요?

2. 〈한용운〉 1919년 당시 일본은 우리를 어떻게 압박했고, 우리 나라 사람들 사이에서는 어떤 일이 일어났었는지 정리해 보세요.

3. 〈장영실〉 세종은 천민 출신의 장영실에게 벼슬을 내리고 두 가지 임무를 주었습니다. 그 두 가지 임무가 무엇이었는지 적어 보세요.

4. 〈마르코 폴로〉 마르코 폴로의 아버지와 숙부가 동방의 중국에 대해 이야기 했을 때 일반 사람들과 마르코 폴로의 반응은 각각 어떠했는지 말해 보세요.

5. 〈정트리오〉 '경화'에게 왜 '호랑이'라는 별명이 붙여졌을까요? 그 이유를 말해 보세요.

6. 〈정주영〉 정주영의 성장과정을 통해 그가 지닌 장점이 무엇인지 생각해 보세요.

어휘력을 키워요

책에 나오는 낱말의 뜻과 적절한 말을 사용할 수 있다.

1. 〈제갈량〉 유비와 공명의 만남을 비유하는 말에서 유래된 '수어지교'의 뜻을 적어 보세요.

독서능력

2. 〈연개소문〉에 나오는 단어입니다. 그 뜻을 적어 보세요.

・자긍심:

・주체:

3. 〈이순신〉에 나오는 '독 안에 든 쥐'는 어떤 때 쓰는 말인가요?

4. 〈석주명〉 중 일부분 입니다.

> 석주명은 나비를 연구하는 데에 온갖 노력을 기울였습니다. (1)_____ 고국으로 돌아온 뒤에는 (2)모교에서 박물 교사로 일했습니다. (3)_____ 석주명이 연구하는 데에 여러 가지 제약이 있었습니다. 그 때 당시는 일제의 지배하에 있었기 때문에 하고 싶은 것들을 할 수 없었습니다.

(1)과 (3)의 빈 곳에 알맞은 이어 주는 말을 써 넣으세요.

(2) 밑줄 친 단어의 뜻을 적어 보세요.

5. 〈이태영〉에 나오는 말입니다. 그 뜻을 적어 보고, (   )안의 말과 합쳐져 무엇을 비유하는지 말해 보세요.

・주마등(처럼 스쳐 가다):

・동네북(치듯 하다):

6. 〈테레사〉에 나오는 단어입니다. 그 뜻을 적어 보세요.

- 빈민:
- 청빈:

분석력을 키워요
사건의 연결, 원인과 결과, 글의 짜임새 등을 이해할 수 있다.

1. 〈노벨〉을 위대한 발명가로 이끌었던 그의 장점은 무엇이었는지 생각해 보세요.

2. 〈이황〉 이황이 한성으로 올라와 과거 준비에 힘을 기울이게 된 계기는 무엇이었는지 말해 보세요.

3. 〈신사임당〉의 내용 중 아래와 같은 부분에서 예상할 수 있는 것은 무엇일까요?

독서능력

> 여름철이 되자 인선이 그린 풀벌레 그림이 눅눅해졌습니다. 그래서 그림을 햇볕에 말리기 위해 마당에 펼쳐 널어놓았습니다.
> "꼬꼬댁 꼬꼬."
> 마당이 소란해서 나가 보니, 닭이 그림을 쪼고 있었습니다.
> 그림에 그려진 벌레가 진짜인 줄 알았던 것입니다. 그래서 그림에 구멍이 송송 났습니다.

4. 〈나혜석〉 나혜석이 살았던 당시의 일반 여성들과 나혜석이 어떻게 달랐는지 비교해서 말해 보세요.

5. 〈박수근〉 항상 조용하고 소극적인 아이였던 박수근이 그림을 그리기로 마음을 굳히게 된 계기는 무엇이었는지 말해 보세요.

6. 〈이건희〉의 마지막 부분입니다. 이 부분을 보고 최고경영자로서 이건희가 가장 중요하게 생각한 것은 무엇이었는지 생각해 보세요.

> '미덥지 않으면 맡기지 말고, 썼으며 믿고 맡긴다.'는 이건희의 경영이 그대로 반영된 것입니다.

요약력을 키워요

글의 중요한 부분, 주제, 핵심문장 등을 정리할 수 있다.

1. 〈세종대왕〉 훈민정음이 어떻게 만들어졌는지 100자 내외로 요약해 보세요.

2. 〈간디〉 노벨 문학상을 받은 인도의 시인 타고르는 간디에게 '위대한 영혼'이라는 뜻의 '마하트마'란 이름을 붙여 주었습니다. 간디에게 왜 이런 이름을 붙여 줬는지 말해 보세요.

3. 〈다나카 고이치〉 다나카는 왜 '임원과 같은 임금을 받지만 자유롭게 연구에만 몰두할 수 있는 직책'인 '펠로'라는 지위을 얻게 되었는지 정리해 보세요.

4. 〈방정환〉 방정환이 우리 나라 어린이들을 위해 어떤 활동을 했는지 정리해 보세요.

독서능력

5. 〈백남준〉 백남준이 유명한 비디오 아티스트가 되기까지 백남준에게 많은 영향을 끼쳤던 사람들을 정리해서 말해 보세요.

6. 〈슈바이처〉 슈바이처는 왜 늦은 나이에 다시 의과 대학에 입학하게 되었는지 정리해서 말해 보세요.

비판력을 키워요

객관적인 입장, 옳고 그름에 대한 자기 생각을 갖는다.

1. 〈광개토 대왕〉 광개토 대왕은 고구려의 19대 왕으로, 우리의 영토를 비약적으로 넓힌 임금이었어요. 나라를 다스리는 임금으로서 광개토 대왕은 어떤 사람이었는지 말해 보세요.

2. 〈김구〉 일본인을 죽인 김구가 감옥에 갇히게 되었을 때 "저는 결코 죽지 않습니다. 나라를 위해 한 일인데 어찌 하늘이 돕지 않겠습니까? 저는 결코 죽지 않습니다."라고 말했어요. 그렇다

면 나라를 위한 일이라고 생각하고 한 일들은 모두 옳은 일일까요? 자신의 의견을 적어 보세요.

3. 〈유관순〉 유관순은 어떤 사람이었나요? 유관순에게 본받을 점이 무엇인지 말해 보세요.

4. 〈김정호〉 김정호가 일생을 바쳐 정성을 기울인 지도와 목판이 불살라져 버렸습니다. 만약 여러분이 김정호였다면 어떻게 했을까요?

5. 〈아인슈타인〉 라우가 아인슈타인을 찾아갔을 때 라우는 아인슈타인과의 첫 만남에서 아인슈타인의 겉모습만 보고는 실망을 했었어요. 여러분도 사람의 겉모습만 보고 그 사람을 판단했던 일이 있었나요? 그에 대한 여러분의 생각을 말해 보세요.

독서능력

6. 〈장승업〉 술만 먹고 도망치기 일쑤였던 장승업을 우리가 위대한 인물로 여기는 이유가 무엇인지 생각해 보세요.

창의력을 키워요
새로운 생각, 새로운 방법 등을 통해 생각을 넓힐 수 있다.

1. 〈장보고〉 어린 장보고는 당나라에 가서 장군이 되기 위해 몰래 배에 올라탔어요. 만약 그때 배의 선장이 장보고를 그냥 신라로 되돌려 보냈다면 장보고는 과연 훌륭한 장군이 될 수 있었을까요? 상상해 보세요.

2. 〈허준〉 내용의 일부분입니다. 아래와 같은 부분에서 허준의 어머니는 어떤 분이었는지 생각해 보세요.

> 허준은 무엇보다 어머니를 뵐 낯이 없었습니다. 그러나 어머니는 환한 얼굴로 이렇게 말했습니다.
> "난 네가 취재에 합격한 것보다도 더 자랑스럽구나. 시험은 다음에 다시 보면 된다. 그러나 죽어가는 사람은 시기를 놓치면 안 되는 것이다. 네가 장하구나."

3. 〈마리 퀴리〉 마리 퀴리는 많은 사람들에게 도움을 줄 수 있고 더 깊은 지식을 줄 수 있는 연구를 하기 위해 잠도 못 자고 끼니도 거르면서 연구에 몰입했습니다. 이런 마리 퀴리에게서 본받을 점은 무엇일까요? 그리고 여러분도 마리 퀴리처럼 무언가에 몰입해 본 적이 있는지 생각해 보세요.

4. 〈톨스토이〉 내용의 일부분입니다. 아래와 같은 부분에서 톨스토이가 말하는 진정으로 불쌍한 사람들을 돕는다는 것은 무엇이었는지 생각해 보세요.

> "자신은 호화로운 옷을 입고 있으면서, 입다 버리는 옷을 남에게 주는 것이 뭐가 훌륭하다는 말이오? 그건 위선이오. 가난한 사람을 도우면서 우월감에 사로잡혀 있는 거 아닙니까?"

5. 〈스티븐 스필버그〉 스필버그가 영화 《조스》를 찍을 때 영화가 제대로 마무리 되지 않아 크게 실망하여 모든 것을 포기할 생각을 했었어요. 그러나 《조스》에 출연하는 배우가 스필버그에게 힘을 줘서 다시금 영화 제작에 힘을 쏟을 수 있었습니다. 만약 여러분이 그 배우였다면 스필버그에게 무슨 말을 해 주었을까요? 상상해 보세요.

독서능력

문제해결력을 키워요

만약에, 반대로, 나라면 등의 질문을 통해 자기 생활에 적용해 볼 수 있다.

1. 〈링컨〉 링컨은 나라의 혼란을 걱정하며 '싸우지 않고 나라를 통일할 방법'에 대해서 고민했습니다. 여러분이 생각하는 '싸우지 않고 나라를 통일하는 방법'에는 과연 무엇이 있을까요?

2. 〈스티븐 호킹〉 스티븐은 불편한 몸에도 불구하고 세계적인 과학자가 되었는데요. 여러분이 스티븐과 같은 어려움을 겪게 된다면 어떻게 극복해야 할지 생각해 보세요.

3. 〈빌 게이츠〉 빌의 부모님은 빌이 법과 대학에 들어가길 바라셨지만, 빌은 그걸 원하지 않았어요. 만약 여러분이 하고 싶은 일을 부모님이 반대하신다면 여러분은 어떻게 해야 할까요?

4. 〈헬렌켈러〉 여러분 주변에서 헬렌켈러처럼 신체적으로 생활에 불편을 겪고 있는 사람들을 만난 적이 있나요? 우리가 그들을 어떻게 대해야 올바른 일인지 생각해 보세요.

표현력을 키워요

효과적으로 자신의 생각을 정리해 남에게 바르게 전달할 수 있다.

1. 〈김좌진〉 김좌진은 독립 운동에 필요한 돈을 빌리기 위해 친척인 김종근을 찾아갔습니다. 하지만 김종근은 김좌진의 부탁을 들어주기는커녕 감옥에 가두었어요. 친척들과 사이좋게 지내는 올바른 방법은 무엇일까요? 여러분의 생각을 말해 보세요.

2. 〈문익환〉 문익환은 여섯 번이나 감옥에 갇히면서도 자신의 소신을 꺾지 않고 조국의 통일을 위해 노력했습니다. 여러분이 통일을 위해서 할 수 있는 일은 무엇인지 생각해 보세요.

독서능력

3. 〈파브르〉 파브르는 생물학자인 레옹 뒤프르가 쓴 곤충에 대한 관찰 기록을 보고, 자신도 열심히 곤충에 대한 연구를 하기로 결심했습니다. 여러분도 자신에게 영향을 주었던 책이 있었나요? 있다면 자신의 경험을 말해 보세요.

4. 〈베토벤〉 연주자의 생명인 청력을 잃고도 불굴의 의지로 절망을 이겨냈던 베토벤에 대해 읽고 느낀점을 말해 보세요.

5. 〈주시경〉 우리 나라에서 최초로 조선 어학 연구를 시작한 한글 학자 주시경처럼 여러분이 한글을 사랑할 수 있는 방법에는 무엇이 있는지 말해 보세요.

쏙쏙 채워지는 논술능력 보따리

논술능력
· 〈테레사 수녀〉 논술 문제

논술능력을 키워요!

논술은 자기의 생각을 논리적으로 표현하는 것을 말합니다. 논리적으로 하기 위해서는 분석력과 비판력이 있어야 합니다. 제대로 표현하기 위해서는 글의 짜임새와 표현 방법을 알아야 하죠. 이러한 능력들을 논술능력이라 합니다.

분석력과 비판력은 독서를 통해 키워질 수 있습니다. 글의 짜임새와 표현 방법은 생각하는 기술을 익히면 됩니다. 그래서 논술능력을 키우기 위해선 책을 바르게 읽는 훈련과 바르게 생각하는 훈련이 필요합니다.

미국의 영재교육에서는 이러한 논술능력을 키우기 위해 6단계의 생각기법을 만들어 사용하고 있지요. 다음 과정들을 잘 살펴 보세요. '쏙쏙 채워지는 독서능력 보따리'와 함께 논술능력이 여러분의 능력이 될 거예요.

독서능력이 제대로 이루어지면 아주 쉽게 논술능력도 키울 수 있답니다.

문제를 잘 이해하기

여러 가지 방법 생각하기

가장 좋은 방법 결정하기

그 이유와 근거 찾기

반대 의견에 대해 정리하기

종합적인 글의 짜임새 정하기

논술문제 도우미

■ 1단계 : 문제를 잘 이해하기 => 두 단어 찾기

깊이 생각하고 자신의 생각을 정리해야 하는 논술 문제는 두 가지 핵심 단어가 문제 속에 들어 있습니다. 그 두 단어에 대해 각각 생각을 정리하면 문제에 쉽게 접근할 수 있습니다. 예를 들어 "나는 언제 행복한가?"라는 문제는 '언제'와 '행복'을 생각해야 합니다. '언제'는 '어느 때'를 나타내므로 결국 '무엇을 할 때'를 뜻합니다. 이 문제는 무엇을 할 때 행복한지를 생각해 보라는 것이고 거꾸로 말해 "너는 행복하기 위해 무엇을 해야 한다고 생각하느냐?"를 묻는 것입니다. 문제를 바르게 이해하는 것이 가장 처음에 할 일입니다.

■ 2단계 : 여러 가지 방법 생각하기 => 두 단어 깊이 생각하기

핵심 두 단어에 대해 다양한 생각을 해 보는 단계입니다. 여러 생각을 하는 도중에 중요한 답이 나올 수 있습니다. "나는 언제 행복한가?"라는 질문을 합니다. 그러면 식사를 할 때, 잠을 잘 때, 공부를 할 때, 누군가를 도울 때 등이라고 답하죠. 그런 다음 행복에 대해 또 다양한 생각을 해 보세요. 사람에게 행복은 무엇인지 생각해 보세요. 편하게 사는 게 행복인지, 자신의 생각대로 사는 게 행복인지, 아니면 이 사회에서 어떤 이로운 사람이 되는 게 행복한 것인지 다양한 입장에서 생각해 보세요.

■ 3단계 : 가장 좋은 방법 결정하기 => 두 단어에 대한 내 생각 정하기

2단계에서 생각했던 조건들 중에서 여러분이 선택하는 것입니다. 위의 문제를 보면 "나는 행복의 중요한 부분으로 어떤 것을 생각한다."와 "결국 그와 관련된 일을 할 때 행복하다."로 정리될 것입니다. 만약 누군가를 돕고 사는 게 행복이라면 결국 남을 돕는 일을 통해 행복을 얻을 수 있을 것입니다. 따라서 이 단계가 바로 여러분의 생각을 갖게 되는 단계입니다. 1단계 문제에서 찾은 두 단어의 답을 찾은 것이지요.

■ 4단계 : 그 이유와 근거 찾기 => 내 생각의 이유 말하기

3단계의 결정에 대해 의견을 적는 단계입니다. 어떤 결정을 내릴 때에는 분명한 이유가 필요합니다. 내가 남을 돕는 것이 큰 행복이라고 말할 수 있는 것은 예전의 내 경험 때문일 수도 있고, 누군가의 말을 듣거나 책을 보거나 해서 알 수도 있습니다. 자신만의 이유를 찾는 것이 중요합니다. "누군가를 도왔더니 정말 행복했다.", "어느 위인이나 작품 이야기를 통해서도 알 수 있었다." 등의 이유를 찾으세요.

■ 5단계 : 반대 의견에 대해 정리하기 => 보충해야 할 것 찾기

만약 자기 스스로도 충분히 먹고 살 수 있는 처지가 아닌데 남을 계속 도울 수 있을까요? 또 돕는 방법이 무엇을 주는 것만 있을까요? 이처럼 어떤 하나의 답을 찾으면 그것만으로 해결되지 못하는 다른 측면도 살펴보아야 합니다. 만약 남을 돕는 것을 행복으로 정했다면 내가 도울 수 있는 방법들을 여러 가지로 생각해 보고, 또 계속 돕기 위해 최소한 내가 갖춰야 할 조건들도 생각해 본다면 여러분의 답은 더욱 의미 있을 것입니다.

■ 6단계 : 종합적인 글의 짜임새 정하기 => 서론(1단계), 본론(2, 3, 4단계), 결론(5단계)

글을 정리할 때 내 생각을 처음부터 밝히는 경우가 있고 나중에 밝히는 경우가 있습니다. 어떤 것을 택하든 여러분이 그 생각을 하게 된 이유를 밝혀야 하고, 또한 반대 의견에 대해서도 정리되어 있어야 합니다. 일반적인 방법을 하나 소개합니다. 주장하는 글은 서론, 본론, 결론으로 나누어 있어야 합니다. 서론에서는 내가 어떤 이야기를 할 것인지를 밝힙니다.(1단계 / "무엇을 할 때 행복한 지를 찾고자 한다.") 본론에서는 여러 입장에서 문제를 살피고(2단계), 이 중에서 자기 경험의 예나 비교, 책이나 위인의 인용 등을 통해(4단계) 자기가 생각하는 주장을 펼칩니다(3단계). 결론에서 다시 한 번 자기 주장을 정리하면서 잠깐 다른 생각이나 비판을 이야기하며(5단계) 그래도 자신의 생각이 가장 옳다는 것을 보여주는 것입니다.

논술능력

테레사 수녀가 선물하는 논술 문제

나눔의 진정한 의미는 무엇일까요?

1. 테레사 수녀는 어려운 빈민가를 찾아 돌아다니며 아픈 사람, 굶주린 사람을 돕느라 자신은 물 한 모금 제대로 마시지 못할 때가 많았습니다. 테레사 수녀는 왜 이렇게 자신을 희생하면서 남을 도왔던 걸까요? 자신의 희생이 진정한 나눔이라고 생각했던 걸까요? 여러분이 생각하는 '나눔'이란 무엇인가요? '나눔'이라고 하면 떠오르는 것들을 정리해 보세요.

2. 테레사 수녀는 '사랑의 선교회'라는 모임을 만들어 어려운 사람들을 도왔고, 점점 많은 사람들이 그런 테레사 수녀를 격려했습니다. 하지만 그런 노력에도 불구하고 항상 좋은 일만 있

었던 것은 아니었어요. 인도의 힌두 교도들은 테레사 수녀의 행동을 반대 했습니다. 그들은 무엇 때문에 반대를 했을까요? 그리고 후에는 그들을 화해시켰던 것은 무엇이었을지 생각해 보세요.

3. 테레사 수녀는 어려운 형편으로 공부를 할 수 없는 어린이들에게 글을 가르쳐 주고 환자들을 간호하기 위해서 간호일을 배웠어요. 여러분은 나눔을 실천하는데 무엇이 필요하다고 생각하나요? 그리고 그중에서 가장 중요하다고 생각하는 것에 대해서도 정리해 보세요.

모범 답안

논술 문제에는 수학처럼 정답이 없습니다. 생각을 자유롭게 해 보세요. 한 가지 이야기를 가지고도 여러 방향으로, 여러 방법으로 생각해 보도록 하세요.

관찰력을 키워요

1. 알렉산드로스는 다른 정복자들처럼 잔인하고 맹복적이지 않고 정의로운 정복자였다.

2. 일본은 우리 나라의 독립을 위해 '독립 만세 운동'을 벌이는 사람들을 죽이고 잡아다 고문했지만 우리 나라 사람들은 일본인들에게 굴복하지 않고 끝까지 독립운동을 했다.

3. 첫째는 농기구를 만드는 데 필요한 쇠붙이와 무기를 만들 때 필요한 쇠붙이를 캐는 곳을 찾는 것이었고, 둘째는 지방의 실정을 살피는 일이었다.

4. 일반 사람들은 그들의 말을 믿으려고 하지 않았지만, 마르코 폴로는 신비한 동방의 풍경을 상상하며 호기심을 가졌다.

5. 경화는 자신의 연주가 조금이라도 자기 맘에 들지 않으면 남 앞에서 연주를 하지 않을만큼 완벽주의적인 성격을 가지고 있었다. 그래서 학생들은 이런 경화에게 '호랑이'라는 별명을 붙여 주었다.

6. 도전정신이 강하며, 성실하고 끈기있다. 그리고 신용을 중요하게 생각하여 약속을 꼭 지키려고 노력한다.

어휘력을 키워요

1. 물이 없으면 살 수 없는 물고기와 물의 관계라는 뜻으로, 아주 친밀하여 떨어질 수 없는 사이를 비유적으로 이르는 말.

2. **자긍심** : 스스로에게 긍지를 가지는 마음 / **주체성** : 인간이 어떤 일을 실천할 때 나타내는 자유롭고 자주적인 성질.

3. 어떠한 궁지에서 벗어날 수 없는 처지를 비유적으로 사용할 때

4. (1) 그리고 / (3) 그러나 / 모교: 자기가 다니거나 졸업한 학교

5. **주마등** : 등(燈)의 하나. 등 한가운데에 가는 대오리를 세우고 대 끝에 두꺼운 종이로 만든 바퀴를 붙이고 종이로 만든 네 개의 말 형상을 달아서 촛불로 데워진 공기의 힘으로 종이 바퀴에 의하여 돌게 되어 있다. (주마등처럼 스쳐 가다.) : 무엇이 언뜻언뜻 빨리 지나감을 비유적으로 이르는 말. / **동네북** : 동네 사람들이 공동으로 쓰는 북. (동네북 치듯 하다.) : 여러 사람이 두루 건드리거나 만만하게 보는 사람을 비유적으로 이르는 말.

6. **빈민** : 가난한 백성 / **청빈** : 성품이 깨끗하고 재물에 대한 욕심이 없어 가난함

분석력을 키워요

1. 예) 실패해도 포기하지 않는 끈기와 도전정신

2. 과거에 급제하여 벼슬로 나아가는 일이 중요하다고 생각하지 않았던 이황은 아내의 죽음을 본 이후 과거 시험을 치러야겠다고 새롭게 결심했다.

3. 예) 그려놓은 풀벌레를 진짜 풀벌레인줄 알고 쪼는 닭을 보니, 신사임당은 어려서부터 그림 그리는 재주가 남달랐다는 것을 예상할 수 있다.

4. **일반 여성** : 당시 우리 나라 여성들은 부모가 정해 주는 사람과 결혼을 하고, 그들의 의견은 존중받지 못했다. / **나혜석** : 일반 여성들과 비교해 나혜석은 자유로운 생각을 가지고 있었다. 여성도 하나의

인간임을 주장하며, 봉건적인 조선 사회에서 여성의 권리를 진보시키고자 하였다.

5. 특별하고 화려한 것만 그려야 한다고 생각하던 수근은 우연히 프랑스의 화가 밀레가 그린 '만종'을 보고, 너무나 커다란 감동을 받았다. 그리고 밀레처럼 매일 보는 익숙한 풍경을 그려도 위대한 화가가 될 수 있다는 희망과 자신감을 갖게 되었다.

6. 예) 이건희는 '믿으면 버리지 않는다.'로 유명할만큼 '믿음'을 가장 중요하게 생각했다.

요약력을 키워요

1. 예) 자국의 글자에 대한 중요성을 깨달은 세종은 집현전 학자들과 함께 글자를 만들기 위하여 끊임없이 연구한 결과 마침내 우리 입 모양을 본뜬 글자를 만들었다. 완성된 글자는 몇 년 동안 궁궐 안에서 사용되다가 1446년 '훈민정음'이라 하여 세상에 알려졌다.

2. 인도에 힌두교 교도들과 이슬람 교도들의 싸움이 계속되자, 평화를 위한 단식에 들어간 간디의 영향으로 결국 양쪽 종교 지도자들이 화해의 맹세를 했다. 그래서 '마하트마'라는 이름이 붙여졌다.

3. 다나카는 현재의 위치에 남아서 자신의 실험을 계속 하기를 원했기 때문에 회사는 다나카에게 '펠로'라는 지위를 주었다.

4. 방정환은 '어린이'라는 말을 만들고 어린이들을 위해서 외국의 동화를 번역해 책으로 엮었다. 또 어린이를 위한 동화 대회, 강연회 등의 많은 행사를 열고 우리 나라에 어린이들을 위해 일 년에 한 번 쉬는 날을 만들었다.

5. 어렸을 때 백남준에게 피아노를 가르쳤던 신재덕과 작곡을 가르쳐준 이권우. 그리고 백남준의 예술과 인생의 방향을 바꾸게 했던 케이지와 백남준의 정신적인 쌍둥이라고 하는 요셉 보이스를 비롯해 백남준 주변에는 언제나 많은 예술가들이 함께 했었다.

6. 슈바이처는 아무도 가지 않는 아프리카에 가서 그곳 사람들에게 위생법, 소독법, 전염병을 알려 주고 병든 사람들을 도와주고 싶었다. 그래서 서른 살이라는 늦은 나이에 의과 대학에 지원했다.

비판력을 키워요

1. 예) 광개토 대왕은 강한 리더십으로 군사들을 지휘하여 싸움을 승리로 이끄는 용감한 임금이었다. 그리고 패배한 적군의 백성들에게는 관대함을 베풀 줄 아는 사람이었다.

2. 예) 다수의 행복을 위한 뚜렷한 목적과 올바른 방법으로 행해져야 정당화 될 수 있다고 생각한다. 그런 의미에서 일본인을 죽인 김구는 살인이라는 죄를 저질렀지만 개인의 이익을 위한 행동이 아니었고, 시대적으로 정당화 될 수 있다고 생각한다.

3. 예) 유관순은 어린 나이에 나라를 위해 독립운동을 했던 독립 운동가였다. 일본 헌병대에 잡혀가 갖은 고문을 당해도 굴하지 않았던 모습을 생각하면 의지가 굳은 사람이었다. 어린 나이에도 목숨을 아끼지 않고 나라를 사랑했던 유관순을 본받아 우리 나라에 대한 애국심을 길러야겠다.

4. 예) 만약 내가 김정호였다면 일생을 바쳐 이룬 작업인 만큼 지도의 중요성을 반드시 전달해 흥선 대원군의 생각을 바꾸려 노력했을 것이다. 그리고 흥선 대원군이 김정호를 섣불리 역적으로 몰지 않고 지도의 필요성을 찬찬히 생각해보고 그의 의견을 수용했다면 김정호

의 지도와 목판을 지킬 수 있었다고 생각한다.

5. 예) 학교에 새로 전학온 친구의 겉모습만 보고 성격이 좋지 않을 것 같아 가깝게 지내지 않은 적이 있었다. 하지만 점차 그 친구와 친해지면서 착한 친구라는 것을 알게 되었다. 그리고 사람을 판단할 때는 겉모습이 그 사람의 전부가 아니라고 생각하게 되었다.

6. 예) 장승업은 다른 위인들처럼 어려움을 이겨내기 위해서 애를 쓰거나 목숨을 걸고 싸움을 한 건 아니었다. 하지만 술만 마시고 술에 취해 그림을 그렸음에도 불구하고 유명해진 것을 보면 그의 그림 솜씨가 매우 뛰어났음을 알 수 있다. 그런 재능을 좀 더 키우지 못한 사실이 안타깝지만 이 시대가 그를 천재화가로 기억할 수 있었던 것은 그의 타고난 예술가적인 재능 때문이라고 생각한다.

창의력을 키워요

1. 예) 만약 배의 선장이 몰래 배에 탄 장보고를 신라로 되돌려 보냈다면 장보고가 장군이 되는 건 매우 어려운 일이었을 것이다. 하지만 어린 나이에 자신의 꿈을 이루기 위해서 배에 올라탔던 대범함을 보면 그때 신라로 되돌려 보내졌더라도 결국에는 훌륭한 위인이 되었을 것이다.

2. 예) 시험을 보지 못한 허준에게 화를 내지 않은 어머니는 이해심이 많은 사람이다. 그리고 시험보다 죽어 가는 사람들을 살리는 일을 더 중요하게 생각한 것을 보면 인정이 많은 사람이라고 생각한다.

3. 예) 어려운 연구를 포기하지 않은 마리 퀴리의 끈기와 성실함을 본받아야 한다고 생각한다. 나도 생일 때 선물 받은 책을 읽으면서 너무 재미있어 밥도 먹지 않고 읽었던 경험이 있다. 그 책을 다 읽고 나

서 책 한 권을 하루만에 읽었다는 뿌듯함과 책을 읽고 받은 감동으로 기분이 좋았다.

4. 예) 어려운 상황에 있는 사람들과 동등한 입장에서 그들의 상황을 이해하고 어려움을 함께 나누는 것이 그들을 진정으로 돕는 것이다.

5. 예) "나는 평소 당신을 자신의 꿈을 실현하기 위해서 끈기 있게 노력하는 사람이라고 생각했습니다. 비록 지금은 힘든 상황이지만 포기하지 말고 끝까지 해보길 바랍니다. 당신은 할 수 있어요."

문제해결력을 키워요

1. 예) 서로를 이해하며 개인의 이익보다는 국가의 이익을 위한 길이 무엇인지 생각해 보아야 한다.

2. 예) 스티븐처럼 내가 할 수 있는 일을 찾아서 끊임없이 노력하고 나의 능력을 계발하려고 노력해야 한다.

3. 예) 빌 게이츠처럼 꾸준히 노력해서 내가 원하는 일에 최고가 될 수 있도록 한다.

4. 예) 나와 똑같은 사람이라고 생각하면서 대해야 하고, 도움이 필요해 보이면 도와줘야 한다.

표현력을 키워요

1. 예) 서로를 존중하고 이해하며 어려움이 생기면 서로서로 도와야 한다.

2. 예) 북한 어린이들을 위한 성금 모으기에 열심히 참여 해야 한다.

3. 예) 엄마가 선물해 주신 '세계 여러 나라' 라는 책을 재미있게 읽었

다. 그리고 그 책을 읽고, 나도 어른이 되면 세계 여러 나라를 꼭 여행 해야겠다고 다짐했다.

4. 예) 아무리 큰 어려움이 닥치더라도 포기하지 않고 열심히 노력하면 결국은 자신의 꿈을 이룰 수 있다는 것을 배웠다.

5. 예) 인터넷에서 친구들과 대화를 할 때, 인터넷 용어를 사용하지 말고 올바른 한글을 사용한다.

쏙쏙 채워지는 논술능력 보따리

1. 예) 우리 사회에서 '나눔'이라는 명목으로 많은 일들이 행해지지만 '나눔'을 위한 모든 활동들이 같은 방법과 같은 목적으로 행해지는 것은 아닙니다. 그만큼 '나눔'이라는 것에는 광범위한 의미가 내포되어 있습니다. 그런 많은 의미를 바탕으로 '나눔'에 대해 생각해 보면 불우이웃 돕기나 헌혈, 양보, 장기기증, 사랑 등과 같이 '나눔'의 광범위한 의미 만큼이나 많은 것들을 떠올릴 수 있습니다.

2. 예) 우리는 생활 속에서 크고 작은 '나눔'에 대한 활동들을 볼 수 있습니다. 우리 사회의 대기업이나 단체들 그리고 학교를 다니고 있는 학생들까지 기부와 봉사로 어려운 사람들을 돕는데 많은 기여를 하고 있습니다.

3. 예) 대기업이나 단체들의 금전적 기부가 가장 눈에 띄는 나눔인만큼 영향력도 매우 큽니다. 그렇다고 우리 생활 속에서 이루어지는 작은 나눔의 행위들이 결코 아무런 의미가 없다는 말은 아닙니다. 학교에서 가정 형편이 어려운 친구를 돕거나 연말연시에 불우이웃을 위해서 아껴두었던 용돈을 선뜻 기부하는 행동은 도움을 받는 사람뿐만 아니라 도움을 주는 사람에게도 기쁜 일이 됩니다.

4. 예) 생활 속의 작은 나눔을 실천하면서 느꼈던 기쁨을 생각해 보면 남을 위해 내가 가진 것을 나눈다는 것은 결코 손해 보는 일이 아닙니다. 그리고 나눔의 크기에 따라 그 기쁨과 만족이 달라지는 것도 아니라는 것을 알 수 있습니다. 자신에게 넘쳐나는 것을 남에게 베풀기 보다는 작은 것을 나누더라도 내가 소중하게 생각하고 있는 것을 베푸는 것이 진정한 나눔입니다. 남을 위해 나의 것을 베풀 때의 마음가짐이 가장 중요한 것입니다.

5. 예) 어떤 사람들은 자신이 풍족해야 나눌 수 있다고 생각합니다. 하지만 나눔에 있어서 어떠한 규정과 크기를 정해 놓는다면 많은 사람들이 그 크기에 맞추려고 급급할 것입니다. 그렇게 된다면 나눔의 진정한 의미가 사라질 것입니다. 유명한 작가 오 헨리의 크리스마스 선물이라는 소설에는 남편의 시곗줄을 사기 위해 머리카락을 자르는 부인과 부인의 아름다운 머리를 위하여 자신의 시계를 팔아 빗을 산 남편이 나옵니다. 우리는 이 소설에 나오는 가난한 부부를 통해 진정한 나눔의 의미를 엿볼 수 있습니다.

6. 예) 눈에 보이는 물질적인 나눔도 중요하지만 그 베풂을 받아들이는 상대방에 대한 진정한 이해도 중요합니다. 그런 의미에서 테레사 수녀가 보여준 희생은 그 무엇보다도 값진 나눔이라고 생각합니다. 어려운 사람들을 위해 자신의 일생을 조금의 망설임도 없이 선뜻 내놓았다는 것은 어려운 사람들의 절박한 상황을 자신의 고통처럼 완전하게 이해하며 받아들여야만 가능한 일이기 때문입니다.